# 経営学のための 統計学・データ分析

久保克行

東洋経済新報社

## はじめに――この本の特徴

突然ですが、以下のような状況を考えてください。いま、経営コンサルタントのあなたに対して、ある顧客から次のような依頼があったとします。このとき、どのように考えればよいでしょうか。

「わが社には同業のA社と合併しようという計画がある。この計画を進めるべきか、やめるべきかについて学術的な視点からレポートをまとめてほしい。」

合併が企業価値に与える影響について、何をすればよいのでしょうか。いちばんよいのは、先行研究を参考にしながら自分自身でデータを集めて「合併が企業価値に与える影響」について分析し、その結果を論文やレポートにまとめることです。分析する際には、その企業の現状や取り巻く環境を考慮する必要があるでしょう。

この本は企業に関するデータを用いて分析を行い、その結果を論文にまとめるために必要なことを説明しています。この本を読むことで、企業にかかわる実証論文を作成する能力を身につけることを目標とします。

ビジネスパーソンや大学生を対象にしたデータ分析の本は、いままでにもたくさん出版されています。この本は、いままでのデータ分析の本といくつかの点で明確に異なっています。そのことについて少し説明します。

筆者は早稲田大学ビジネススクール（WBS）でMBA（Master of Business Administration, 経営管理修士）の学生を対象にした「企業のデータ分析」という授業を長年担当しています。この本の内容や練習問題は、この授業での講義ノートや宿題および商学部でのゼミの講義にもとづいています。

データ分析の授業をする際に重要なのは、データ分析の手法を学ぶのはとても重要だということを感じてもらうことです。エビデンスにもとづく意思決定を行うためには、実証分析に関する知識は不可欠です。一方、抽象的な数式が並ぶ統計学の教科書を勉強することが、どのように日々の企業活動の理解に結びつくかについては、わかりづらいのも確かです。そこで、この授業では、ビジネスパーソンを対象に、データ分析についてどのように講義するかについて、いろいろな試行錯誤を行ってきました。この本ではその試行錯誤の結果得られたプログラムがもとになっています。この本には、以下のような特徴があります。

### この本の特徴 1——研究プロセス全体を学ぶ

この本の特徴の１つ目は、統計学だけではなく、テーマの決め方や論文の書き方などの研究プロセス全体について説明しているということです。商学部やビジネススクールで統計学を勉強する学生の多くが求めているのは、統計学の練習問題を解けることではなく、卒業論文や専門職学位論文を書く能力です。そのことを念頭に、統計学だけの教科書ではなく研究プロジェクトを実行し、論文を書くための知識を身につけるという観点から執筆しています。もちろん、データ分析において統計的な知識は不可欠ですので、回帰分析を中心にていねいに説明しています。また、ダミー変数やロジット回帰といったよく使用する手法に関しても説明しています。

しかし、統計学を理解しているだけでは研究プロジェクトを実行し論文にまとめることはできません。どのようにテーマを考えるのか、どのように先行研究を探すのか、またたくさんある分析結果のうち、どの部分を論文にし、どの部分を使用しないのか、分析の結果をどのように論文にまとめるのか、といったことは統計学の教科書では学ぶことはできません。また、企業の業績を考える際に企業が公表する財務諸表のどの項目に注目すればよいのか、株価の反応を分析するための標準的な分析手法は何か、ということも統計学の教科書では説明されていません。

こういったことのそれぞれについて、章を立てて説明しているのがこの本の特徴です。目次を見てください。この本では、第２章から第６章まで、統計学の説明を行っていますが、それ以外の章ではテーマをどのように決めるか、先行研究をどのようにまとめるのか、研究計画書と論文をどのように書くかなどを説明しています。また、それぞれの章の練習問題は、論文や研究計画書の「部品」を作成するという観点から出題されています。各章の練習問題で作成した表や、先行研究のまとめなどの「部品」を組み合わせると論文や研究計画書の骨格がある程度できあがるはずです。企業データを用いた分析においてテーマの決め方や論文の書き方について、これほど詳しく説明している本は他にはほとんどないのではないかと思います。

論文を書くことはむずかしいことだと考える人が多いと思います。確かにテーマの決め方、論文の「はじめに」をどう書くかなど、はじめて研究プロジェクトを行う人にとってむずかしく感じることはあると思います。しかし、この本ではこういったことについて、できるだけ細かく具体的な作業として記述しています。この作業をまとめたのが第11章付録2のチェックリストです。もちろん自分でいろいろと考えて試行錯誤をすることは不可欠ですが、この本の記述に従って作業を進めれば論文が完成するはずです。

### この本の特徴2——実証分析の結果を例として用いている

この本のもう1つの特徴は、例として企業データを用いた実証論文を多数紹介していることです。統計学の教科書では、身長と体重の関係や英語の成績と数学の成績の例などを用いて説明することがよくあります。しかし、この本では、できるだけ企業に関係する例を用いています。さらに、この本では、それぞれの章で学ぶ手法が実際の学術論文でどのように使用されているかの例が多数示されています。この本の参考文献を見てください。そこにはこの本で引用した学術論文が多数含まれています。データ分析の教科書で、実際の実証分析をこれだけ紹介したものは少ないと思います。本書を学ぶことで、これらの学術論文の内容をある程度理解できるようになるはずです。

## この本の特徴3
## ——$X$が$Y$に影響を与えているということをどのように示すのか

企業に関する論文は、さまざまなスタイルがあります。理論的に経営を分析するものもありますし、いくつかの実例（ケース）をもとに概念と概念の関係を抽出するものもあります。この本では企業データを集めて「変数$X$が変数$Y$にどのような影響を与えているか」というテーマに関して統計的な分析を行う論文を書くことを説明しています。このように書くと、せまい分野に関する説明だと思うかもしれません。しかし、勉強を進めると、非常に多くの論文がこのように書かれていることがわかります。また、このテーマで一度論文を書いてみると、このように一見単純に見える関係でも「関係がある」「関係がない」ということを明示するためには、さまざまな手続きが必要であるということがわかると思います。この「$X$が$Y$にどのような影響を与えているか」ということに関しては、第1章で詳しく説明しています。

## この本の特徴4——東洋経済新報社の財務データを用いた実例

企業にかかわる分析において、上場企業の財務データが用いられた論文は無数にあります。このため、企業データを用いたデータ分析を学ぶためには財務データを用いることが望ましいといえます。しかし、大学等でデータベースを利用できる場合をのぞき、企業の財務データをまとまって利用することは容易ではありません。この本の練習問題では、付属のウエブサイトからダウンロードする東洋経済新報社の財務データを用いる問いがいくつかあります。実際の財務データを用いて分析できることが、この本のもう1つの特色です。この本では、東洋経済新報社の協力のもと、2000年から2009年の10年分の日本の時価総額上位200社の財務データを利用しています。企業データ分析を学ぶ教材としてはたいへん画期的であると思います。

この本の執筆や、その背後にある研究を行う際には、数多くの方にお世話になっています。この本は早稲田大学ビジネススクールでの授業がもとになっていますが、商学部のゼミや大学院の論文指導、共同研究者から学んだことも多数含まれています。現在、早稲田大学には宮島英昭先生、広田真一先生をはじめとしてコーポレートガバナンスや経営学に関する素晴らしい研究者の方々が多数在籍しており、その恩恵を日々受けています。この本の草稿についても、広田先生に加えて、入山章栄先生、山梨大学の佐々木博之さん、早稲田大学大学院の芝正太郎さんに読んでもらいコメントをいただくことで、大幅に内容が良くなっています。また、この本をこのような形で世に問うことができたのは、東洋経済新報社出版局の中山英貴氏、佐藤敬氏、同社データ事業局の吉井貴代氏のおかげです。これらの方々に心よりお礼を申し上げたいと思います。最後に、私事ながら私の研究生活を支えてくれている家族に改めて感謝したいと思います。

2021年2月

久保克行

練習問題で使用するデータおよび練習問題解答は下記URLからダウンロードできます。

https://str.toyokeizai.net/books/9784492503294/

## PART 2 自分の研究をはじめよう

LECTURE 11

## 論文作成
研究計画書を作成し、分析結果を論文にまとめる 183

## PART 3 経営学でよく使われる分析ツール

## 数学記号一覧

| | |
|---|---|
| $\hat{a}, \hat{b}$ | 推計された線形回帰モデルの係数 |
| Adjusted $R^2$, $\overline{R^2}$ | 自由度修正済み決定係数 |
| C. I. | 信頼区間 |
| $\mathrm{cov}(X, Y)$ もしくは $s_{XY}$ | 標本共分散 |
| $ESS$ | 回帰平方和（Explained Sum of Squared） |
| $F$ | $F$ 値 |
| $k$ | 説明変数の数 |
| ln | 自然対数 |
| log | 対数 |
| $n$ | サンプルサイズ（観測値の数） |
| $p$ 値 | 有意確率 |
| $P_{it}$ | 企業 $i$ の $t$ 日における株価 |
| $R_{it}$ | 企業 $i$ の $t$ 日における株式投資収益率 |
| $R_{mt}$ | TOPIX の $t$ 日における株式投資収益率 |
| R-squared, $R^2$ | 決定係数 |
| $r_{XY}$ | 相関係数 |
| $s_{\hat{a}}^2$ | $\hat{a}$ の分散の推定量 |
| $s_{\hat{b}}^2$ | $\hat{b}$ の分散の推定量 |
| $SE$ | 標準誤差 |
| $SE(\hat{a})$ | $\hat{a}$ の標準誤差 |
| $SE(\hat{b})$ | $\hat{b}$ の標準誤差 |
| $SSR$ | 残差平方和（Sum of Squared Residual） |
| $s_{\hat{u}}$ | 回帰の標準誤差（SER） |
| $s_X$ もしくは s. d. | 標準偏差 |
| $s_X^2$ もしくは $\mathrm{var}(X)$ | 分散 |
| $t$ | $t$ 値 |

| | |
|---|---|
| $TSS$ | 全変動（Total Sum of Squared） |
| $\hat{u}$ | 残差 |
| $\bar{X}$ | 標本平均 |
| $\mu_X$ | 母平均 |

PART

1

# データ分析の道具を身につけよう

このPART 1では、実証分析を行うための統計学を勉強します。具体的には平均値の差の $t$ 検定と回帰分析について学びます。いま、男性と女性で初任給の平均額が異なるとします。この違いが偶然で説明できるものなのかについて考えることは重要です。また、近年、年功賃金が崩壊しているといわれています。このことは言い換えると勤続年数と賃金の関係が弱くなってきているということです。このパートで学ぶことで、これらの問題について分析することができるようになります。これまでに出版された学術論文で回帰分析を用いているものは無数にあります。企業行動についてよりよく理解するために、先行研究を理解することは不可欠です。このPART 1の内容を理解することで、過去の学術論文についてある程度理解することができるようになるでしょう。

LECTURE

# 1

# データ分析とは

## 1 はじめに

### この本の目的と「変数$X$が変数$Y$に与える影響」

この本では、企業に関するデータを分析し、論文やレポートを作成する方法を学びます。論文には、いろいろなタイプがありますが、この本ではデータを分析することで、何らかの仮説を検証するタイプの論文をまとめるやり方を学びます。

企業や消費者の行動を理解するためには、さまざまな理論や仮説があります。これらが正しいかどうかを検証するためには現実と照らし合わせる必要があります。このように理論や仮説を現実と照らし合わせる作業を一般に実証分析（empirical analysis）といいます。

実証分析にもいろいろなタイプがありますが、大きくは２つに分けることができます。１つは、企業の事例（ケース）を分析することで、何らかの命題を得ることを目的とするものです。もう１つは、財務データやアンケートデータなどのデータを統計的な手法を用いて分析する方法です。どちらもたいへん重要ですが、この本では２つ目の手法に注目します。

この本で取り上げるのは、「変数$X$が変数$Y$に影響を与えているかどうかを検証する」という分析です。たとえば、合併が変数$X$で利益率が変数$Y$とすると、「合併が利益率を向上させているのか」という分析は「変数$X$が変数$Y$に与える影響」の例であると考えることができます。企業にかかわる数多くの論文のかなりの割合が、このように変数$X$が変数$Y$に影響するかどうかを検証するタイプの論文です。このような分析をみずから行い、論文にまとめるための能力を身につけるのがこの本の目的です。このことはとても大事なことなので、下にあらためてまとめておきます。

**この本の目的は「変数 $X$ が変数 $Y$ に影響を与えているかどうか」についてデータを用いて検証し、結果を論文にまとめる能力を身につけることです。**

論文を書こうとしたときに、どのように準備をすればよいかわからないという人もいるかもしれません。じつは論文を作成するのは、ある程度きまったやり方があります。論文の作成にはいくつものステップがあります。それぞれのステップを１つ１つ行うことで最終的に論文が完成することになります。

### 週刊『卒業論文をつくる』

突然ですが、出版物の種類にパートワークや分冊百科とよばれるものがあります。毎週発売される雑誌についている部品を組み立てると数年で大きな模型が完成したり、毎週発売される雑誌を数年集めると最終的に大規模な事典が完成したりするものです。卒業論文などの大きな論文を完成させるのは、大きな模型などを完成させることと似ています。毎週少しずつ作業を行うことで最終的に論文を完成させることができるようになります。もちろん、卒業論文よりも短い論文を書く際にも、論文を書くステップは同じです。この本の各章は論文作成のそれぞれのステップに対応していますので、各章の章末にある練習問題を１つ１つこなしていくことで論文の構成要素を１つ１つ完成させることができます。

この章の構成は以下のとおりです。２節では、なぜデータ分析の方法を学ぶ必要があるのか、ということについて考えてみます。３節では、論文を作成するためにどのようなステップが必要かについて説明します。４節では回帰分析について簡単に説明します。５節では、回帰分析を用いた研究の例を紹介します。

**この章の目的**

- 実証研究の流れ（テーマの設定、先行研究、データの収集、データの分析、論文にまとめる）を理解する。
- 実証分析の多くは「変数 $X$（説明変数）が変数 $Y$（被説明変数）に影響を与えているか」ということを分析し、論文にまとめることであることを理解する。
- 回帰分析の概要を（何となく）理解する。

**重要な用語**

実証分析（empirical analysis）／エビデンス（根拠となる事実）／回帰分析（regression analysis）

## 2 論文を書く方法＝根拠を持って何らかの主張を行う方法

この本は論文を書くための方法を学ぶための本です。論文を書くということは、根拠を持って何らかの主張をする、ということと同じです。他人に何らかの主張を伝える手段はいろいろとありますが、ある程度まとまった内容を伝えるための手段として論文やレポートにまさる手段はあまりありません。すなわち、この本は「論文を書く」ための方法を学ぶための本ですが、別の言い方をすると、この本は「根拠を持って何らかの主張を行う」ための方法を学ぶための本です。

そもそも、データ分析を行うのはなぜでしょうか。データ分析を行い、その結果を論文にまとめるやり方を身につけることでどのようなことができるのでしょうか。大学や大学院で論文を作成する必要があるので、論文の作成方法を学ぶことはもちろん大切ですが、授業や単位と関係なく、データ分析を身につけることはたいへん重要です。このことを考えてみるために、1つの例を考えてみましょう。

**Q**

2009年に大手コンビニエンスストアチェーンのファミリーマートが別のコンビニエンスストアチェーンのam/pmを買収し、ブランドをファミリーマートに統一しました。このように、スーパーマーケットやコンビニエンスストアを運営する企業が買収や合併を行うことはよくあります。いま、ある大手コンビニエンスストアチェーンAが、地方でコンビニエンスストアおよびスーパーマーケットを展開するチェーンBと合併することを検討しています。チェーンAの経営は好調ですが、チェーンBの業績はあまりよくありません。コンビニエンスストアチェーンAは、このような合併を行うべきでしょうか。

いま、仮にみなさんが上の問題について、「あなたの考えを教えてください」といわれたとしましょう。どのように答えればよいでしょうか。これらの問題に対して何らかの主張を行う前に、知っておくべき事実がいくつかあります。

合併を行うべきかどうかについて意思決定をするためには、どのようなことがわかっていることが望ましいでしょうか。次のようなことを考えてみてください。

- コンビニエンスストアの企業同士が合併した場合、合併前と比較して企業業績が向上しているか。
- コンビニエンスストアを運営する企業とスーパーマーケットを運営する企業が合併した場合、合併前と比較して企業業績が向上しているか。
- 業績が悪化している企業と業績のよい企業が合併した場合、合併前と比較して企業業績が向上しているか。

過去の研究で、このようなことが明らかになっている場合、合併を行うかどうかの意思決定の助けになるでしょう。みずからデータを収集して、このような分析をすることができる能力を身につけることで正しい意思決定を行うことができるようになると期待できます。

ここで重要なのは、1つ1つのケースを確認することに加えて、全体像を理解することです。合併に関していうと、過去に成功したケースもあれば失敗したケースも当然あります。しかし、自分の興味があるタイプの合併は成功したケースが多いのか、失敗したケースのほうが多いのか、といった全体像を知ることはとても大事です。このような全体像を知るためにはある程度まとまったデータを収集し、統計的な分析を行う必要があります。

もちろん、これらの事実がわかったとしても、企業の状況は1つ1つ異なりますから、企業が合併して成功するかどうかを確実に知ることはできません。それぞれの企業や市場の状況、マクロ経済の状況などさまざまな要因によって合併の成否は影響されます。しかし、過去のデータを分析することで、平均的に見ると成功しているのか、それとも失敗しているのかを知ることは意味があるでしょう。さらに、どのような状況で成功しているケースが多いのかを知ることも重要であると考えることができます。データ分析は万能ではありませんが、データ分析を根拠に持つ意思決定のほうが根拠を持たない意思決定よりも信頼できると考えることができるでしょう。

### エビデンスによる経営

データ分析の結果のことをエビデンス（evidence）とよぶことがあります。エビデンスとは事実のことですが、ここでいうエビデンスとは、「何らかの意思決定の根拠となる事実」と考えるほうがわかりやすいでしょう。医学の分野では「事実にもとづいた医学（evidence based medicine, EBM）」、政策決定では「事実にもとづいた政策立案（evidence based policy making, EBPM）」という言葉があるように、何らかの主張を行う際にはエビデンスがあることが望ましい、ということは企業経営に限らず、いろいろな分野で常識となっています。この本が説明するデータ分析を適用することで、上のような問題を考えるための手がかりとなるエビデンスを得ることができるでしょう。データ分析を理解することで、複数のエビデンスのうち、どのエビデンスがより信頼できるかについての判断もできるようになるかと思います。

## 3 実証分析のステップと、この本の概要

それでは、早速、実証分析を行うためにはどのようなステップが必要なのかを簡単に見てみましょう。論文作成は大きく分けて次の４つのステップに分けられます。

①先行研究を参考にしながらテーマや仮説を設定する。
②適切なデータを収集する。
③収集したデータを用いて適切な方法で仮説を検証する。
④論文を作成する。

この本ではこれらのステップのそれぞれについて数章ずつ説明しています。ここにあるように論文を作成する際には、先行研究を参考にしながらテーマをきめ、仮説を設定し、データを収集し分析を行うことになります。さらに分析した結果を表にして、最終的に論文やレポートにまとめます。このそれぞれのステップである程度きまったやり方があります。

### テーマの設定方法

論文のテーマや仮説はみなさんが興味のあるトピックを選ぶのが基本です。しかし、「興味があることについて論文を書いてください」といわれても、そもそもテーマとは何か、仮説とはどのようなものかがわからなければ設定することはできません。第７章と第８章では、テーマをどのように設定するかということを学びます。

じつは、多くの実証論文は、いくつかのパターンに分類することができます。第７章では、このようなパターンを確認することで論文のテーマとはどのようなものかということを学びます。具体的には、たとえば次のようなパターンについて学びます。

**その1**：企業の行動や環境が、企業の業績に与える影響
**その2**：企業の環境や属性が、企業の行動に与える影響

企業の行動とはたとえば合併・買収、多角化、海外への進出、事業部門の売却、社外取締役の導入、雇用の大幅な削減などです。企業の業績とはたとえば株価や利益のことです。企業の環境とは、たとえば輸入の自由化による競争の激化や政策の変更のことです。その1の例として「合併した企業は利益を向上させたのか」というテーマを考えることができます。第8章と第9章ではさらに新聞記事などからテーマを考える方法や先行研究を発展させる形でテーマを得る方法を学びます。

研究を行う際に先行研究を調べることはとても重要です。何かを説明する際に、すべてを自分の結果だけで説明するということはほとんどありません。どのような研究でも、企業の行動や業績に関する過去の研究を踏まえたうえで、新しい知識を追加しています。先行研究をきちんと理解することで、自分のテーマについてどのような研究がなされてきたのか、いままで何がわかっていて、何がわかっていないのか、ということを明らかにすることができます。この本の第9章では先行研究をどのように探すのか、また先行研究をどのようにまとめておくかを学びます。先行研究が重要な理由はそれだけではありません。多くの場合、先行研究で用いられている分析手法をそのまま応用するか、発展させる形で分析を行うことになります。この意味で適切な先行研究を探すことはとても重要です。

### ▶データの収集

先行研究を参考にしながらテーマや仮説設定を行ったとしましょう。次に考える必要があるのは、仮説を検証するためにどのような変数に注目する必要があるのか、ということです。このためには企業の行動、業績、環境などをあらわすために、どのような変数が用いられてきたのかということを知っておく必要があります。たとえば、企業の業績や企業

価値という観点からはROA（return on assets：総資産利益率）、ROE（return on equity：自己資本利益率）やトービンのQとよばれる変数が多く用いられてきました。第10章では、企業の業績を分析するために、どのような変数が用いられてきたのかということについてまとめてあります。ROAやROEは企業の財務諸表から計算します。そこではROA等を計算するために必要な財務諸表の知識についても、簡単に説明します。次に必要になるのはデータの収集です。この本の第10章では、日本を中心に、企業に関するデータとしてはどのようなものが利用可能なのか、それぞれのデータを用いることでどのような分析が可能なのか、代表的なデータベースはどのようなものがあるか、ということを説明しています。さらに、東洋経済新報社の『会社四季報』だけでもさまざまな分析が可能であることを示しています。

### なぜ統計学が必要か

データを収集したら次に行うのが統計的な分析です。これについては、この本の第2章から第6章で学びます。この本で統計学を学ぶ目的は1つです。それは、「変数$X$が変数$Y$に影響を与えている」ことを統計的に検証することができるようになるということです。私たちは、$X$という変数が$Y$という変数に影響を与えているのではないか、と考えてこの2つの変数に関係があるかどうかを検証します。ここでは、$Y$が説明される変数で、$X$が説明する変数と想定しています。説明される変数のことを被説明変数もしくは従属変数、説明する変数のことを説明変数もしくは独立変数といいます。詳しくは第4章で解説します。

企業の業績は常に変動しています。合併した後に業績が向上していたとしても、その向上が偶然起きうる範囲の業績改善なのか、偶然では説明できないほど大きな業績改善なのかを考える必要があります。統計学では統計的検定というものを学びますが、統計的検定を行うことで、そのような考え方ができるようになります。統計的検定では、説明する変数$X$について$t$値（ティーち）とよばれる値を計算します。詳しくは後の章で説明しますが、多くの論文では、この$t$値が1.96よりも大きい場合に、変数 $X$ と変数 $Y$ の関係は統計的に意味があると見なしています。この $t$ 値については、後で詳しく説明するので、いまは理解できなくてもかまいません。

この本ではとくに回帰分析について詳しく学びます。それは回帰分析が「変数 $X$ が変数 $Y$ に影響を与えている」かどうかを検証するためのものだからです。回帰分析については第４章から第６章で詳しく勉強しますが、その前にこの章の４節でもう少し説明します。

いま述べたように、この本ではデータを用いた分析を行う際に最低限必要な統計のツールについて解説を行います。これはデータを用いた分析において統計学が不可欠であるためです。ただし、注意すべきことがあります。統計学は欠かせないのですが、統計学は論文作成に必要なツールの一部にすぎないということです。論文を作成するのに必要な「テーマをどのように設定すべきか」「論文の『はじめに』にはどのようなことを書くべきなのか」といったことは統計学の教科書では学ぶことができません。

### 論文を書く

テーマがきまり、データ分析の結果が得られたら論文を書くことになります。論文の構成、それぞれのパーツにどのようなことを書く必要があるか、ということに関しても、きまったフォーマットがあります。たとえば、論文の「はじめに」に書く内容もある程度きまっています。論文を書くことは、1から文章を考えるというよりは、きまったテンプレートに従って空欄を埋めるという作業に近いと考えることができます。データを用いて分析する論文の典型的構成は以下のとおりです。1つ1つの項目にどのような内容を書くべきかについては第11章で説明しています。

タイトル
要約
1．はじめに

2. 先行研究と仮説
3. 使用するデータ
4. 基礎統計量
5. 分析方法
6. 分析結果
7. おわりに
参考文献

論文を書く際に、論文を書くためのきまりに従うことはたいへん重要です。たとえば回帰分析の結果をどのように表にまとめるのか、参考文献をどのように記述するのか、といったことについてもきちんとしたきまりがあります。形式を守ることは、自分の研究を読んでもらうためにもとても重要です。

## 4 回帰分析とは

この本では、回帰分析について詳しく説明します。企業データを用いた研究に用いる分析は回帰分析以外にもいろいろあるのですが、変数と変数の関係を分析する際に回帰分析が広く用いられていることが理由です。また、回帰分析以外の手法を用いて変数を作成している場合でも、作成した変数と変数の関係については回帰分析を用いることもよくあります。そこで、この節では回帰分析について簡単に解説をします。具体的な説明は第 4 章以降で行います。ここでは、回帰分析とはどのようなものか、ということをきちんと理解する必要はありません。回帰分析とはどのようなことを行うのか、ということを何となく理解してください。

下の式を見てください。下の式は、企業の時価総額が変化したときに CEO（最高経営責任者、chief executive officer）の報酬がどのくらい変化するかを分析した回帰分析の結果です。

回帰分析では、このように説明する変数（説明変数 $X$）が説明される変数（被説明変数 $Y$）に与える影響を分析します。ここでは説明変数が時価総額の変化で、被説明変数が CEO の報酬の変化です。

$$\text{CEO報酬の変化} = 31.7 + \underset{(8.0)}{0.0000135} \times \text{時価総額の変化}$$
$$R^2 = 0.0082$$

ここでは、時価総額が 1 増加したときに、CEO の報酬は 0.0000135 増加することがしめされています。ここで重要なのは、(8.0) という数値です。これは、時価総額の変化と CEO 報酬の変化の関係が統計的に意味のあるものであるかどうかをしめす $t$ 値です。ここで $t$ 値が 1.96 よりも大きい場合には統計的な関係があると考えることがよくあります。ここでは $t$ 値が 8.0 と 1.96 よりもかなり大きいので統計的に意味のある関係があるといえます。回帰分析では、このように説明する変数と説明される変数の関係が統計的に意味のあるものであるかどうかを検証することができます。

この式では $R^2$ という数値がしめされています。この $R^2$ とは決定係数ともよばれています。これは、CEO の報酬の変動のうち、時価総額で説明できる部分がどのくらいあるかということをしめしたものです。完全に説明できる場合は 1（100%）、まったく説明できない場合は 0（0%）となります。ここでは決定係数が 0.0082 ですので、CEO の報酬の変化のうち、時価総額の変化で説明できる部分はたいへん小さいことがしめされています。

この本では、統計学に関することをいろいろと勉強します。この本で統計学を学ぶ目的は、上の式のような回帰分析の結果を理解できることと、自分でデータを収集して上の式のような結果を得ることができるようになることです。統計学を学ぶ過程では、一見地味な作業を理解する必要があります。しかしそのような作業を行う目的は回帰分析を行うことができるようになることだということを忘れないようにしましょう。

回帰分析を用いて分析する際に念頭に置いておくべき重要なことがあります。それは、回帰分析では因果関係を厳密に検証しているわけではないということです。

回帰分析で２つの変数の関係を分析する際には、分析の前にどちらが説明される変数（被説明変数）で、どちらが説明する変数（説明変数）かを想定したうえで統計的な分析を行います。回帰分析で２つの変数に統計的な意味があるという結果が得られたとします。それは、事前の想定と整合的な結果が得られたということをしめしています。しかし、この結果だけから説明変数が原因で被説明変数が結果であるという因果関係をしめした、ということはできません。それは、説明変数と被説明変数の間に因果関係がなかったとしても回帰分析で統計的に意味のある結果が得られることが十分ありうるからです。たとえば、原因と結果が逆の場合です。

どのように因果関係を特定するかということは、因果推論ともよばれ、近年、分析手法が発達しています。興味のある人はこの本の最後の「あとがきにかえて」を参照してください。この本では、「$X$が$Y$に与える影響」という表現を用いています。このことは、たとえば、「$X$が多い企業では$Y$が大きい傾向にある」というような関係があることを意味しています。

## 5 回帰分析を使用した研究の例：経営者インセンティブの分析

この節では、回帰分析が実際の研究のなかでどのように用いられているかを紹介したいと思います。それでは、先ほど見た回帰分析の結果がどのような研究として行われたかを見てみましょう。

一般に経営者の報酬と企業の業績にはプラスの相関があるほうが望ましいと考えられています。報酬と業績の関係が強ければ、経営者は業績を向上させることでみずからの報酬を上げることができます。このため、経営者は業績を向上させるためにさらに努力するでしょう。しかし、現実には経営者の報酬が企業の業績と無関係にきまっているのではないかと考えられています。先ほどの回帰分析は、このような問題意識から行われた研究の結果です（Jensen and Murphy, 1990）。この論文

は *Journal of Political Economy* という評価の高い学術雑誌に掲載されたものです。

Jensen and Murphy（1990）は、アメリカのCEOの報酬と企業の時価総額の関係を分析しています。具体的には、企業の時価総額が1000ドル増加したときに経営者の報酬は何ドル増加するか、ということに関心を持って分析しています。時価総額とは企業価値とよばれることもあり、株式市場において企業がどのように評価されているかをしめしています。時価総額は株価×株式数ですので、時価総額が大きくなることは株主にとって望ましいことです。

それでは分析した結果を見てみましょう。データは1974年から1986年までのアメリカの大企業1049社のCEO1668人の報酬です。被説明変数はCEOの現金報酬の変化、説明変数は時価総額の変化で、単位はどちらもドルです。もしも、この２つの変数に関係がないとすると、経営者は時価総額を増大させようとは思わないかもしれません。

それでは、あらためて推定結果を見てみましょう。カッコ内は $t$ 値です。

$$\text{CEO報酬の変化} = 31.7 + \underset{(8.0)}{0.0000135} \times \text{時価総額の変化}$$

$R^2 = 0.0082$

サンプルサイズ　7750

まず注目すべき点は、もちろん時価総額とCEOの報酬に関係があるかどうかです。このことは、時価総額の変化の係数が統計的に有意かどうか、ということと同じです。カッコ内は $t$ 値です。この $t$ 値 = 8.0 で1.96よりもかなり大きいので統計的に意味があるということがわかります。また、係数はプラスですので、時価総額が大きくなった企業では経営者の報酬も増えている傾向があることがしめされています。このような関係がある場合、経営者は時価総額を増大させるようなインセンティブを持つでしょう。

次に係数に注目します。係数は0.0000135です。このことから、「時価総額が１ドル増加している企業では、経営者の報酬が0.0000135ドル上昇する傾向がある」ということがわかります。小数点以下が長いので、もう少し大きな単位を考えます。元の数値を100万倍して考えましょう。時価総額が100万ドルだけ増加すると、経営者の報酬は13.5（＝1,000,000×0.0000135）ドル増加することがわかります。

ここで1ドル＝100円と考えると100万ドルは1億円と考えることができます。すなわち企業価値が1億円増加した企業で経営者の報酬は13.5ドル（およそ1350円）上昇する傾向があることがわかります。この数字は大きいでしょうか。いろいろな考え方があると思いますが、この論文の著者たちは、この数値がとても低いということを示唆しています。ここで決定係数も見てください。$R^2 = 0.0082$となっています。経営者の報酬の変動の0.82％だけを説明できていることになります。いいかえると、経営者の報酬は時価総額以外の要因によって説明される部分がとても大きいということがわかります。著者たちは、これらの結果をもとに、アメリカの経営者報酬の決まり方に問題があるのではないかと指摘しています。

経営者が株主価値を最大化するように企業を経営しているかどうかというのは非常に重要な問題です。日本では経営者報酬について、アメリカと比較して公開されている情報は限られています。しかし、公開されている情報からも、いろいろな分析ができます。また、2010年より、年額1億円を超える報酬については、個人の報酬額が開示されるようになり、データが利用可能になっています。経営者の報酬について興味がある人は、久保（2010）を見てください。

### 練習問題

1. いま、東京証券取引所が上場企業に対して新たなルールを制定することを検討しているとします。そのルールによると、上場企業は社外取締役を最低3人導入しなければなりません。このようなルールを導入するべきかどうかを考えてみたいと思います。なお、どのような分析を行うにせよ、自分が分析する変数について理解している必要があります。取締役や社外取締役とはどのような役割を持っている役職のことか、どのように選ばれるのか、ということをよく理解していないのであれば、とりあえずWikipediaなどで確認してから解答してください。きちんと理解するためには会社法の入門書などを参考にするとよいでしょう。

(1) このような問題を考える際に、どのようなエビデンスがあればよいでしょうか。「ある変数（$X$）が他の変数（$Y$）に与える影響」という形で考えてみてください。

(2) 2010年代に多くの上場企業が社外取締役を導入しました。一方で昔から社外取締役を導入している企業もあります。企業を1つ選び（たとえばトヨタ自動車）、その企業が何年に社外取締役を導入したかを調べてください。大学図書館などで日経テレコン21などの新聞記事検索を利用可能な人は、それを使用してもよいですし、その企業のウエブサイトから確認してもよいです。ただし、確認する際は、企業のウエブサイトや新聞記事など信頼できる情報源で確認してください。

2. 2009年11月13日にコンビニエンスストアのファミリーマートが、別のコンビニエンスストアam/pmの買収を発表しました。日経テレコン21で新聞記事を検索したところ「ファミリーマートがam/pm買収発表　店名、2012年には統一」という記事がありました。この記事によると、買収を行うファミリーマートの上田準二社長は「規模拡大による仕入れのスケールメリットが得られる」とコメントしたようです。スケールメリットとは規模の経済（economies of scale）ともいわれます。「規模拡大による仕入れのスケールメリット」とは、購買において規模の経済が働くということを意味していると考えることができます。企業が仕入れを行う際に、購入量が大きければ大きいほど売り手に対する交渉力が強くなり、単価が安くなると考えることができます。仕入れの原価が下がれば売上高に対する原価の比率が下がり、利益も上昇するでしょう。このことを予想する投資家が多ければ株価も上昇すると予測できます。

このような企業の発表に対して株価がどのように反応したかに関する分析はしばしば行われています。詳細な分析の手法はこの本の第 14 章で学びますが、その前にまず株価を観察してみたいと思います。Yahoo! ファイナンスのウエブサイトでは過去の株価を検索することができます。このウエブサイトなどから 2009 年 11 月のファミリーマートの株価の推移を検索し、Excel などを用いてグラフを作成してください。合併の発表によって株価はどのように変化しているでしょうか。

# 正規分布と基礎統計量

## 100 年に一度の大暴落は何年に一度起きているか

### 1 はじめに

この章から第 6 章までは、データを統計的に分析する方法を学びます。この章では、集めたデータをまとめる方法について学びます。前の章でも書いたことですが、この本のデータ分析の目的は「$X$ が $Y$ に影響を与えているかどうかを検証する」ということです。このためには変数 $X$ と変数 $Y$ のデータを集め、分析するのですが、分析する前に平均値や、ばらつきの大きさを確認することが必要です。これは、分析する変数の概要を理解するためです。平均値やばらつきの大きさのことを基礎統計量（basic statistics）とよびます。この章では平均値、分散、標準偏差、中央値について学びます。これらの統計量は Excel などの表計算ソフトウエアでも簡単に計算できます。

平均値についてはよく知られていますが、ばらつきをしめす指標については知らない人も多いと思います。ばらつきをあらわす指標である分散や標準偏差は日常生活でもたいへん役に立つ概念です。ここで、次の質問を考えてみましょう。標準偏差については、後で詳しく説明しますが、とりあえずばらつきをしめす指標であると考えてください。

**Q**

あなたのテストの成績が 100 点満点中 70 点だったとします。また、このテストの全体の平均点が 60 点、標準偏差が 5 点であったとします。あなたはこのテストを受けた学生のトップ 10% に入っていると考えてよいでしょうか。

この章の2節では、平均値、分散、標準偏差、中央値といった基礎統計量について勉強します。3節では正規分布とヒストグラムについて学びます。とくに正規分布において、平均値±1.96×標準偏差がどのような意味を持つかについて学びます。統計的な検定を行う際に1.96という数字がこれから何回か出てきます。上の質問ですが、成績の分布が正規分布に近い場合、この学生は、テストを受けた学生のなかのトップ2.5%に含まれることがわかります。これは、この学生の成績がほぼ69.8点（平均値＋1.96×標準偏差）であることからわかります。4節では2節および3節で学んだことを例で確認します。そこでは、東証株価指数の収益率がどのような分布をしているかについて学びます。

**この章の目的**

- 与えられたデータの基礎統計量を計算し、概要をまとめることができるようになる。
- 基礎統計量を確認することで個々の観測値が全体のなかでどのくらいの位置にあるかを理解することができるようになる。
- ある値が正規分布に近い分布に従う場合、平均値±1.96×標準偏差の範囲に全体の95%が含まれるということを理解する。

**重要な用語**

基礎統計量／平均値／中央値／分散／標準偏差／ヒストグラム／度数／密度／正規分布／標準正規分布／サンプルサイズ

## 2 データの特徴は何か

### 基礎統計量

ある変数 $X$ について、$n$ 個の観測値 $X_1, X_2, ..., X_n$ を集めたとします。平均値（mean）$\bar{X}$を求める式は以下のようになります。

$$\bar{X} = \frac{X_1 + X_2 + \cdots + X_n}{n} = \frac{1}{n}\sum_{i=1}^{n} X_i$$

記号$\sum_{i=1}^{n} X_i$は$X_1$から$X_n$まで足したもの、という意味です。

分散（variance）は変数のばらつきをあらわし、$\mathrm{var}(X)$もしくは$s_X^2$とあらわします。下の式で計算されます。

$$\mathrm{var}(X) = s_X^2 = \frac{1}{n-1}\{(X_1 - \bar{X})^2 + (X_2 - \bar{X})^2 + \cdots + (X_n - \bar{X})^2\}$$
$$= \frac{1}{n-1}\sum_{i=1}^{n}(X_i - \bar{X})^2$$

標準偏差（standard deviation, s.d.）は、分散の平方根で$s_X$とあらわします。

$$s_X = \sqrt{s_X^2}$$

観測値と平均値の差を偏差（deviation）といいます。

$$偏差 = X_i - \bar{X}$$

データを小さい順に並べたときに、ちょうど中間にくる値を中央値（median）といいます。データの個数が奇数の場合には、中間にくる値が中央値、データの数が偶数の場合には中間にくる２つの値の平均値が中央値です。

この節では、平均値、中央値、分散、標準偏差について例を用いて説明します。いま、ある大学のＡゼミの卒業生５人の初任給がそれぞれ17万円、17万円、20万円、23万円、23万円であったとします。このように集めたデータのことを標本もしくはサンプル（sample）といいます。このとき、初任給という変数（variable）について５つの観測値（observation）を集めたということができます。この本では変数は$X$のような大文字、それぞれの観測値は$X_1$、$X_2$のように添字をつけた字であらわすことにします。この場合、$X$は初任給という変数をあらわし、$X_1$、$X_2$という変数は17万円、23万円といった1つ1つの観測値をしめしています。観測値の数を観測数（the number of observations）もしくはサンプルサイズ（sample size）といいます。観測数のことをアルファベットで$n$ということもあります。

まず、平均値（mean）について考えましょう。平均値については、いままで学んだことがあると思います。いま、変数$X$について、$n$個のデータを集めたとします。このとき、それぞれの観測値を$X_1, X_2, X_3, \ldots, X_n$とあらわすことができます。平均値は、次のように計算します。ここで$\sum_{i=1}^{n} X_i$は$X_1$から$X_n$まで足し合わせるという意味です。省略して$\sum X_i$とあらわすこともあります。観測値$X_1, \ldots, X_n$の平均値は$X$の上に棒をつけた$\bar{X}$（エックス・バーと発音します）とあらわします。

$$\bar{X} = \frac{X_1 + X_2 + \cdots + X_n}{n} = \frac{1}{n}\sum_{i=1}^{n} X_i$$

平均値と同様に重要なのは中央値です。中央値（median）は中位数ともいいます。データを小さいものから順番に並べたときに全体の中心にくる値のことです。データの数が5個のように奇数であれば、中間になる値は1つです。データの数が偶数、たとえば6個の場合には中心になる値はありません。このときには、3番目の数値と4番目の数値を足して2で割ったものを中央値とします。

集めたデータの代表性を見るときには、平均値や中央値を用いるのですが、これだけでは十分ではありません。これはばらつきを考える必要があるからです。ばらつきを確認するための代表的な指標が分散（variance, var($X$) もしくは$s_X^2$）と標準偏差（standard deviation, $s_X$）です。標準偏差はs.d.とあらわすこともあります。

変数$X$の分散は、次のようにあらわされます。

$$\begin{aligned}\mathrm{var}(X) = s_X^2 &= \frac{1}{n-1}\{(X_1-\bar{X})^2 + (X_2-\bar{X})^2 + \cdots + (X_n-\bar{X})^2\} \\ &= \frac{1}{n-1}\sum_{i=1}^{n}(X_i-\bar{X})^2\end{aligned}$$

分散の平方根を標準偏差とよび、$s_X$とあらわします。

$$s_X = \sqrt{s_X^2}$$

なお、ここではこのように定義していますが、本によっては$\frac{1}{n-1}$ではなく、$\frac{1}{n}$をかけているものもあります。ここで分散を偏差の2乗の算術平均と考えれば、$\frac{1}{n}$のほうがしっくりくるかもしれません。しかし、$\frac{1}{n-1}$でとるほうが、後々便利であることが知られています。実際の分析では$n$はかなり大きな値になることが多いので、この違いが問題となることはほとんどありません。

先ほどの初任給のデータで計算してみましょう。このとき、変数$X$が5人の初任給（単位万円）であり、$X_1 = 17, X_2 = 17, X_3 = 20, X_4 = 23, X_5 = 23$となります。データの数は5個ですから$n = 5$となります。このときの平均値および分散は次のようになります。

$$\bar{X} = \frac{1}{5}(17+17+20+23+23) = 20$$

$$\begin{aligned} s_X^2 &= \frac{1}{5-1}\{(17-20)^2+(17-20)^2+(20-20)^2 \\ &\quad +(23-20)^2+(23-20)^2\} \\ &= 9 \end{aligned}$$

また、標準偏差は分散の平方根ですから$s_X = 3$となります。なお、分散は変数$X$を2乗したものを足したものなので単位はありませんが、標準偏差は2乗したものの平方根なので、もとの変数$X$と同じ単位で考えることができます。この場合、平均値20万円、標準偏差3万円となります。

分散や標準偏差を計算する際には、観察された値と平均値の差を用いました。このことを偏差（deviation）といいます。

$$偏差 = X_i - \bar{X}$$

平均値、分散、標準偏差、中央値のどれもいまではExcelなどの表計算ソフトウエアや統計ソフトウエアで簡単に計算することができます。

図表2.1 日経平均株価指数と国債の月次収益率の推移

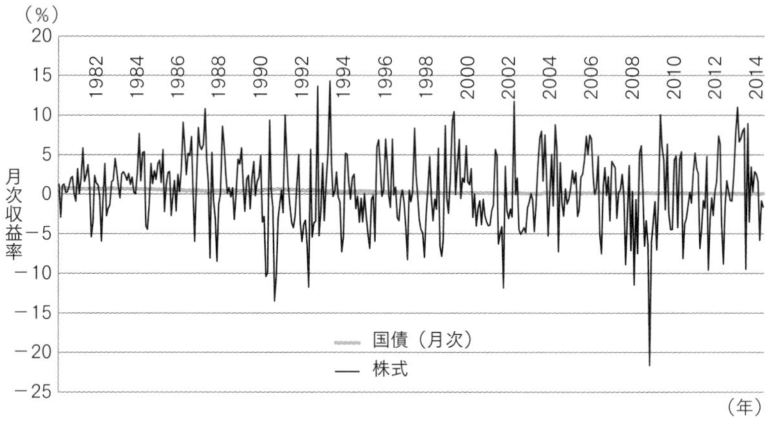


(データ出所) 日経 NEEDS データベース。

### 例:リスクとリターン

みなさんがいま、手元にまとまったお金を持っているとします。とりあえず使用する予定がないので、どこかに投資しようとしているとします。このとき、どこに投資をすればよいでしょうか。選択肢としては株式、国債、外国為替、不動産などが考えられます。これらの資産のどれに投資をすればよいでしょうか。これを考える際に、いま学んだ平均値と分散がとても重要になります。

図表 2.1 を見てください。このグラフは 1980 年 2 月から 2014 年 4 月までの株式と国債の月ごとの収益率(リターン)をしめしたものです。横軸は時間で縦軸は月次収益率(%)です。なお、株式に関しては日経平均株価指数の収益率です。ある月のはじめに 100 円投資して、月の終わりに 101 円になっていればここでは 1%と表示されます。この 1%のことを収益率とよびます。

このグラフから何を読み取ることができるでしょうか。まず、国債と株式の収益率がまったく異なることがわかります。株式の収益率の変動があまりに大きいので国債の収益率がほとんど横軸に張り付いているように見えると思います。株式の収益率は 2008 年 10 月に−21.6%と極

図表2.2 国債と株式の月次収益率（％）の基礎統計量（1980年4月～2014年4月）

| | 国債 | 株式 |
|---|---|---|
| 平均値 | 0.3 | 0.33 |
| 標準偏差 | 0.21 | 4.66 |
| 最小値 | 0.04 | −21.6 |
| 最大値 | 0.74 | 14.3 |
| サンプルサイズ | 411 | 411 |

（データ出所） 日経 NEEDS データベース。

端に大きなマイナスがあります。リーマンショックとよばれる世界金融危機の時期です。一方で、大きなプラスになっている時期もあります。たとえば、2013年1月には収益率が11％となっています。このことから、株式投資はとても高い収益率を生むことがある一方で、収益率がマイナスになることもしばしばあることがわかります。もう1つわかることは、国債の収益率が常にプラスであることです。言い換えると国債に投資した場合は、元本は返ってくる状況が続いています。

このことは、基礎統計量を見ても確認することができます。図表2.2は国債と株式に投資した場合の月次収益率の基礎統計量をしめしたものです。ここで注目してもらいたいのは標準偏差です。この場合、標準偏差のことをリスクとよぶことがあります。日常会話でも、国債投資のほうが株式投資よりもリスクが小さい、という言い方をしますが、このリスクというのは標準偏差であらわすことができます。国債の収益率の標準偏差が0.21％であるのに対して、株式の収益率の標準偏差が4.66％です。このことから国債とくらべて株式投資のリスクが大きいことがわかります。ここで注意すべきことは、リスクには価格が下がることだけではなく、上がることも含まれているということです。

ハイリスク・ハイリターンという言葉を聞いたことがある人もいるかもしれません。リスクが小さい投資は平均的な収益率が低いのに対して、リスクが大きい投資では失敗した場合の損失も大きいかわりに成功したときの利益も大きく、平均的な収益率が高くなると考えられています。図表2.2で国債と株式を比較すると、株式のほうがリターンも少し高く、また標準偏差も大きいことがわかります。

## 3 正規分布とヒストグラム

ここではまず、ヒストグラムについて説明します。ヒストグラムに関しては聞いたことがある人も多いと思います。変数がそれぞれの値にどのくらい分布しているかをグラフでしめしたものです。作成するためには以下のような手続きで行います。言葉で書くとごちゃごちゃしているように見えますが、むずかしいことをしているわけではありません。

データがたくさんあるときには、その数値によってデータをいくつかのグループに分けることができます。このようにデータをその数値によっていくつかに分けるとき、1つ1つのグループのことを階級（class）といいます。また、それぞれの階級にいくつの観測値が含まれるかを数えることができます。この個数のことを度数もしくは頻度（frequency）といいます。また、頻度を全体に対する割合でしめしたものを密度（density）といいます。度数をあらわした表を度数分布表（frequency table）といい、度数や密度をグラフにあらわしたものをヒストグラム（histogram）といいます。どの値をとっている観測値がいくつあるかということを一般に標本分布（sampling distribution）といいます。

### ▶ 正規分布

ヒストグラムを描いたときに、真ん中付近に1つだけ突起のある釣鐘型になることがよくあります。このような釣鐘型分布の代表が正規分布（normal distribution）とよばれる分布です。正規分布に従う変数のヒストグラムは左右対称のなだらかな釣鐘型になります。この正規分布はさまざまな分析で広く用いられています。平均値$\mu$、分散$\sigma^2$の正規分布は$N(\mu, \sigma^2)$とあらわすこともあります。

正規分布にはさまざまな特徴があります。ここでとても重要な特徴を紹介します。この特徴はこの本で何度も関連する事項が出てきます。とても大事なのでよく理解してください。それは、変数$X$が正規分布に従う場合、この変数の値は95%の確率で平均値±1.96×標準偏差に含まれるということです。たとえば、ある企業の株式の毎日の収益率の分布が平均値0%、標準偏差0.1%の正規分布であらわすことができるとします。このとき、次のことがいえます。

この株式の収益率は95%の確率で−0.196（=0−1.96×0.1）%と0.196（=0+1.96×0.1）%に含まれる。

このことを式であらわすと次のようになります。

Pr（平均値−1.96×標準偏差＜収益率＜平均値+1.96×標準偏差）=0.95

ここでPr（　）は、カッコ内が起きる確率という意味です。収益率が95%の確率で平均値±1.96×標準偏差に含まれるということは、別の言葉でいうと、5%の確率で、この範囲の外の値をとる可能性もあるということです。分布は左右対称ですから、この範囲よりも大きい値をとる確率および、この範囲よりも小さい値をとる確率は2.5%となります。このことを式であらわすと、次のようになります。

Pr（収益率＞平均値+1.96×標準偏差）=0.025
Pr（収益率＜平均値−1.96×標準偏差）=0.025

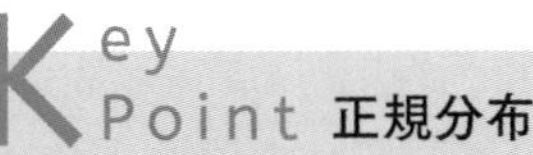


**正規分布**

ある変数$X$が正規分布に従うとき、この変数の値は95%の確率で、平均値±1.96×標準偏差に含まれる。

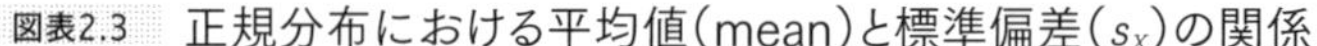

図表2.3 正規分布における平均値(mean)と標準偏差($s_X$)の関係

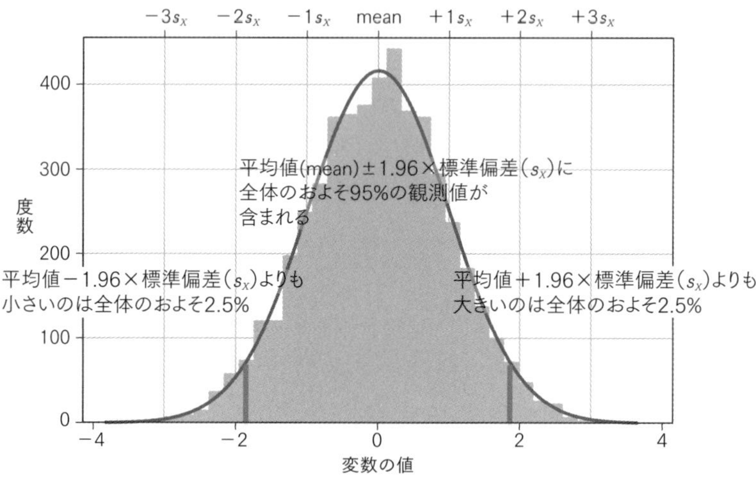


このことをグラフにしたのが図表2.3です。これは平均値0、標準偏差1の正規分布に従うある変数のヒストグラムを描いたものです。このグラフは正規分布における平均値（mean）と標準偏差（$s_X$）の関係をしめしています。なお、平均値0、標準偏差1の正規分布のことをとくに標準正規分布（standard normal distribution）とよびます。ヒストグラムを見ればわかるように山が1つで、ほぼ左右対称のきれいな釣鐘型をしています。グラフにしめされているように、正規分布に従う変数の値が平均値±1.96×標準偏差に含まれる確率は95%です。

## 4 100年に一度の金融危機はどのくらい頻繁に起きるのか

いままで勉強した平均値、分散、正規分布といった概念を実際のデータに当てはめてもう少し考えてみましょう。東証株価指数（TOPIX）という言葉を聞いたことがあると思います。東証株価指数とは東京証券取引所一部上場企業の株価の推移をしめす株価指数です。この東証株価指数は毎日発表されていますから、前の日と比較してどのくらい株価が

図表2.4　東証株価指数(TOPIX)の日次収益率の推移(2001〜2011年)

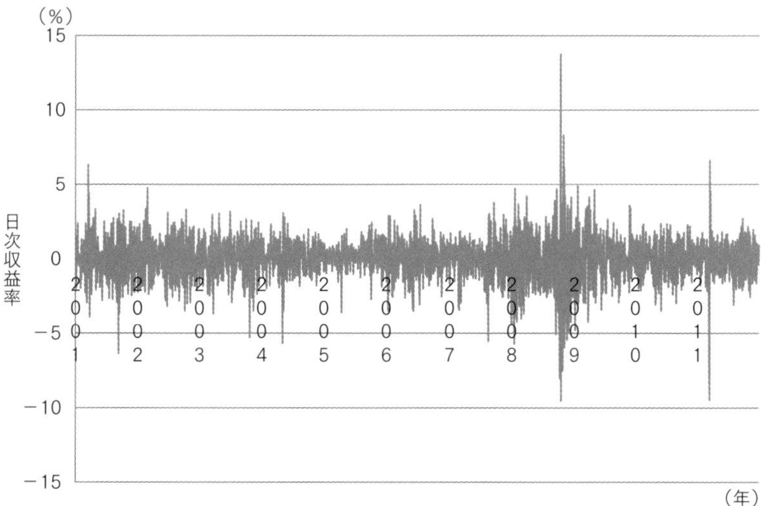


(データ出所)　東洋経済新報社『株価 CD-ROM』。

変化したか（日次収益率）を計算することができます。株価指数が100から101に上昇した場合、収益率は0.01（1%）です。

図表2.4を見てください。このグラフは2001年1月4日から2011年12月30日までの東証株価指数の日次収益率をグラフにしたものです。横軸が時間で縦軸が日次収益率（%）です。このグラフからどのようなことが読み取れるでしょうか。まず気がつくのは、収益率はプラスになったりマイナスになったりしているということです。当たり前のことですが、株価は上がったり下がったりしているということです。もう1つ気がつくのは、非常に大きな動きをすることがあるということです。このグラフから2008年に収益率が10%近く上がったり下がったりする日があるということがわかります。ここでは東証株価指数の数値は東洋経済新報社『株価 CD–ROM』から入手したのですが、Yahoo!ファイナンスなどからダウンロードすることもできます。

この東証株価指数は東京証券取引所全体の株価の動きをしめすものです。日次収益率が−10%というのは、東証全体の時価総額が10%下

図表2.5　東証株価指数の日次収益率(%)の基礎統計量

| | |
|---|---|
| 平均値 | −0.0103 |
| 中央値 | 0.0275 |
| 標準偏差 | 1.4545 |
| 分散 | 2.1156 |
| 最小値 | −9.5227 |
| 最大値 | 13.7288 |
| サンプルサイズ | 2698 |

（データ出所）　東洋経済新報社『株価 CD-ROM』。

がっていることになります。東証全体で上場している企業の時価総額は数百兆円です。東証株価指数が10%下落するということは、東証全体の時価総額が1日で数十兆円失われているということを意味します。このことからも株価指数の変化が経済全体に大きな影響を与えていることがわかると思います。

この日次収益率の基礎統計量が図表2.5です。ここには、日次収益率の平均値、中央値、標準偏差、分散、最小値、最大値がしめされています。株式市場は、1年に250日ほど開いていますので、株式市場が開かれた日は2001年から2011年の11年間で2698日になります。よって、このデータの観測数（サンプルサイズ）は2698となります。

この表から、平均値−0.0103%ということがわかります。平均的には株価指数は下がっているようです。ただし、中央値は0.0275%とプラスになっています。このことから、株価指数が下がった日よりも上がった日のほうが多いことがわかります。この収益率のヒストグラムが図表2.6です。このグラフを見ると左右対称の釣鐘型になっていることがわかります。

図表2.5では、最小値と最大値もしめされています。最小値は−9.5227%です。1日に10%近く下落しています。これは2008年10月16日です。この時期に何があったか覚えているでしょうか。これは、いわゆるリーマンショックが起きていた時期です。2008年9月に

図表2.6　東証株価指数の日次収益率のヒストグラム

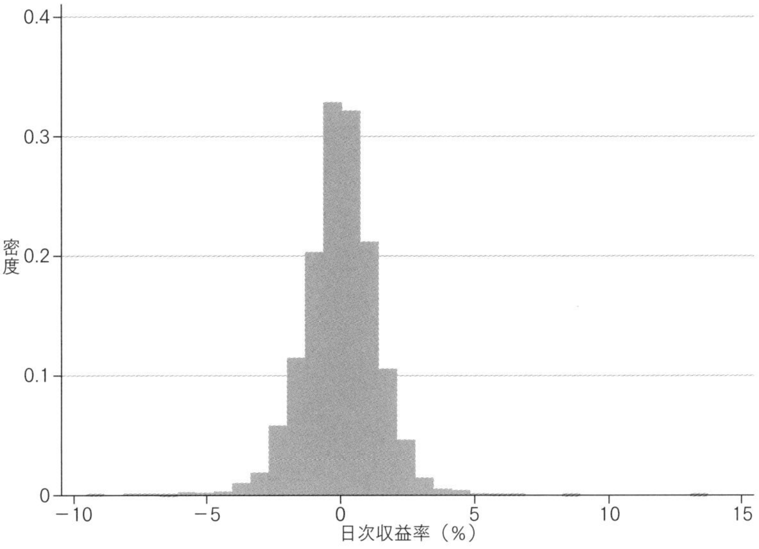


（データ出所）　東洋経済新報社『株価 CD-ROM』。

アメリカの投資銀行リーマン・ブラザーズが破綻しました。これを受けて、世界的に金融危機が発生しました。アメリカを中心にいくつかの金融機関が破綻し、国からの公的資金を注入されました。このとき、日本の株価も大きく下落しています。図表 2.4 を見ると 2008 年の後半に収益率が大きく変動していることがわかります。図表 2.4 から、2011 年に、もう一度、株価指数が大幅に下落していることがわかります。これは東日本大震災直後の 2011 年 3 月 15 日で、この日に株価指数は−9.4727%下落しています。

### 100 年に一度の経済危機 は 11 年間に何回起きるのか

リーマンショックの際に、100 年に一度の経済危機であるというような記事が新聞や雑誌に掲載されたことがあります。このことを定量的に評価する方法はあるでしょうか。そこで、ここでは「100 年に一度の経済危機はどのくらい頻繁に起きるのか」ということを考えてみます。ここでは、サンプルが 11 年分ありますので、この 11 年間にどのくらい

「100年に一度しか起きないような株価指数の大暴落」が起きたかを考えてみます。

まず、株価指数がどのくらい下落した場合に、「100年に一度しか起きないような大暴落」とよべるかについて考えてみましょう。株式市場は1年に約250日あります。100年分ということで100倍すると約2万5000日となります。このことから、「100年に一度の大暴落」というのは、2万5000日に一度しか起きないような株価指数の下落と考えることができます。このことを別の言葉でいうと、発生確率が1/25000 = 0.00004（0.004%）となるような極端に低い収益率ということになります。

このことを考えるために、まず、株価指数の収益率が正規分布に従っていると仮定します。ある変数が正規分布に従うとき「平均値－1.96×標準偏差」よりも小さい値をとる確率は2.5%です。このことを式であらわすと次のようになります。

$$\Pr(\text{収益率} < \text{平均値} - 1.96 \times \text{標準偏差}) = 0.025$$

図表2.3を見ればわかるように、正規分布では平均から離れれば離れるほど起きる確率は小さくなります。Excelなどの表計算ソフトウエアや統計ソフトウエアを用いて、平均値からどのくらい離れると、どのくらい発生確率が変化するかを計算することができます。その機能を用いると次の式を得ることができます。

$$\Pr(\text{収益率} < \text{平均値} - 4 \times \text{標準偏差}) = 0.0000317$$

この式によると、収益率が－5.8283%（＝平均値－4×標準偏差）よりも小さい値をとる確率は0.0000317＜1/25000です。すなわち、収益率が－5.8283%よりも小さい値をとるような大暴落は100年（＝2万5000日）に一度の大暴落と考えることができるでしょう。

ではあらためてデータを確認します。2001年から2011年までに収益率が－5.8283%を下回っているのは、10日ありました。この意味で100年に一度の大暴落はこの11年間に10回あったことになります。

ただし、その10日のうち、7日はリーマンショックの2008年10月から11月にかけてです。この時期の株式市場が大きく変動していたことがわかります。残りの3日のうち2日は2011年3月の東日本大震災の後です。残る1日は2001年9月12日です。この日がどのような日であったか覚えている人も多いと思いますが、アメリカの同時多発テロの直後です。それぞれを1つの事件と考えても、この11年間で3回の「100年に一度の大暴落」があったということになります。

なお、Excelでは次のように計算します。いま、ある変数が正規分布に従っているとします。この変数が、ある値$z$より小さい値をとる確率はExcelのNORM.DIST関数を用いてNORM.DIST（$z$, 平均値, 標準偏差, TRUE）で計算できます。Excelのどのセルでもよいので、セルに＝NORM.DIST（0,0,1,TRUE）と入力してください。そのセルに0.5という数字が表示されます。平均値0、標準偏差1の正規分布に従う変数が0よりも小さい値をとる確率が0.5（＝50％）であることがしめされています。

### 練習問題

1. みなさんは、テストを受けたときにしめされる偏差値については、よく知っていると思います。じつは、偏差値とはテストの点数を平均が50、標準偏差が10となるように変換したものです。偏差値60とは、成績が全体の平均値＋1×標準偏差であることをしめしています。また、偏差値30とは成績が全体の平均値－2×標準偏差であることをしめしています。このことを頭に入れて、次の問題に答えてください。なお、ここでは点数は正規分布に従っていると仮定してください。このとき偏差値も正規分布に従います。

   ある変数が正規分布に従う場合、平均値＋1.96×標準偏差より大きい値をとる確率は2.5％ですが、計算を簡単にするため、ここでは平均値＋2(≒1.96)×標準偏差より大きい値をとる確率が2.5%であるとして答えてください。

(1) いま、A さんがテストを受けて、その結果、偏差値が 70 でした。このテストは 10 万人の学生が受けています。このとき、A さんよりも成績がよい人は全部でおよそ何人いたでしょうか。

(2) テストが返却されて B さんは数学が 70 点、国語も 70 点でした。また、数学の平均点は 50 点、標準偏差は 10 点、国語の平均点は 55 点、標準偏差は 5 点でした。さて、B さんは数学と国語どちらが他の人とくらべて得意と考えられるでしょうか。

2. この本のウエブサイトから financial_analysis.csv をダウンロードしてください。この表は、付属の説明にもあるように東京証券取引所に上場している企業のうち、時価総額上位 200 社の 2000 ～ 2009 年の財務データです。

このデータには、企業に関する多くのデータがしめされています。このデータを用いて次の問いに答えてください。なお、Excel などの使用方法についてはヘルプやインターネット上の情報を参考にしてください。

(1) Excel などの表計算ソフトウエアを用いて、ROA（総資産利益率)、外国人持株比率、売上高について平均値、中央値、標準偏差、サンプルサイズを計算してください。ROA は利益を総資産で割ったものです。外国人持株比率は、企業が発行する株式のうち外国人が保有する割合をしめしたものです。Excel で AVERAGE、MEDIAN、STDEV.S の関数を用いて計算できます。アドインのデータ分析にある基礎統計量ツールでも計算できます。

(2) 上の結果を用いて、ROA の平均値±1.96×標準偏差を計算してください。

LECTURE 3

# 平均値の差の $t$ 検定

## 投資ファンドのターゲットになる企業の特徴は何か

### 1 はじめに

この章では、統計的な検定について学びます。具体的にどのようなことを学ぶかを説明する前に、次の質問に目を通してください。

Q

1. ある産業の業界団体は、自分の業界の売上高が増加しているかどうかを知りたいと考えています。すべての企業について調べることができないので、この産業の企業からランダムに 100 社選びました。その結果、選んだ 100 社の売上高成長率の平均は 10% であることがわかりました。このデータから、産業全体で売上高が上昇していると考えてよいでしょうか。

2. ある企業で従業員をランダムに 2 つのグループに分けて、1 つのグループにのみ、営業に関する教育訓練を行ったとします。次の年、従業員の営業成績を確認したところ、教育訓練を行ったグループでは売上高が平均 5%上昇していたのに対して、教育訓練を行っていないグループでは売上高が平均 4.2% 増加していたとします。この数値だけ見ると、教育訓練を受けたグループのほうが売上高を増加させているように見えます。ただ、教育訓練を受けていないグループとの差はそれほど大きいものではありません。教育訓練を受けたグループと受けていないグループの差は偶然の範囲でしょうか。それとも意味のある差と考えることができるのでしょうか。

この章では上のような質問に答えることができるようになることが目標です。上の２つの質問は、この章で勉強する内容をしめしています。１つ目は、限られたサンプルから全体の様子を理解するということです。通常、興味がある対象すべてのデータを収集することは現実的ではないので、限られた数のデータを用いて分析を行います。このとき、興味のあるグループ全体のことを*母集団*（population)、実際に調査する一部のグループのことを*標本*もしくは*サンプル*（sample）といいます。すなわち、日本の賃金について興味があるのであれば、日本の全雇用者の賃金が母集団です。なお、母集団からサンプルをどのように抽出するかはとても重要ですが、ここではランダム、すなわち偏りなく抽出できているという前提で話をします。

ここでいくつか言葉を説明しておきましょう。同じ平均値でもサンプルの平均値と母集団の平均値は区別して考えます。第２章で学んだのはサンプルの平均値です。サンプルから計算される平均値、標準偏差、分散はそれぞれ*標本平均*、*標本標準偏差*、*標本分散*とよばれます。これに対して母集団の平均値、標準偏差、分散はそれぞれ*母平均*、*母標準偏差*、*母分散*とよばれます。

ここで重要なことを確認したいと思います。母平均などの母集団の情報について、私たちは直接知ることはできません。一方、標本が与えられれば、第２章で学んだように標本平均などを計算することができます。この章ではまず、標本の情報を用いて母平均について情報を得る方法について学びます。$X$という変数の標本平均はこれまでどおり$\bar{X}$（エックス・バー）とあらわします。また、母平均のことをここからは$\mu_X$（ミュー・エックス）とよぶことにします。標本平均の情報を用いて母平均について情報を得る方法は２節、３節で学びます。

この章のもう１つの目的は、２つのグループの標本を分析することで、その背後にある２つの母集団の違いを明らかにすることにあります。２つのグループの標本の比較はデータ分析の１つの中心です。社外取締役を導入した企業としていない企業の比較、多角化をしている企業としていない企業の比較、成果主義を導入した従業員としていない従業員の比較などの分析に頻繁に用います。これは4節で説明し、5節で例をしめします。

**この章の目的**

- サンプルのデータを用いて母集団の平均の区間推定ができるようになる。
- 1サンプルの $t$ 検定を用いて、母平均が、自分の想定した値と等しいかどうかを検証できるようになる。
- 2サンプルの $t$ 検定を用いて、2つのサンプルの平均値の違いが統計的に意味のあるものかを検証できるようになる。

**重要な用語**

母平均／母分散／母標準偏差／推定／点推定／区間推定／信頼区間／仮説検定／帰無仮説／対立仮説／$t$ 検定／$t$ 値／$p$ 値／標準誤差（$SE$）／統計的に有意／有意水準／中心極限定理

## 2 信頼区間：標本から母平均を考える

突然ですが、定食屋さんのコックさんがお味噌汁の味見をすることを考えてみてください。当たり前のことですが、このときコックさんは、お味噌汁を全部飲み干す必要はありません。お味噌汁の一部を味見することでお味噌汁全体の情報を得ています。この節では、全体の一部から全体を理解するための方法を学びます。この場合、味見をした一部が標本、お味噌汁全体が母集団ということになります。具体的には標本の平均と標準偏差から母集団の平均についての情報を得ることを学びます。

### 点推定と区間推定

第2章で学んだ方法を用いて、私たちは標本平均 $\bar{X}$ や標本標準偏差 $s_X$ を計算できます。しかし、母平均 $\mu_X$ については、わかりません。そこで、標本平均や標本標準偏差から、母平均について推測を行います。サンプルのデータを用いて母平均などの情報について、もっとも適切と考えられる値を計算することを推定（estimation）とよびます。

ここでは、点推定および区間推定という2つの推定を紹介します。点推定（point estimation）とは、たとえば母平均がこの値である、という値を推定することです。母平均を推定するためには標本平均を計算すればよいことが知られているのですが、このような推定が点推定です。このことは直感的にも明らかだと思いますが、ここで重要なのは、標本平均がどのくらい母平均と近いのか、ということです。

そこで、標本平均がどのくらい母平均と近いのかについて考えるために区間推定（interval estimation）ということを行います。区間推定とは、たとえば、どのくらいの確からしさで母平均はこの範囲に含まれているのだろうか、という問題意識から計算される範囲のことです。ここで求められた範囲のことを、信頼区間（confidence interval, C.I.）といいます。95%信頼区間とは、母集団から何回かサンプルをとって信頼区間を計算したときに、95%の確率で母平均がその区間に含まれているといえるような区間のことをいいます。信頼区間としては、95%だけではなく、99%や90%もよく用いられます。この区間を計算するために標準誤差とよばれる数値を計算します。

標本平均は、サンプルの取り方によって変化します。いま、サンプルを何回もとってそのサンプルごとに平均値を計算したとしましょう。このとき、「標本平均の平均」および「標本平均の標準偏差」を考えることができます。この平均値の標準偏差のことを平均値の標準誤差（standard error, *SE*）といいます。ただし、実際に計算する際には、何回もサンプルをとる必要はありません。変数 $X$ の平均値の標準誤差は以下の式で計算できることが知られています。

$$SE = \frac{s_X}{\sqrt{n}}$$

ここで $s_X$ は標本標準偏差、$n$ は観測数（サンプルサイズ）です。

例をあげてみましょう。ある産業の企業36社のROA（return on

assets：総資産利益率）の標本標準偏差が12%だったとします。すると、平均値の標準誤差は次のようになります。

$$SE = \frac{12}{\sqrt{36}} = 2\%$$

すなわち、平均値の標準誤差は2となります。

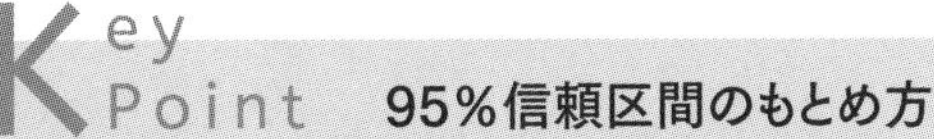


**95%信頼区間のもとめ方**

母集団から繰り返してサンプルをとって区間推定を行ったときに、95%の確率で母平均が含まれるといえるような区間のことを95%信頼区間とよびます。この区間は以下のようにあらわすことができます。

95%信頼区間：$\bar{X} \pm 1.96 \times SE$

### 信頼区間をもとめる

それでは、サンプルのデータを用いて母集団の平均（母平均）の信頼区間を求める方法を説明します。標本平均および標準誤差を用いると、95%信頼区間は次のようにしめすことができます。

95%信頼区間：$\bar{X} \pm 1.96 \times SE$

この式は、第2章で学んだ正規分布に関する知識をそのまま応用したものです。じつは、元の変数$X$が正規分布に従っていない場合でもサンプルサイズが十分大きい場合、標本平均$\bar{X}$は正規分布に従うといってよいことが知られています。このことは、中心極限定理（central limit theorem）として知られています。このため、この考え方は元の分布が正規分布でない場合でも適用することができます。

それでは信頼区間について例を用いて考えてみましょう。ある工場で、重さが100gとなるようにアイスクリームを生産しています。いま、工場の機械が、定められたように機能しているかどうかを確認したいと思います。本来、知りたいのは、この工場で生産されるアイスクリームすべてですが、すべてのアイスクリームについて重さをはかることはできません。そこで、アイスクリームをランダムに 49 個、取り出して計測したところ標本平均は 106g、標本分散が 196 でした。ここではこの 49 個のアイスクリームがサンプルで、この工場で生産されるアイスクリームすべてが母集団となります。

このとき、平均値の標準誤差 $SE$ は次の式で計算することができます。

$$SE = \frac{s_X}{\sqrt{n}} = \frac{\sqrt{196}}{\sqrt{49}} = \frac{14}{7} = 2$$

母平均の 95％信頼区間は、$\bar{X} \pm 1.96 \times SE$ です。いま、標本平均が 106g で標準誤差が 2g です。よって、95％信頼区間は以下のとおりになります。

106±1.96×2 より、102.08 と 109.92 の間

95％信頼区間とは、母集団から繰り返してサンプルをとって区間推定を行ったときに、95％の確率で母平均が含まれるといえるような区間のことでした。いま、計算した信頼区間に 100g が含まれていないことに注目してください。この工場では、設計したよりも重いアイスクリームをつくっているようです。

## 3 1 サンプルの $t$ 検定：母平均の検定

前節で、アイスクリームを生産している工場の例を考えました。この例をもう一度考えてみたいと思います。この工場では、重さが 100g となるようにアイスクリームを生産しています。ここで、工場の機械が定められたように機能しているかどうかを確認するために、サンプルをとり、標本平均、標本標準偏差、平均値の標準誤差を計算したところ、標本平均は 106g でした。平均が 100g になるはずなのに、平均値は 106g なので、想定よりも少し多めです。ただ、問題は、この差は偶然の結果と考えたほうがよいのか、それとも想定したようには機械が機能

していないと考えたほうがよいのか、ということです。この節では、このような状況で行う仮説検定について説明します。具体的には、「母平均が、自分が想定した値（この場合は 100g）と等しいかどうか」という検定について学びます。

仮説検定（もしくは統計的仮説検定、statistical hypothesis testing）とは、母集団に関する仮説が正しいといえるかどうかをサンプルのデータから確認することです。たとえば「母平均は 100g である」という仮説を統計的に検証することが仮説検定です。この仮説検定の考え方は、上で説明した信頼区間の考え方とまったく同じで、信頼区間を別の側面から見たものと考えてよいのです。具体的な手続きは Key Point にまとめてありますが、1つ1つ見ていきましょう。

まず、「母平均は $\mu_0$ である」という仮説を設定します。このことを帰無仮説（きむかせつ、null hypothesis）といいます。帰無仮説を立てる際には、対立仮説（alternative hypothesis）も立てます。この場合、対立仮説は「母平均は $\mu_0$ ではない」ということになります。そして、この帰無仮説を棄却することができれば、「母平均は $\mu_0$ ではない」と考えます。帰無仮説および対立仮説は次のようにあらわします。ここで、帰無仮説は H0、対立仮説は H1 とあらわしています。$\mu_X$ は母平均です。

H0：$\mu_X = \mu_0$

H1：$\mu_X \neq \mu_0$

ここで $\mu_X$ は母平均、$\mu_0$ は自分が想定する値

次に、$t$ 値（$t$-value）とよばれる数値を計算します。これは「ティーち」と読みます。この $t$ 値は次のように計算します。ここで $\bar{X}$ は標本平均で $SE = s_X/\sqrt{n}$ は先ほど説明した平均値の標準誤差です。

$$t\text{値} = \frac{\bar{X} - \mu_0}{SE}$$

サンプルサイズが十分大きい場合、この $t$ 値の絶対値が 1.96 より大きければ有意水準 5% で帰無仮説 H0 を棄却することができます。これは、帰無仮説が本当であったなら、上で計算した $t$ 値の絶対値が 1.96

を超える確率は5%以下になるという性質を利用しています。

仮説検定では、$t$ 値のようにサンプルから計算される値を用いて検定を行います。この $t$ 値のように仮説検定に用いられる値のことを検定統計量（test statistic）といいます。また、ここでは $t$ 値を用いて検定しているので、この手続きのことを1サンプルの $t$ 検定（one sample $t$-test）とよびます。

ここでは有意水準を5%に固定して考えていますが、$t$ 値が計算されれば統計ソフトウエアによって、$t$ 値に対応する有意水準は計算できます。このことを有意確率（$p$ 値）とよびます。この有意確率は、「帰無仮説が正しいにもかかわらず、間違えて対立仮説を採択してしまう確率」ですので、この値が小さいときには、帰無仮説を棄却してよいということになります。

**Key Point　母平均が $\mu_0$ かどうかについての1サンプルの $t$ 検定**

1. 「母平均 $\mu_X$ は $\mu_0$ である」という帰無仮説および対立仮説を設定します。

   帰無仮説　H0：$\mu_X = \mu_0$

   対立仮説　H1：$\mu_X \neq \mu_0$

2. 次の式で $t$ 値とよばれる値を計算する。ここで $\bar{X}$ は標本平均、$SE$ は標準誤差です。

$$t\text{値} = \frac{\bar{X} - \mu_0}{SE}$$

3. サンプルサイズが十分大きい場合、この $t$ 値について、$t$ 値>1.96もしくは $t$ 値<−1.96であれば「母平均 $\mu_X$ は $\mu_0$ である」という帰無仮説H0を有意水準5%で棄却できます。同様に $t$ 値の絶対値>2.58、$t$ 値の絶対値>1.64であればそれぞれ有意水準1%および10%で棄却できます。

### ▶例：売上高が伸びているか

ある産業に所属する企業100社の売上高成長率の平均は2.4％でした。また、標準偏差 $s_X$ は8％でした。このとき、この産業全体で売上高が増加していると考えてよいでしょうか。平均値の標準誤差は次の式から0.8％となります。

$$SE = \frac{s_X}{\sqrt{n}} = \frac{8}{\sqrt{100}} = 0.8$$

いま、売上高が伸びているかどうかを知りたいので、帰無仮説H0および対立仮説H1は以下のようになります。

帰無仮説　H0：母平均(売上高成長率の産業全体の平均値) = 0

対立仮説　H1：母平均≠ 0

標本平均はプラスですので、この帰無仮説が棄却できれば、母平均はプラスであると考えることができます。この帰無仮説が棄却できるかどうかを検定するために検定統計量 $t$ 値を計算します。

$$t\text{値} = \frac{\bar{X} - 0}{SE} = \frac{2.4}{0.8} = 3$$

よって $t$ 値は3となります。ここで $t$ 値は1.96よりも大きいので、帰無仮説は有意水準5％で棄却することができます。さらにこの $t$ 値は2.58よりも大きいので有意水準1％でも棄却できることになります。よって、この産業全体で売上高成長率がプラスであるということが統計的に検証されたといえます。

## 4　2サンプルの $t$ 検定：2つのグループの平均値の比較

次に、2つのグループの平均値が異なるかどうかを知りたいときの検定を考えてみましょう。次のような例を見てください。

ある大学の卒業生の初任給のデータを比較したところ、男性の初任給は平均19.5万円だったのに対して、女性の初任給は平均18.9万円でした。女性の初任給は男性よりも低いといってよいでしょうか。

この節では、このように2つのグループの平均値が異なるかどうかを分析するための仮説検定の方法を学びます。このことを2サンプルの $t$ 検定（two sample $t$-test）といいます。この方法は「$X$ が $Y$ に与える影響」を分析するという観点からとても重要なツールです。

この2サンプルの $t$ 検定の手続きは、1サンプルの $t$ 検定と似ています。違うのは、平均値ではなく、2つのグループの平均値の差に注目することです。いま、2つのグループの平均値（たとえば、男女の賃金）を比較するためにデータを収集したとします。ここで、1つ目のグループの標本平均（たとえば女性の平均賃金）を $\bar{X}$、2つ目のグループの標本平均（たとえば男性の平均賃金）を $\bar{Y}$ とします。いま、帰無仮説は女性の平均賃金の母平均 $\mu_X$ が男性の母平均 $\mu_Y$ と差がないということですから次のようにしめすことができます。

帰無仮説　H0：$\mu_X = \mu_Y$

次に平均値の差の標準誤差を計算し、$t$ 値を計算します。具体的な式は Key Point にしめしてありますが、実際はソフトウエアを用いて計算します。ここでもサンプルサイズが十分大きい場合、$t$ 値の絶対値が 1.96 よりも大きければ有意水準5%で「2つのサンプルに差がない」という帰無仮説を棄却することができます。帰無仮説を棄却することができれば、平均値に差があると考えることができます。

### Key Point　2サンプルの $t$ 検定

グループ1の標本平均 $\bar{X}$ およびグループ2の標本平均 $\bar{Y}$ から、それぞれの母平均 $\mu_X$, $\mu_Y$ が等しいかどうかを検定します。

1. 帰無仮説および対立仮説を設定します。

　帰無仮説　H0：$\mu_X = \mu_Y$

　対立仮説　H1：$\mu_X \neq \mu_Y$

2. 標本平均の差 $\bar{X}-\bar{Y}$ の標準誤差 $SE$ を計算します。ここで $s_X^2$, $s_Y^2$ はそれぞれ変数 $X$、$Y$ の標本分散、$n_X$, $n_Y$ は変数 $X$、$Y$ のサンプルサイズです。

$$SE=\sqrt{\frac{s_X^2}{n_X}+\frac{s_Y^2}{n_Y}}$$

3. 次の式で $t$ 値を計算します。

$$t\text{値}=\frac{\bar{X}-\bar{Y}}{SE}$$

4. サンプルサイズが十分大きい場合、この $t$ 値の絶対値が 1.96 よりも大きければ「母平均の差は 0 である」という帰無仮説 H0 を有意水準 5% で棄却することができます。すなわち、2 つのグループの母平均に差があると考えることができます。

2 サンプルの $t$ 検定には「対応のある 2 サンプルの $t$ 検定」と「対応のない 2 サンプルの $t$ 検定」があります。対応のある 2 サンプルとは、1 つ目のサンプルの観測値と 2 つ目のサンプルの観測値が対応しているときに用います。あるクラスの英語の平均点と数学の平均点が同じかどうかを検定する状況を考えましょう。このとき、英語のテストと数学のテストは同じ人が受けています。このため、A さんの英語と数学の点数、B さんの英語と数学の点数というように英語の成績と算数の成績を対応させることができます。このような状況が対応のある 2 サンプルです。一方、同じクラスの男子学生の英語の点数と女子学生の英語の点数には対応がありません。このような状況では、対応のない 2 サンプルの $t$ 検定を用います。

さらに対応のない 2 サンプルの $t$ 検定を行う際には「等分散を仮定する $t$ 検定」と「等分散を仮定しない $t$ 検定」があります。2 つのグループの分散が等しいと考える理由がとくに見当たらない場合は、「等分散を仮定しない $t$ 検定」を適用してください。

## 5　2サンプルの $t$ 検定の例

上にも述べたことですが、「$X$ が $Y$ に与える影響」を実証的に分析する際に、この2サンプルの $t$ 検定はたいへん有用です。$X$ でサンプルを2つに分割し（たとえば男女)、その2サンプルで $Y$ の平均値（たとえば初任給）を比較します。その2サンプルで統計的に意味のある差があれば、$X$ が $Y$ に影響を与えているのではないかと考えることができます。この節では、この手法を用いた例を紹介します。

### ▶例：投資ファンドが投資対象にしているのはどのような企業か

投資ファンドという言葉を聞いたことがあると思います。投資ファンドにはいくつかの種類がありますが、そのうちの1つのアクティビストファンドは上場企業の株式の一部を買収し、場合によっては経営に介入し、利益を得ようとします。いわゆる村上ファンドなどのアクティビストファンドは、いくつかの企業に対して敵対的買収を行い、メディアからの注目を集めました。なお、企業買収には買収企業の経営者の同意を得てから行う友好的買収と、相手企業の経営者の同意を得ずに買収を試みる敵対的買収があります。

このようなアクティビストファンドはどのような企業を買収対象として選ぶのでしょうか。井上・加藤（2007）は、この問題に注目しました。彼らはアクティビストファンドの投資対象となった企業のROAとROE（return on equity）を対象企業と比較しました。以下の図表3.1は彼らの論文の表の一部です。ROAは総資産利益率で利益/総資産、ROEは自己資本利益率で利益/自己資本です。どちらの指標も、企業が与えられた資産や自己資本のもとでどれだけの利益をあげているかをしめしているものです。表には、それぞれの平均値、平均値の差および $t$ 値がしめされています。ROAとROEのどちらも比較対照企業のほうが投資先企業よりも高い値をとっています。これらを見ると、アクティビストファンドは業績の悪い企業を買収の対象としているようです。

この論文では、これらの業績の差が有意かどうかの検定を行ってお

**図表3.1** アクティビストファンドが対象にしている企業は他の企業と比較してどのような特徴を持っているのか

| | 投資先企業 | 比較対照企業 | 差 | $t$ 値 |
|---|---|---|---|---|
| ROA | 3.95% | 3.98% | −0.03% | −0.044 |
| ROE | 6.18% | 8.61% | −2.44%** | −2.338 |

（注） ** は 5% 水準で統計的に有意であることをしめす。
（出所） 井上光太郎・加藤英明（2007）「アクティビストファンドの功罪」『経済研究』58（3）：203–216。

り、$t$ 値がしめされています。これを見ると、ROA の差の $t$ 値は −0.044 と絶対値が 1.96 よりもかなり小さいことがわかります。すなわち、アクティビストファンドの投資対象となった企業とそれ以外の企業では ROA に違いがあるとはいえないということになります。一方、ROE の差は−2.44% と大きいもので、$t$ 値は −2.338 と有意となっています。すなわち、この表からアクティビストファンドのターゲットになる企業は、ROE が低い企業であることがわかります。

ここで − 2.44% の横に星印が 2 つついていますが、統計的に有意のときに星印をつけることは、しばしば見られます。星印 2 つが有意水準 5% をあらわしているということが多いのですが、違う場合もあります。いくつの星印がいくつの有意水準に対応しているかはそれぞれの論文で確認してください。このように、平均値の差の検定は学術論文でも頻繁に用いられています。なお、井上・加藤はこれらのアクティビストファンドの活動が最終的に買収対象企業の企業価値にどのような影響を与えたかについても実証的に分析しています。アクティビストファンドについては、いろいろな実証研究がなされています。興味がある人は、鈴木（2006）や井上・池田（2010）などを参照してください。

## 練習問題

1. 企業が従業員数を減少させようとすることがあります。いわゆるリストラです。リストラは企業の株価にどのような影響を与えるのでしょうか。余剰の従業員を減らすことは生産性の向上につながるという考え方からは、株価は上昇するでしょう。一方、このニュースは将来の業績悪化を意味していると解釈すれば株価は下落するかもしれません。そこで、早期希望退職を募集することを公表した企業100社の、公表日の株価の変化についてデータを収集しました。その結果、収益率の平均は−1.4%とマイナスであったとします。また、標準誤差は0.7%であったとします。このとき、「早期希望退職を募集した企業の株価は下落する」ということは統計的に有意であるといってよいでしょうか。

2. 現代の大企業では、オーナーが経営するのではなく、専門経営者が経営を行う企業がしばしば見られます。このような状況では、経営者が株主から見て必ずしも望ましくないような経営を行う可能性があります。たとえば、株主から見ると企業が成長のためにリスクをとることは望ましいと考えられます。しかし、経営者や従業員からすると、企業が経営危機に陥るリスクを考えると新しいことはしないほうが望ましいかもしれません。

このような利害対立を解消するための1つの手段が社外取締役です。社外取締役とは、企業の取締役であるが経営に直接たずさわらない人のことです。社外取締役は経営者が暴走したり、また過度に保守的になったりすることを抑制できるのではないかと考えられています。この考え方が正しいのであれば、社外取締役は企業の業績にプラスの影響を与えているのではないかと予想することができます。

以上のような考え方から、社外取締役が企業の業績に与える影響を分析するような実証研究が行われてきました。ここではそのなかでも代表的な齋藤（2011）の結果を紹介します。下の表は、この論文にしめされていた表から作成したもので、社外取締役がいる企業といない企業のROAを比較したものです。この表は「社外取締役がいる企業の業績は、他の企業よりも平均的に高い」

という考え方と整合的かどうかを判断してください。なお、ここではサンプルサイズは十分に大きいとします。

**練習問題 図表** 社外取締役がいる企業は高い業績を達成できるのか

| | 社外取締役がいる企業 | | いない企業 | | $t$ 値 |
|---|---|---|---|---|---|
| | 平均 | 標準偏差 | 平均 | 標準偏差 | |
| ROA | 6.42% | 4.69% | 6.59% | 4.63% | 1.3 |

（出所） 齋藤卓爾（2011）「日本企業による社外取締役の導入の決定要因とその効果」宮島英昭編著『日本の企業統治――その再設計と競争力の回復に向けて』東洋経済新報社。

3\. この本のウエブサイトから financial_analysis.csv をダウンロードしてください。ここでは、ROA、売上高成長率に注目します。また、外資ダミーという 0 か 1 をとる変数があります。この変数は、それぞれの企業の外国人持株比率が全体の中央値よりも高ければ 1、そうでなければ 0 をとる変数です。このように 0 か 1 かだけをとる変数のことをダミー変数とよびます。

(1) サンプル全体の ROA、売上高成長率、外資ダミーの基礎統計量（平均値、中央値、標準偏差、分散、最小値、最大値、サンプルサイズ）を計算してください。Excel のデータ分析の基礎統計量を使用すれば計算できます。

(2) 売上高成長率の平均値の標準誤差を計算してください。こちらに関しても (1) と同じツールで計算できます。そのうえで、「母集団の売上高成長率 = 0 である」という帰無仮説を検証する $t$ 値を計算してください。

(3) サンプルを外国人持株比率が高い企業（外資ダミー = 1）と低い企業に分けて ROA の平均と標準偏差を計算してください。そのうえで、外国人持株比率の高い企業と低い企業の差が統計的に意味のあるものかどうかを検証してください。Excel のデータ分析では、「$t$ 検定：分散が等しくないと仮定した 2 標本による検定」というツールを用いてください。

LECTURE 4

# 回帰直線

## 日本の経営者は業績を最大化するインセンティブを持つのか

### 1 はじめに

この章の内容について学ぶ前に、次の質問について考えてみてください。

Q 日本の大企業の賃金体系の特徴として年功賃金が指摘されてきました。しかし、近年、年功賃金が崩れてきたと報道されることも多くなっています。年功賃金が崩壊したかどうかを検証するためにはどのような分析をすればよいでしょうか。

回帰分析では変数 $X$ が変数 $Y$ に影響を与えているかを検証します。$Y$、すなわち影響を受ける変数のことを被説明変数（dependent variable）といいます。被説明変数は、文字どおり説明される変数という意味です。従属変数とよばれることもあります。一方、$X$ は、説明する変数ということで説明変数（independent variable）とよばれます。独立変数とよばれることもあります。たとえば、年齢がきまると賃金がきまる、という関係であれば説明変数 $X$ が年齢で被説明変数 $Y$ が賃金ということになります。

回帰分析はとても便利な道具なので、分野を問わず活用されています。企業データを用いた分析では、企業の業績がどのような原因で増減するかを分析することがよくあります。その場合には被説明変数 $Y$ は株価や ROA（return on assets：総資産利益率）などの企業の業績となります。この企業の業績に対して企業のさまざまな施策が影響を与えているかどうかが重要になります。たとえば、多角化が企業価値に与える影響、社外取締役の導入が企業の業績に与える影響に関する研究などが行われています。人的資源管理や労務管理の部門では、被説明変数が従業員のやる気などになることもあります。成果主義的賃金の導入、ワークライフバランスを推進するための制度の導入などさまざまなHRM（人的資源管理）施策に対して従業員がどのように反応するかは重要かつ興味深いトピックです。回帰分析を用いることにより、このように説明変数が、被説明変数に対して統計的に影響を与えているかどうかという問題に対してデータを用いて考えることができるようになります。下に、回帰分析を用いた分析の例をあげています。

- 株主優待を増額する（$X$）と、個人株主比率が増加する（$Y$）
- 多角化（$X$）を進めている企業は、高い業績を達成している（$Y$）
- 製品の売り上げの一部を社会貢献活動に寄付する（$X$）と、消費者の製品に対する好感度が上昇する（$Y$）
- 外国人持株比率が高い企業は（$X$）、働きやすさの指標（$Y$）が高い

回帰分析では、2つの手続きを行います。1つ目は、データを用いて$X$と$Y$の関係を式であらわすことです。この式のことを回帰直線といいます。もう1つは、得られた式が意味のあるものかどうかを検証することです。この章では1つ目の手続きを学びます。すなわち、この章では、与えられたデータから$X$と$Y$の関係を式であらわすことができるようになることが目的です。この章の2節では回帰分析を理解するための前提となる散布図と相関係数について学びます。次に3節では回帰分析とは何かについて話をします。4節ではデータから回帰直線をもとめる方法を説明し、5節では回帰分析を使った分析の例として役員報酬と利益率の関係に関する分析を紹介します。

この章の目的

- 与えられたデータをもとに回帰直線をもとめることができるようになる。
- 論文で使用されている回帰分析の係数を理解できるようになる。
- 説明変数が1単位変化すれば被説明変数が $b$（説明変数の係数）だけ変化するということを理解する。

重要な用語

散布図／共分散／相関係数／相関行列／回帰分析／線形回帰モデル／回帰直線／被説明変数／説明変数／定数項／傾き／係数／誤差項／最小二乗法（OLS）／残差／予測値／観測値／内生変数／外生変数／残差平方和

## 2 散布図と相関係数

いま、$X$、$Y$という2つの変数があるとします。横軸に$X$、縦軸に$Y$のグラフを考えて、それぞれの観測値の$X$、$Y$の値をプロットしたものが散布図（scatter plot）です。たとえば、勤続年数が賃金に与える影響を分析しているとします。このように説明変数と被説明変数の関係を散布図であらわす場合には、横軸に説明変数（この場合は勤続年数）、縦軸に被説明変数（この場合は賃金）をとるようにします。

散布図が右上がりの傾向を持つとき、変数$X$と$Y$は正（プラス）の相関（correlation）があるといいます。このとき、変数$X$が大きいときには変数$Y$も大きく、変数$X$が小さいときには変数$Y$も小さいことになります。逆の場合には負（マイナス）の相関があるといいます。

次に、その関係がどのくらい強いのかということを計るための指標を2つ紹介します。1つは共分散、もう1つは相関係数です。共分散（covariance）は、$\mathrm{cov}(X,Y)$ や $s_{XY}$ としめされ、次の式であらわされます。いままでと同様、$X_i$、$Y_i$ は変数$X$、$Y$の第 $i$ 番目の観測値、$\bar{X}$、$\bar{Y}$ は$X$、$Y$の標本平均、$n$ は観測値の数です。

$$\mathrm{cov}(X,Y) = s_{XY} = \frac{1}{n-1}\sum_{i=1}^{n}(X_i - \bar{X})(Y_i - \bar{Y})$$

２つの変数 $X$ と $Y$ に正の相関がある場合（$X$ が大きいときには $Y$ も大きくなる）には、共分散は０よりも大きくなります。逆に負の相関がある場合（$X$ が大きいときには $Y$ は小さくなる）には、共分散は０よりも小さくなります。

共分散を使用する際に気をつけるのは、共分散は単位の取り方などで大きさが変わるということです。このため、共分散の数字の大きさそのものをくらべることにあまり意味はありません。このことを考えて大きさを標準化しているのが相関係数です。変数 $X$ と $Y$ の間の相関係数（correlation coefficient）$r_{XY}$ は次の式のようにあらわすことができます。共分散は $s_{XY}$、変数 $X$ の標準偏差は $s_X$ とあらわしたことを思い出してください。

$$r_{XY} = \frac{s_{XY}}{s_X s_Y}$$

変数間に正・負の相関があるときには、共分散と同様に相関係数もそれぞれ正・負の値をとります。それだけではなく、相関係数は共分散とは異なり、どのような場合でも－１と１の間の値をとるという望ましい性質があることが知られています。散布図を描いたときに、すべての観測値が原点を通る右上がりの直線上にあるとき（完全な正の相関のとき）には相関係数は１となっています。逆に、すべての観測値が原点を通る右下がりの直線上にあるとき（完全な負の相関のとき）には相関係数は－１となっています。なお、相関係数が０のときには無相関であるといいます。

### ▶例：散布図と相関係数の実例――日本企業は年功的か

日本の大企業の特徴として、賃金が年功的であるといわれることがあります。賃金が年功的であるというのは、賃金と年齢や勤続年数に正の相関があるということです。このような賃金体系が企業経営の観点から見て望ましいかどうかについては、いろいろ議論がなされてきました。

**図表4.1** 月例給与と勤続年数の関係

### パネルA：散布図

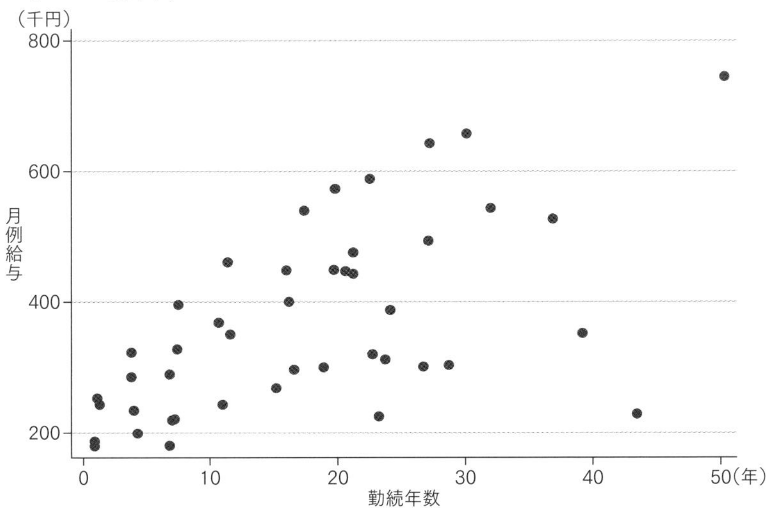


共分散$s_{XY}$＝1019.8、相関係数$r_{XY}$＝0.597

（データ出所） 賃金センサス。

### パネルB：散布図と直線

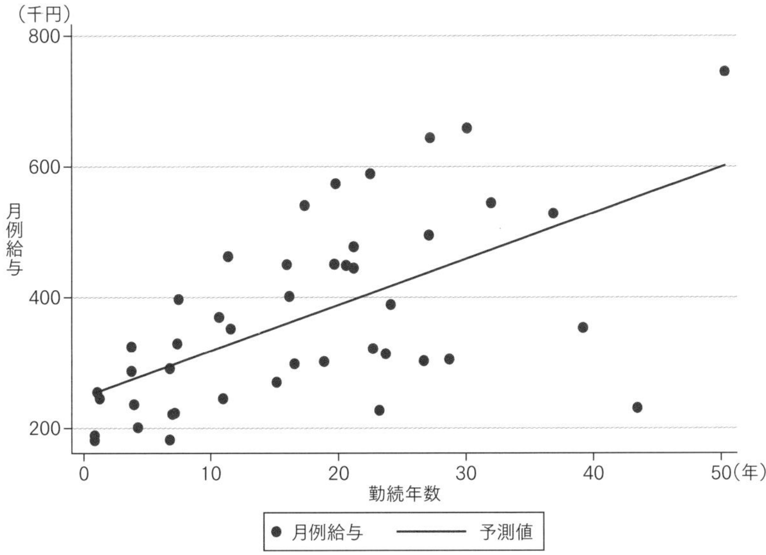


（データ出所） 賃金センサス。

しかし、そのような議論を行う前に重要なのは、本当に日本の企業の賃金体系が年功的なのかどうか、ということを確認することです。

図表4.1のパネルAは2012年の「賃金構造基本統計調査」（賃金センサス）をもとに勤続年数と月例給与（月ごとの給与）の関係を散布図にしたものです。この散布図から、勤続年数と月例給与の関係が右上がりの傾向をしめしていることがわかります。横軸が勤続年数、縦軸が月例給与なので勤続年数が長いほど給与が高いことを確認することができます。この結果はいわゆる年功賃金という考え方と整合的です。なお、勤続年数と月例給与の共分散は1019.8、相関係数は0.597でした。

## 3 回帰分析とは

### Key Point 回帰分析とは

回帰分析では、次のような線形回帰モデル（linear regression model）を考えます。

$$Y_i = a + bX_i + u_i$$

$Y_i$：被説明変数

$X_i$：説明変数

$a$：定数項

$b$：傾き（変数 $X$ の係数）

$u_i$：誤差項（変数 $X$ 以外に $Y$ に影響を与える他の要因）

$i$：観測値の番号 $i = 1, 2, ..., n$

このモデルでは、$X$ が1単位変化すると、$Y$ が $b$ だけ変化することがしめされています。この $a$、$b$ を係数（coefficient）とよびます。

回帰分析では主に2つの作業を行います。

(1) データから $a$、$b$ に当てはまる数値をもとめ、関係を回帰式であらわす。

（2）説明変数に意味があるかどうかを $t$ 検定で検証し、当てはまりのよさを決定係数で確認する。

それでは、散布図と回帰分析の関係について説明します。そのために、もう一度、図表4.1のパネルAを見てください。回帰分析と散布図には密接な関係があります。このグラフは、横軸に勤続年数、縦軸に月例給与がしめされているものでした。この関係は右上がりであるように見えますが、このことをあらわすために、この散布図に直線を1本引いてみたいと思います。この直線を引いた結果が図表4.1のパネルBです。この直線は、散布図のそれぞれの点にもっともよくフィットするように引かれています。この直線は勤続年数が与えられた場合に月例給与がいくらになるかを予測するものです。このグラフによって予測された値を予測値とよびます。具体的にどのようにこの直線を引くかは後ほど説明することにして、この直線についてもう少し見てみましょう。この直線は式では次のようにあらわすことができます。

$$月例給与 = 245.8 + 7.06 \times 勤続年数$$

この式は被説明変数（説明される変数、$Y$）である勤続年数と説明変数（説明する変数、$X$）の月例給与の関係を式であらわしたものです。言い換えると、この式は、月例給与がどのようにきまるかをしめしています。入社したての新入社員は勤続年数が0年ですから、この式の勤続年数に0を代入します。このとき、給与 = 245.8+7.06×0 = 245.8となります。給与の単位は千円ですから、この式によると勤続年数0年の新入社員の給与は245.8千円 = 24万5800円と予測されます。同様に、勤続年数10年の従業員の給与は31万6400円と予測されます。また、勤続年数が1年長くなるにつれて毎月の給与が典型的には7060円上昇することがしめされています。回帰分析を用いると、このように散布図にフィットするような直線となる式をもとめることができます。

回帰分析では、2つの作業を行います。1つ目は、いままでも説明してきたように、散布図によく当てはまるような直線をデータからもとめることです。次に行うのは、これらの関係に意味があるかどうかを検証することです。関係がまったくない2つの変数でも、散布図を描くことができますし、機械的にその散布図にフィットするような式を計算することができます。そこで、本当にその関係に意味があるかどうかを確認する必要が出てきます。具体的には、回帰直線の傾きが0かどうかの $t$ 検定を行うことですが、これについては第5章で学びます。

### 線形回帰モデル

回帰分析では、次のような線形回帰モデル（linear regression model）を考えます。単に回帰モデルということもあります。このモデルは説明変数 $X$ が被説明変数 $Y$ に与える影響を式であらわしたものです。

$$Y_i = a + bX_i + u_i$$

ここで、$X_i$、$Y_i$ は変数 $X$、$Y$ の $i$ 番目の観測値をしめしています（$i = 1, 2, \ldots, n$）。また、$a$ は定数項（constant）、$b$ は傾き（slope）とよばれます。また、$a$ と $b$ を合わせて係数（coefficient）とよびます。回帰分析では、この $a$、$b$ に当たる数値をデータから推定します。また、変数 $X$ 以外に $Y$ に影響を与える要因をまとめて誤差項（error term）とよび、$u_i$ であらわします。この式は、被説明変数 $Y$ は説明変数 $X$ および、その他の要因できまることを意味しています。

この式は、$X$ が1増加すると $Y$ が $b$ 増加することをしめしています。傾き $b$ がプラスであれば、「$X$ が大きいときには $Y$ も大きい」という関係があることがわかります。また、$b$ がマイナスであれば「$X$ が大きいときには $Y$ は小さい」という関係があることになります。このため、分析の際には、$b$ がプラスかマイナスかということに強く注目します。

この式は、$Y$ がどのようにきまるかは説明できますが、$X$ がどのようにきまるかは説明できないことに注意してください。このときの $Y$ のように、現在考えているモデルで説明できる変数を内生変数（endogenous variable）、変数 $X$ のように説明できない変数を外生変数

(exogenous variable）とよぶことがあります。どのようなモデルを推定するにせよ、どの変数はこのモデルで説明できて、どの変数が説明できないのか、ということを意識することは大事です。

ここでは $X$ が $Y$ に与える影響を分析していますが、$Y$ の値は $X$ 以外の要因によっても影響されると考えられます。そこで、その他の要因を誤差項 $u_i$ として式に含めることにします。ただし、この誤差項は実際には観察することはできません。

この線形回帰モデルを考える際に注意する点があります。それは、定数項 $a$ および傾き $b$ の本当の値を知ることはできないということです。第３章で母集団とサンプルについて学んだことを思い出してください。母集団を知ることはできないので、その一部のサンプルから母集団の値を推計しました。線形回帰モデルでも同様です。私たちが興味を持っているのは真の $a$、$b$ の値なのですが、この値を知ることはできません。そこで、手持ちのサンプルから真の $a$、$b$ がどのような値をとっているかという計算を行うことになります。上の線形回帰モデルは私たちが観察できない真のモデルをあらわしています。

## 4 係数 $a$、$b$ をデータから推定する

散布図があれば、そのなかにいろいろな直線を描くことができます。そのような直線のなかでどれを選べばよいのでしょうか。ここで、回帰分析は、変数 $Y$ がどのようにきまるかを分析するものだということを思い出してください。そこで $Y$ をよりよく説明できる直線がよい直線であると考えることができます。ここで $Y$ をよりよく説明できるとは、実際に観察される $Y$ と直線で予測される $Y$ の差が小さいということになります。

先ほどの勤続年数と月例給与の関係を見てみましょう。このような式で月例給与を説明していました。

$$月例給与 = 245.8 + 7.06 \times 勤続年数$$

この式によれば、たとえば勤続年数10年の人の月例給与は245.8＋10×7.06＝316.4、すなわち31万6400円と予測できます。勤続年数10年の人が実際にもらっている月例給与が30万円だったとすると、この30万円が実際に観察された$Y$ということになります。いま、直線で予測された月例給与が31万6400円、実際の給与が30万円です。この差額1万6400円が小さければ小さいほど、当てはまりがよいと考えることができます。

**Key Point 観測値と予測値、残差**

観測値 $Y_i$：実際に観察された被説明変数 $Y_i$ の値。
予測値 $\hat{Y}_i$：回帰直線によって予測された $Y_i$ の値のことで、次の式であらわされます。

$$\hat{Y}_i = \hat{a} + \hat{b}X_i$$

$\hat{a}$、$\hat{b}$：$a$ と $b$ をデータから推定した値。
残差 $\hat{u}$：観測値と予測値の差。

$$\hat{u}_i = Y_i - \hat{Y}_i = Y_i - (\hat{a} + \hat{b}X_i)$$

このように実際に観察された$Y$の値を観測値（observed value）、直線から予測された$Y$の値を予測値（predicted value）とよびます。観測値と予測値の差のことを残差（residual）とよびます。すべてとても重要な用語なのでよく理解してください。観測値は実際に観察された値なので、いままでと同様$Y$とあらわすことができます。予測値は$\hat{Y}$とあらわすことにします。これは「ワイハット」と読みます。予測値は直線から予測された値です。繰り返しになりますが、観測値$Y$と予測値$\hat{Y}$の差が小さくなるようなモデルがよいモデルと考えることができます。

このとき、直線から予測される値は次のようにあらわすことができます。ここで$\hat{a}$および$\hat{b}$は、線形回帰モデルの係数$a$、$b$をデータから推定した値です。推定方法はこれから説明します。

$$\hat{Y} = \hat{a} + \hat{b}X$$

ここで観測値（実際の被説明変数）$\hat{Y}$と予測値（モデルから予想された被説明変数）$\hat{a} + \hat{b}X$の差を残差（residual）とよびます。この差が小さいモデルがよいモデルです。1つ1つの観測値$Y$について、この残差$\hat{u}$を計算することができます。この残差は線形回帰モデルの誤差項$u$（観察できない）をデータから推定したものであると考えることができるので、$\hat{u}$とあらわしています。残差$\hat{u}$は式では、次のようにしめすことができます。

$$\hat{u}_i = Y_i - \hat{Y}_i = Y_i - (\hat{a} + \hat{b}X_i)$$

重要なのは、観測値、予測値、残差のすべてを観測データから計算できるということです。観測値はもともとのデータから得ることができます。直線がきまれば、その式に実際の$X$の値を代入して予測値を計算することができます。観測値と予測値がわかれば残差もわかります。

観測値、予測値、残差の関係をグラフで説明しましょう。いま、2つの変数$X$と$Y$について、データを集めて散布図を描いたとします。この散布図が図表4.2のパネルAです。次に、このパネルAにパネルBのような1本の直線を引いたとします。ここで、この直線は、$X$と$Y$の関係をあらわす式としてどの程度望ましいのかについて考えることにします。

パネルBの$A$点に注目してください。これは$X = 10$、$Y = 35$に対応する点です。この$Y = 35$は実際に観察された値なので観測値$Y_i$です。次に、$X = 10$に対応する予測値$\hat{Y}$の値を考えます。パネルBの直線に$X = 10$の値を代入すると、直線から予測された$Y$の予測値$\hat{Y}$を計算することができます。グラフから$X = 10$に対応する予測値$\hat{Y} = 20$となります。このとき、観測値が35、予測値が20ですから残差$\hat{u}$＝観測値－予測値＝35－20＝15となります。すなわち、点$A$に対応する残

図表4.2　$X$と$Y$の関係

パネルA：散布図

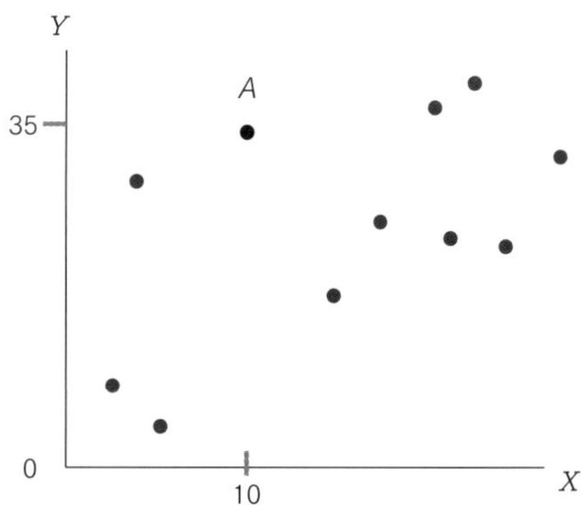


パネルB：観測値$Y_i$、予測値$\hat{Y}_i$、残差$\hat{u}_i$

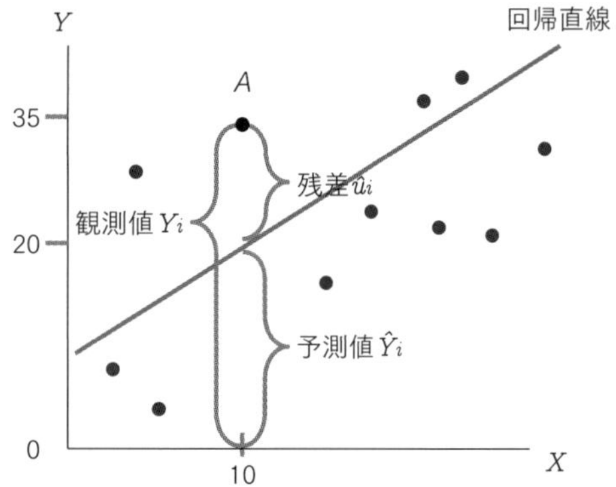


残差$\hat{u}_i$は観測値$Y_i$と予測値$\hat{Y}_i$の差：小さいほど当てはまりがよい。

差は15となります。

### 最小二乗法

散布図に直線を引くことで、このようにすべての観測値について残差を計算することができます。この残差が小さければ小さいほど当てはまりがよい、と考えることができます。この考え方を応用したのが最小二乗法（ordinary least squares, OLS）です。

最小二乗法とは、「残差の二乗をすべて足した値がいちばん小さいような直線」をもとめるための方法です。残差はプラスのこともマイナスのこともあるので符号をそろえるために二乗してから足しています。残差を二乗したものをすべて足したものは残差平方和（sum of squared residual, *SSR*）といいます。式では以下のようにあらわされます。

$$SSR = \sum \hat{u}_i^2 = \sum (Y_i - \hat{Y}_i)^2 = \sum \{ Y_i - (\hat{a} + \hat{b} X_i) \}^2$$

この残差平方和を最小にする方法なので、最小二乗法とよびます。最小二乗法による $\hat{a}$ および $\hat{b}$ は以下の式であらわされます。ここで $s_{XY}$、$s_X$ は共分散と $X$ の分散、$\bar{X}$ と $\bar{Y}$ は $X$、$Y$ の平均をしめしています。通常はこの計算はソフトウエアを用いて行います。この式がどのように導出されるかについては、ここでは説明しません。興味がある人は、この本の最後に紹介する本を参照してください。

$$\hat{b} = \frac{\sum (X_i - \bar{X})(Y_i - \bar{Y})}{\sum (X_i - \bar{X})^2} = \frac{s_{XY}}{s_X^2}$$

$$\hat{a} = \bar{Y} - \hat{b} \bar{X}$$

この最小二乗法および OLS という言い方はとても重要なので忘れないようにしてください。ここでもとめられた $\hat{a}$ および $\hat{b}$ が最小二乗法によってもとめられた係数の推定値（estimate）です。ここでもとめた係数の推定値を使うとそれぞれの $X_i$ に対応する予測値 $\hat{Y}_i$ を計算することができます。

**Key Point 最小二乗法**

最小二乗法（OLS）とは残差平方和（*SSR*）がもっとも小さくなるように $a$、$b$ をもとめる方法です。

$$SSR = \sum (Y_i - \hat{Y}_i)^2 = \sum \{ Y_i - (\hat{a} + \hat{b} X_i) \}^2$$

$\hat{a}$ および $\hat{b}$ は以下のようになります。この式を用いてデータから $\hat{a}$

および $\hat{b}$ をもとめることができます。

$$\hat{b} = \frac{\sum(X_i - \bar{X})(Y_i - \bar{Y})}{\sum(X_i - \bar{X})^2} = \frac{s_{XY}}{s_X^2}$$

$$\hat{a} = \bar{Y} - \hat{b}\bar{X}$$

### ▶ 例：回帰直線をもとめる

それでは、例を見てみましょう。図表 4.3 に変数 $X$ と変数 $Y$ のデータがしめされています。このデータは説明のための架空のデータです。この表には、$X$、$Y$ の平均 $\bar{X}$、$\bar{Y}$、分散 $s_X^2$、$s_Y^2$、共分散 $s_{XY}$ がしめされています。

このデータを用いて被説明変数を $Y$、説明変数を $X$ として回帰分析を行ってみたいと思います。まず、散布図を描いてみましょう。それが図表 4.4 です。この散布図から、傾向として $X$ が大きいときには $Y$ も大きいという右上がりの関係があることがわかります。それでは回帰直線をもとめてみましょう。ここで $\hat{a}$ および $\hat{b}$ は先ほどの式から計算できます。

$$\hat{b} = \frac{s_{XY}}{s_X^2} = \frac{6.78}{10.67} = 0.64$$

$$\hat{a} = \bar{Y} - \hat{b}\bar{X} = 7 - 0.64 \times 5 = 3.8$$

ここから $\hat{b} = 0.64$、$\hat{a} = 3.8$ となります。よってもとめられた推計式は以下のようになります。

$$\hat{Y}_i = 3.8 + 0.64X_i$$

この式から $X$ が 1 大きいときには $Y$ が 0.64 大きいということがわかります。さらに、この式から、$X = 0$ のとき、$Y$ の値は $\hat{Y} = 3.8$、$X = 10$ のときの $Y$ は $\hat{Y} = 10.2$ となります。図表 4.3 には、それぞれの $X$ に対応する $Y$ の予測値および残差（＝観測値－予測値）がしめされています。なお、上でもとめた係数は少し桁を丸めています。図表 4.3 の予測

図表4.3　変数$X$と$Y$

| | 説明変数$X$ | 被説明変数$Y$ | 予測値 | 残差<br>（＝$Y$－予測値） |
|---|---|---|---|---|
| 1 | 2 | 4 | 5.1 | －1.1 |
| 2 | 4 | 8 | 6.38 | 1.62 |
| 3 | 1 | 3 | 4.46 | －1.46 |
| 4 | 3 | 7 | 5.74 | 1.26 |
| 5 | 9 | 9 | 9.58 | －0.58 |
| 6 | 5 | 10 | 7.02 | 2.98 |
| 7 | 2 | 4 | 5.1 | －1.1 |
| 8 | 10 | 11 | 10.22 | 0.78 |
| 9 | 9 | 7 | 9.58 | －2.58 |
| 10 | 5 | 7 | 7.02 | －0.02 |
| 平均 | 5 | 7 | | |
| 分散 | 10.67 | 7.11 | | |
| 共分散 | 6.78 | | | |

（出所）　説明のための架空のデータ。

図表4.4　散布図

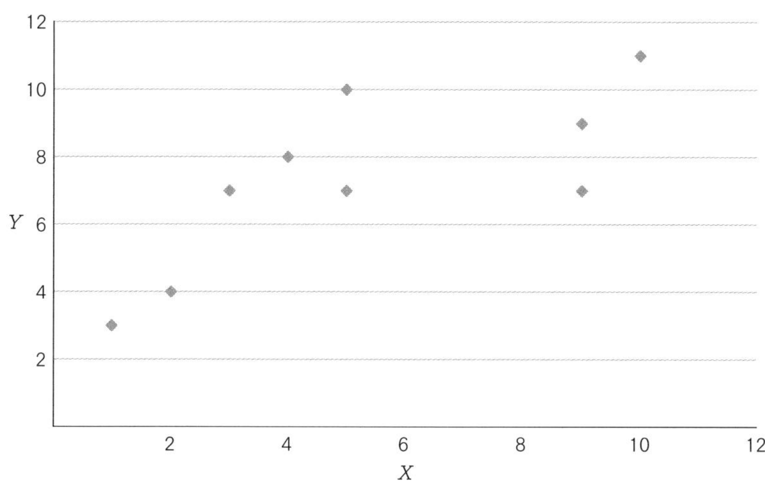


（出所）　図表 4.3 から作成。

値および残差は丸める前の式で計算しているため、本文と少し値が異なります。

## 5 役員報酬と企業の業績

第1章でアメリカの役員報酬の話をしました。アメリカをはじめとして多くの国で役員報酬が企業経営を考える際に重要なトピックになっています。この1つの理由は役員報酬のあり方が企業の行動や業績と大きな関係があると考えられるからです。一般に、業績と報酬の関係が強いほど経営者は業績を上げるために努力をすると考えられます。そこで、日本の経営者の報酬と業績の関係を考えてみたいと思います。

図表4.5のパネルAを見てください。この表は2010年から2013年までの日本の大企業での経営者の報酬についてまとめた基礎統計量です。具体的には日本で1億円以上の報酬を受けた経営者の個別報酬額をまとめたものです。経営者の報酬は基本給、賞与、その他に分けられるのですが、ここでは基本給、賞与および報酬総額に注目しています。このパネルAから基本給の中央値が1億900万円、賞与が1900万円、報酬総額が1億4850万円であることがわかります。ここでは利益率としてROA（総資産利益率）を用いています。この表からROAが平均7.29%、中央値で6.53%であることもわかります。それではこの変数を用いてROAと役員報酬の関係を分析してみたいと思います。なお、役員報酬のデータは日経NEEDS個別役員報酬データ、ROAのデータは日経NEEDSコーポレート・ガバナンス評価システム（Cges）を用いています。

図表4.5のパネルBはここで使用する変数の相関係数をしめしています。複数の変数の相関係数をしめす場合には、このように相関係数を三角形の形に並べます。このような表を相関行列（correlation matrix）とよびます。それぞれの数値は上にしめされている変数と左側にしめされている変数の相関係数をしめしています。いま、ROAと報酬総額の相関係数は0.103でプラスとなっています。また、ROAと賞与の相関

図表4.5　経営者の報酬

パネルA：基礎統計量

| | 基本給（百万円） | 賞与（百万円） | 報酬総額（百万円） | ROA（%） |
|---|---|---|---|---|
| 観測値数 | 716 | 716 | 716 | 707 |
| 平均値 | 124.74 | 31.49 | 182.15 | 7.29 |
| 標準偏差 | 86.21 | 49.98 | 112.16 | 6.34 |
| 中央値 | 109 | 19 | 148.5 | 6.53 |

（データ出所）　日経 NEEDS 個別役員報酬データ、日経 NEEDS コーポレート・ガバナンス評価システム（Cges）。

パネルB：相関行列

| | ROA | 基本給 | 賞与 | 報酬総額 |
|---|---|---|---|---|
| ROA | 1 | | | |
| 基本給 | −0.0257 | 1 | | |
| 賞与 | 0.145 | −0.0543 | 1 | |
| 報酬総額 | 0.103 | 0.686 | 0.403 | 1 |

（データ出所）　日経 NEEDS 個別役員報酬データ、日経 NEEDS コーポレート・ガバナンス評価システム（Cges）。

係数も 0.145 とプラスとなっています。

次に報酬と ROA の関係について回帰直線を用いてもとめてみます。役員報酬と ROA に正の関係が見られれば、経営者は ROA を向上させるために努力するでしょう。推定結果は以下のとおりです。被説明変数は報酬総額（Total）、基本給（Kihon）、賞与（Bonus）で説明変数は ROA です。右側の式を用いて被説明変数の予測値をもとめることができるので、被説明変数には山の形をしたハット記号がついています。

$$\widehat{\text{Total}} = 169.2 + 1.83\text{ROA}$$
$$\widehat{\text{Kihon}} = 127.4 - 0.35\text{ROA}$$
$$\widehat{\text{Bonus}} = 23.34 + 1.15\text{ROA}$$

ここで注目するのは ROA の係数です。報酬総額の係数はプラスで 1.83 です。ROA の単位は%、報酬の単位は百万円です。まず、ROA

が0%のときの報酬総額を計算してみましょう。上の式にROA＝0を代入してください。

$$\widehat{\text{Total}} = 169.2 + 1.83 \times 0 = 169.2$$

ここから、ROAが0%のときの報酬総額は1億6920万円であると予想することができます。同様にROAが1%のときの報酬総額を計算してみましょう。

$$\widehat{\text{Total}} = 169.2 + 1.83 \times 1 = 171.03$$

ROAが1%のときの報酬総額は1億7103万円です。これらのことからROAが1%高いとき、経営者の報酬は183万円高いという関係があることがわかります。同様にROAが1%高いとき賞与は115万円高いということもわかります。ROAが高いときには報酬総額も高いわけですから経営者はROAを上昇させるために努力をする金銭的インセンティブを持つでしょう。このことは、企業の株主から見ても望ましい状況であるといえます。ただし、ROAを上昇させることは容易ではありません。このことを考えるとROA 1%当たり183万円という額が十分に大きいかどうかという議論はありえます。

基本給の係数はマイナスとなっています。このことを文字どおり解釈するとROAが上昇すると基本給が減るということを意味します。しかし、役員報酬の実態を考えるとROAが増えると基本給が減るということは、おかしなことに思えます。じつは、回帰分析の係数には事実上0（関係がない）と区別できないものと、0ではないと考えることができるものがあります。このことについては次章で説明しますが、係数が0と区別できない場合には、$X$と$Y$の関係は統計的に意味がないという言い方をすることがあります。散布図と回帰直線の関係を思い出すとわかるように、仮に説明変数と被説明変数の間に関係がない場合でも、機械的に回帰直線をもとめることができます。このとき、係数はプラスになることもあればマイナスになることもあるでしょう。

係数が統計的に意味のないものであれば、係数がプラスでもマイナスでもあまり気にする必要はありません。係数に意味があるかどうかは次章で学びます。そこでは第3章と同様 $t$ 検定を用いて検定を行います。じつは、基本給に対するROAの係数は統計的に意味がありません。そこで、ここでは基本給に対するROAの係数がマイナスであることは気にしないことにします。

### 練習問題

1. 月例給与（wage, $Y$）と勤続年数（tenure, $X$）についてのデータが表にしめされています。この表はウエブサイトの l4_1.csv です。この表には、$X$、$Y$ の値がしめされています。この表をもとに次の質問に答えてください。なお、賃金は月額で単位は千円、勤続年数の単位は年です。また、この表は図表4.1のデータをもとに計算したものですが、計算をしやすくするために一部結果を変更しています。Excel等の表計算ソフトウエアを使用して以下の問いに答えてください。Excelではデータ分析の回帰分析のツールを使用してください。Excelの使い方は本書の第6章6節も参考にしてください。

(1) $X$ と $Y$ の関係を散布図であらわしてください。

(2) 変数 $X$、$Y$ の基礎統計量（平均値、標準偏差、中央値）、相関係数を計算してください。

(3) 賃金（wage）を被説明変数、勤続年数（tenure）を説明変数として次の線形回帰モデルを推定します。このときの傾きと定数項の推定値をそれぞれもとめてください。

$$月例給与\ i = a + b \times 勤続年数\ i + u_i$$

(4) 上の（3）で得られた回帰直線をもとに答えてください。勤続年数0年の新入社員の賃金はいくらになると予想できるでしょうか。また、勤続年数10年の従業員の場合はどうでしょうか。

**練習問題 図表** 大卒男性の勤続年数と月例給与

| | 勤続年数($X$、年) | 月例給与($Y$、千円) |
|---|---|---|
| 1 | 1.1 | 253.2 |
| 2 | 3.8 | 323 |
| 3 | 7.5 | 395.7 |
| 4 | 11.4 | 461.3 |
| 5 | 17.4 | 539.9 |
| 6 | 22.5 | 588.3 |
| 7 | 27.2 | 643.3 |
| 8 | 30.1 | 658 |
| 9 | 24.1 | 387.6 |
| 10 | 19.7 | 449.5 |
| 11 | 50.3 | 744.9 |

(データ出所) 賃金センサス。

2. 日本では従業員は通常の月例給与に加えて賞与を受け取ります。賞与はどのような役割を果たしているのかということを考えるために、企業の利益と賞与の関係に関する研究がいままで行われています。ここでは平成26年版の『労働経済の分析(労働経済白書)』の分析を紹介します。

労働経済白書では企業の経常利益が年末の賞与に与える影響を分析しています。被説明変数が年末賞与の成長率、説明変数が経常利益の成長率です。1998年以降のデータを用いています。結果は以下のようになっています。

$$\text{年末賞与の成長率} = -2.5923 + 0.0748 \times \text{経常利益の成長率}$$

(1) この結果から、経常利益率が成長している企業では年末賞与も成長していると考えてよいでしょうか。

(2) 経常利益の成長率が0%の企業で年末賞与は何%上昇すると予想できるでしょうか。また、10%の企業ではどうでしょうか。

3. この本のウエブサイトから financial_analysis.csv をダウンロードしてください。ここでは、ROA、売上高、外国人持株比率に注目します。これらの3つの変数について相関行列を作成してください。

LECTURE 5

# $t$値による回帰直線の確からしさの確認

## 保育所と女性就労の関係

### 1 はじめに

回帰分析では説明変数（$X$）が被説明変数（$Y$）に与える影響に注目します。前章では、データを用いて係数 $a$、$b$ を推定し、回帰直線をもとめるということを学びました。しかし、これで終わりではありません。得られた直線に意味があるかどうかを確認する必要があります。最小二乗法を用いて回帰直線をもとめると、何らかの回帰直線を得ることができます。ここで大事なのは、２つの変数は無関係であったとしても回帰直線は機械的に計算されてしまうということです。右上がりの直線が得られたとしても、偶然右上がりの関係が得られただけにすぎないのか、それとも、ある程度の確からしさで２つの変数に関係があるといえるのか（統計的に意味があるといえるのか）についてチェックする必要があります。この章では $t$ 検定および決定係数について学びます。

**この章の目的**

- $t$ 値を用いて回帰直線の係数に統計的な意味があるかどうかを検証できるようになる。
- 説明変数の係数 $b$ の $t$ 値（＝ 係数 / 標準誤差）の絶対値が 1.96 よりも大きければ $X$ と $Y$ の関係は統計的に意味があるということを理解する。
- 決定係数（＝ 回帰平方和 / 全変動）とは、被説明変数（$Y$）のばらつきのうち、どのくらいを説明変数（$X$）のばらつきで説明できるかを0から1であらわしたものであるということ、決定係数が1に近いほど説明できる割合が大きいということを理解する。

重要な用語

回帰の標準誤差（*SER*）／$t$値／$p$値／係数の標準誤差（*SE*）／全変動（*TSS*）／回帰平方和（*ESS*）／残差平方和（*SSR*）／決定係数（$R^2$）

### Key Point 傾き $b$ の $t$ 検定

傾き $b$ が0かどうかの $t$ 検定は次のように行います。

ステップ1：帰無仮説 H0：$b = 0$ および対立仮説 H1：$b \neq 0$ を設定する。

ステップ2：傾きの推定値 $\hat{b}$ の標準誤差 $SE(\hat{b})$ を計算する。

ステップ3：傾きの $t$ 値 $= \hat{b}/(SE(\hat{b}))$ を計算する。

ステップ4：この $t$ 値の絶対値が1.96よりも大きければ有意水準5%で帰無仮説を棄却する。

## 2 回帰直線のチェックその1：係数 $b$ の $t$ 検定

私たちが回帰分析を行うのは、変数 $X$ と変数 $Y$ に関係があるのかを分析するためです。「変数 $X$ と $Y$ に関係がない」ということを、いままでの表現を使ってあらわすと、線形回帰モデルの係数 $b = 0$ である、ということになります。いままで見てきたように、線形回帰モデルは以下のようにしめすことができます。

$$Y_i = a + bX_i + u_i$$

回帰分析では、傾き $b$ が0と異なるといえるかどうかがとても重要です。上の線形回帰モデルを見てください。この式で、もし $b = 0$ であれば、どうなるでしょうか。式に $b=0$ を代入すると $Y=a$ となります。このとき、$X$ と $Y$ は無関係となります。ですから、「$b$ は0ではない」ということができれば、被説明変数 $Y$ と説明変数 $X$ の間に関係があると考えることができます。このことはとても大事なのでもう一度書いておきます。

**傾き $b \neq 0$ であれば $X$ と $Y$ は関係があると考える。**

### 第3章の復習：サンプルの平均値が0かどうかの $t$ 検定

それではまず $t$ 検定についてお話しします。第3章までに出てきた $t$ 検定と検定の方法自体は同じですので、理解はむずかしくないと思います。まず、第3章で学んだことをもう一度思い出してみましょう。

第3章では、「サンプルの平均がある特定の値であるかどうかを検証する」ための $t$ 検定を学びました。たとえば、いま大学を卒業したばかりの新卒者の初任給のサンプルを集め、その平均が21万円だったとします。また、20年前の初任給の平均が20万円であったことが知られているとします。このとき、「20年前とくらべて平均賃金は変化していない」ということを検証するためには、次の $t$ 値を計算しました。$\bar{X}$ は標本平均で $SE$ は平均値の標準誤差、$\mu_0$ は検証したい値（この場合は20万円）だったことを思い出してください。この $t$ 値の絶対値が1.96よりも大きければ有意水準5%で、今年のサンプルの平均は20万円と異なるといってよいということでした。このとき、平均賃金が変化していると考えることができます。

$$t\text{値}=\frac{\bar{X}-\mu_0}{SE}=\frac{21-20}{SE}$$

### 回帰分析における係数の $t$ 検定

回帰分析における $t$ 検定も同じ手続きを行います。ここで、$t$ 検定を行う前に確認しておくことがあります。このような統計的な検定を行うためには、$\hat{b}$ がどのような分布を持っているかを知る必要があります。

第３章では、標本平均が正規分布で近似できるという性質を利用しました。ここでも、$\hat{b}$がいくつかの仮定のもとでは、正規分布で近似できるという性質を利用します。

サンプルの取り方によって推定される$\hat{b}$の値は異なってきます。ですから、推定値$\hat{b}$はある一定の分布に従う変数です。この$\hat{b}$の分布ですが、誤差項$u_i$について、いくつかの仮定を置き、サンプルサイズがある程度大きい場合には、いままで見てきたような正規分布になることが知られています。このことを利用して傾き$b$に関する仮説検定を行います。なお、この仮定についてはこの本では触れないことにします。興味がある人はこの本の最後に紹介している本を参照してください。

### 傾き $b = 0$ かどうかが大事

それでは検定の手続きを説明します。まず、帰無仮説を立てます。帰無仮説とは、棄却するための仮説でした。$X$と$Y$に関係がある、ということをしめすために「関係がない」という帰無仮説を検定して棄却するという手続きをとります。一方、帰無仮説が棄却されたとすると何がいえるのか、ということをしめすのが対立仮説です。いままでのように帰無仮説をH0とあらわし、対立仮説はH1とあらわします。対立仮説は「$b$は0ではない」、すなわちH1：$b \neq 0$となります。帰無仮説および対立仮説は以下のようになります。この帰無仮説が棄却できれば、関係がある、と考えることができます。

帰無仮説　H0：$b = 0$

対立仮説　H1：$b \neq 0$

帰無仮説を棄却できるかどうかを検定するのが$t$検定です。いままで同様$t$値の絶対値が1.96よりも大きければ有意水準5%で帰無仮説を棄却します。そのために傾きの推定量$\hat{b}$の標準誤差を計算する必要があります。実際にはソフトウエアを用いて計算するのですが、計算の手続きは以下のようになります。

### ▶計算の手続き 1：回帰の標準誤差（$SER$）を計算する

まず、次の値 $s_{\hat{u}}^2$ を下の式から計算します。この $s_{\hat{u}}^2$ は、線形回帰モデルの誤差項 $u$ の分散の推定量です。この値の平方根をとった $s_{\hat{u}}$ は、回帰の標準誤差（standard error of regression, $SER$）とよばれます。

$$s_{\hat{u}}^2 = \frac{\sum \hat{u}_i^2}{n-2} = \frac{\sum (Y_i - \hat{Y}_i)^2}{n-2}$$

$$SER = s_{\hat{u}} = \sqrt{s_{\hat{u}}^2}$$

### ▶計算の手続き 2：$\hat{b}$ の分散と標準誤差を計算する

次に、$\hat{b}$ の分散の推定量 $s_{\hat{b}}^2$ を次の式でもとめます。この値の平方根が $\hat{b}$ の標準誤差 $SE(\hat{b})$ になります。

$$s_{\hat{b}}^2 = \frac{s_{\hat{u}}^2}{\sum (X_i - \bar{X})^2} = \frac{\sum (Y_i - \hat{Y}_i)^2/(n-2)}{\sum (X_i - \bar{X})^2}$$

$$SE(\hat{b}) = s_{\hat{b}} = \sqrt{s_{\hat{b}}^2}$$

### ▶計算の手続き 3：$t$ 値を計算する

標準誤差を計算したら、次に、下の式であらわされる $t$ 値を計算します。

$$t = \frac{\hat{b} - 0}{SE(\hat{b})} = \frac{\hat{b}}{SE(\hat{b})}$$

この $t$ 値の絶対値が 1.96 よりも大きい場合には、有意水準 5% で帰無仮説を棄却できます。このことを、変数 $X$ の係数 $b$ は有意水準 5% で統計的に有意であるといいます。

傾き $b$ が統計的に有意かどうかの $t$ 検定はとても重要です。経済や経営のデータを用いた実証分析は無数に行われていますが、そのうちのかなりの論文で回帰分析が分析の手法として用いられています。そこでは論文著者が注目する変数 $X$ の係数が統計的に有意かどうかに注目しています。このため、実証分析の結果を報告する際には $t$ 値もしくは標準誤差を係数と一緒にしめします。

標準誤差と $t$ 値の関係をしめした $t = \hat{b}/SE(\hat{b})$ という式は、回帰分析を用いた実証分析の結果を読むためにも必要なので覚えるようにしてください。学術論文では、$SE(\hat{b})$ を報告しているものもありますし $t$ 値を報告しているものもあります。この $SE(\hat{b})$ と $t$ 値の関係を理解していると、とまどうことが少なくなります。

定数項 $a$ についての検定も同じ手続きを行います。推計された定数項 $\hat{a}$ の標準誤差は以下のように計算されます。この標準誤差を用いて同様に $t$ 検定を行うことができます。ただし、定数項の係数が統計的に有意かどうかには注目しないことも多くあります。

$$SE(\hat{a}) = \sqrt{\frac{s_{\hat{u}}^2 \sum X_i^2}{n \sum (X_i - \bar{X})^2}}$$

実際には、これらの標準誤差はExcelなどの表計算ソフトウエアや統計ソフトウエアで計算します。

### Key Point 係数の $t$ 検定

推定した $\hat{a}$、$\hat{b}$ を検定する場合の $t$ 値は以下のように計算されます。この $t$ 値の絶対値が1.96よりも大きい場合には有意水準5%で帰無仮説を棄却することができます。

$$t = \frac{\hat{b}}{SE(\hat{b})}$$

$$t = \frac{\hat{a}}{SE(\hat{a})}$$

有意水準とは、第3章でも見たように「帰無仮説が正しいにもかかわらず、間違えて対立仮説を採用してしまう確率」です。有意水準は、1%水準や5%水準、10%水準などが用いられますが、5%水準で有意であれば意味があると考える分析が多いようです。

この検定は$t$値を用いた$t$検定です。いままでの$t$検定と同様$p$値をもとめることもできます。この$p$値は$t$値から計算することができますが、実際には回帰分析を行うときにソフトウエアが計算します。得られた係数の推計値$\hat{b}$が有意水準5%で帰無仮説を棄却できるとすると、このときの$p$値が0.05以下となります。帰無仮説を1%水準で棄却できるとすると$p$値は0.01以下となります。この$p$値が小さければ小さいほど関係が確からしいと考えることができます。

## 3 係数の$t$検定：いくつかの例

### 例：クラスの人数と成績

前節の内容を、いくつかの例で確認しましょう。まず、クラスの人数と成績の関係について考えてみます。一般に、1クラス当たりの生徒の人数が少ないほうが高い教育効果が得られると考えられています。このことからはクラスの人数は少ないほうがよいといえます。しかし、クラスの人数を少なくするには、それだけの先生や教室を確保する必要がありますから、予算が大きく増加することになります。そこで、生徒数と学業成績の関係について、いくつかの研究が行われています。クラスの人数が1人少ないクラスでは、生徒の成績がこのくらい高い、ということが定量的にわかれば政策を考える際にも有用です。

この問題についてデータを用いて行われた分析の結果を見てみましょう。この結果はStock and Watson（2014）の教科書でしめされている例です。これは実際の研究の結果というよりも教科書の説明用の例ですが、わかりやすいのでここで紹介することにします。

ここでTestScoreはクラスの平均の成績、STR（Student to Teacher Ratio）は先生1人当たりの生徒の数です。いま、生徒数が成績に与える影響を知りたいので、被説明変数は成績（TestScore）、説明変数は生徒数（STR）です。上の考え方によれば、生徒数が多くなれば成績が悪くなるはずですから、生徒数（STR）の係数の符号は負になると予想されます。

実際のデータを用いた推計結果は以下のとおりです。係数の下のカッコ内には標準誤差がしめされています。さて、生徒数と成績に有意な関係はあるでしょうか。

$$\widehat{\text{TestScore}} = \underset{(10.4)}{698.9} - \underset{(0.52)}{2.28}\text{STR}$$

係数が統計的に有意かどうかを確認するためには $t$ 値を見る必要があります。いま、この式では係数の推計値と標準誤差がしめされています。このように係数と標準誤差がしめされている場合には、$t = \hat{b}/SE(\hat{b})$ の式を用いて、$t$ 値を計算します。いま興味がある STR の係数 $\hat{b}$ は－2.28、標準誤差 $SE(\hat{b})$ は 0.52 ですから $t$ 値は、$t = -2.28/0.52 = -4.38$ となっています。係数の絶対値が 1.96 よりもかなり大きいですから係数 $b = 0$ という帰無仮説は有意水準 5%で棄却することができます。いいかえると、クラスの人数が少ない教室では成績が高い傾向にあるということが確認できました。

### ▶例：月例給与と勤続年数

第 4 章の図表 4.1 では、月例給与 $Y$ と勤続年数 $X$ の関係を散布図に描き、回帰直線をもとめました。第 4 章では関係の確からしさについて確認していませんので、ここで行いたいと思います。下の回帰直線を見てください。係数の下のカッコ内は標準誤差です。

$$\widehat{\text{月例給与}} = \underset{(31.0)}{245.8} + \underset{(1.47)}{7.06}\,\text{勤続年数}$$

傾き 7.06 で標準誤差が 1.47 ですから $t$ 値は、$t = \hat{b}/SE(\hat{b}) = 7.06/1.47 = 4.8$ となります。ここで $t$ 値は 1.96 よりもかなり大きいのでこの関係が統計的に意味があるものであることがわかります。すなわち、勤続年数が長い人ほど月例給与が高いという関係が確認されました。この結果は日本の賃金が年功的であるという考え方と整合的です。

### ▶例：犯罪率と失業率

回帰分析は社会のさまざまな側面に応用することができます。ここでは、犯罪率と失業率の関係を考えてみましょう。犯罪がどのようなメカニズムで行われるのかというのは社会的にも大きな問題ですからさまざまな側面から分析されています。ここでは経済的な要因を考えてみましょう。犯罪を起こす動機の1つには経済的な要因があると考えられます。経済的な要因としては、いろいろ考えることができますが、ここでは失業率に注目します。もしも困窮している人が多い地域では犯罪が起きる可能性が高くなる、という関係があれば失業率と犯罪率の間に正の関係が観察できると予想できます。この関係は、次の式を計測することで分析できます。

$$\text{crime} = a + b\ \text{unemp} + u$$

ここでcrimeが犯罪率、unempは失業率、$u$は誤差項です。

失業率と犯罪率についてはどちらも都道府県別に数値を入手することが可能です。失業率は、経済の状況を理解するために欠かせない情報で、日本では総務省統計局が行う「労働力調査」で公表されています。犯罪については、ここでは警察庁の「犯罪統計」における認知件数を取り上げます。この都道府県別の認知件数を都道府県別の人口で割った数値を犯罪率とします。人口については総務省統計局の「人口推計」を用います。

ここでは失業率が犯罪率に影響を与えていると想定しています。経済状況の悪化が犯罪に結びつくのに時間がかかると考えて犯罪率は2011年のデータ、失業率は2010年のデータを用います。図表5.1は失業率が低い都道府県と、失業率が高い都道府県をそれぞれ10ずつしめしています。

図表5.1を見ると失業率、犯罪率ともに都道府県で大きく異なることがわかります。失業率がいちばん高いのは沖縄県の7.5%で次が大阪府の6.9%です。犯罪率がいちばん高いのは大阪府で、次に愛知県、福岡県と続きます。失業率が高い都道府県には、大阪府、福岡県、京都府、東京都など犯罪率の高い都道府県がいくつか含まれています。なお、もっとも失業率が低いのは島根県の3.2%でした。失業率が低い都道府

図表5.1　失業率の低い都道府県・高い都道府県

| 失業率の低い10都道府県 | | | 失業率の高い10都道府県 | | |
|---|---|---|---|---|---|
| | 失業率(%) | 犯罪率(%) | | 失業率(%) | 犯罪率(%) |
| 島根県 | 3.2 | 0.63 | 秋田県 | 5.2 | 0.41 |
| 福井県 | 3.3 | 0.71 | 兵庫県 | 5.2 | 1.37 |
| 岐阜県 | 3.7 | 1.22 | 高知県 | 5.2 | 1.06 |
| 富山県 | 3.8 | 0.61 | 東京都 | 5.5 | 1.41 |
| 長野県 | 3.9 | 0.83 | 宮城県 | 5.7 | 0.89 |
| 静岡県 | 3.9 | 0.96 | 京都府 | 5.7 | 1.44 |
| 山口県 | 3.9 | 0.79 | 福岡県 | 6.0 | 1.45 |
| 香川県 | 3.9 | 0.93 | 青森県 | 6.3 | 0.61 |
| 三重県 | 4.1 | 1.2 | 大阪府 | 6.9 | 1.75 |
| 広島県 | 4.1 | 0.91 | 沖縄県 | 7.5 | 0.89 |

（データ出所）総務省統計局「労働力調査」、警察庁「犯罪統計」、総務省統計局「人口推計」。

図表5.2　犯罪率と失業率の基礎統計量

| | サンプルサイズ | 平均値 | 中央値 | 標準偏差 |
|---|---|---|---|---|
| 犯罪率(%) | 47 | 0.96 | 0.9 | 0.3 |
| 失業率(%) | 47 | 4.75 | 4.7 | 0.83 |

（データ出所）総務省統計局「労働力調査」、警察庁「犯罪統計」、総務省統計局「人口推計」。

県でも犯罪率が高いところがないわけではありません。しかしこのように見ると、失業率と犯罪率には関係がありそうにも思えます。図表5.2はこのデータの基礎統計量をしめしています。犯罪率の平均値が0.96%で標準偏差が0.3%ですから、ある程度ばらつきがあることがわかります。

図表5.3は散布図です。横軸に失業率（%）、縦軸に犯罪率（%）をとっています。この散布図には、最小二乗法で計算された回帰直線も、描かれています。失業率の高い都道府県では犯罪率も高いという正の相関が予測されます。グラフを見ると、やや右上がりの関係にあるように

図表5.3　散布図：失業率と犯罪率

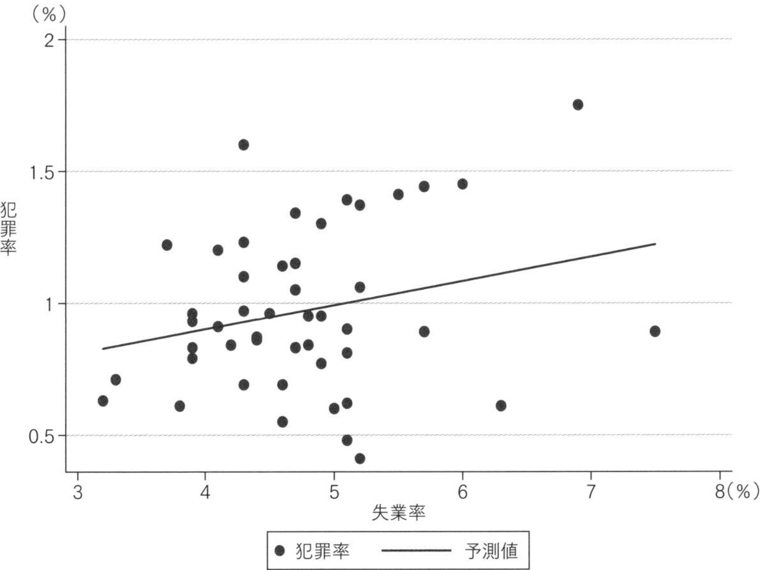


（データ出所）　総務省統計局「労働力調査」、警察庁「犯罪統計」、総務省統計局「人口推計」。

見えますから、これについては予想どおりと考えることができます。しかし、この関係は強いようには見えません。

回帰分析の結果が下にしめされています。被説明変数は犯罪率（crime）で説明変数が失業率（unemp）です。失業率が高い都道府県で犯罪率が高いと考えているので傾きはプラスになると予想できます。カッコのなかは標準誤差です。

$$\widehat{\text{crime}} = \underset{(0.26)}{0.53} + \underset{(0.053)}{0.092}\,\text{unemp}$$

ここでは失業率が犯罪率に与える影響に興味がありますから、失業率 unemp の係数に注目します。係数の推計値は 0.092 とプラスになっているので失業率が高い都道府県では犯罪率も高いことがしめされています。単位はどちらも％なので、失業率が 1％高い都道府県では、犯罪率が 0.092％高いことになります。

次に係数が統計的に有意といえるかを確認しましょう。いま、$t$ 値はしめされておらず、係数の推定値 0.092 と標準誤差 $SE(\hat{b}) = 0.053$ ですから $t$ 値は $t = \hat{b}/SE(\hat{b}) = 0.092/0.053 = 1.74$ となっています。この $t$ 値は 1.96 を下回っているので 5%水準では有意ではありません。そこでソフトウエアが計算した失業率の係数の $p$ 値を見ると 0.092 でした。いま、$p$ 値が 0.092 で $0.05 < 0.092 < 0.1$ なので、5%水準では有意ではないものの 10%水準では有意であることがわかります。すなわち、失業率と犯罪率の間には、ある程度の関係があることがしめされています。なお、経済状況と犯罪率の関係についてはこれまでにいくつもの先行研究があります。代表的な研究である、大竹・小原（2010)、津島（2003）は経済状況と犯罪率に関係があるかどうかについて、さまざまな観点から分析しています。

## 4 回帰直線のチェックその 2：決定係数

### Key Point 決定係数

全変動（total sum of squared, $TSS$）：被説明変数 $Y$ の全体の変動。

$$TSS = \Sigma(Y_i - \bar{Y})^2$$

回帰平方和（explained sum of squared, $ESS$）：被説明変数 $Y$ の変動のうち、推定された回帰式で説明できる部分の変動。

$$ESS = \Sigma(\hat{Y}_i - \bar{Y})^2$$

残差平方和（$SSR$）：被説明変数 $Y$ の変動のうち、推計された回帰式で説明できない部分の変動。

$$SSR = \Sigma(Y_i - \hat{Y}_i)^2$$

決定係数（R-squared, $R^2$）：全変動のうち、推定された回帰モデルで説明できる割合で 0 と 1 の間の値をとる。

$$R^2 = \frac{ESS}{TSS}$$

次に決定係数について説明します。決定係数とは、推定したモデルが、被説明変数の変動をどのくらい説明できるかという指標です。決定係数を理解するためには回帰平方和と全変動という概念が重要になりますので、先にそちらを説明することにします。

最小二乗法の説明で残差平方和（$SSR$）を説明しました。残差は、観測された $Y$ の値（観測値）と回帰直線から予測された $Y$ の値（予測値）の差で、次の式であらわすことができました。

$$\hat{u}_i = Y_i - \hat{Y}_i = Y_i - (\hat{a} + \hat{b}X_i)$$

この残差を二乗し、すべてを足したのが残差平方和です。このことから、この残差平方和が「モデルで説明できない部分の大きさ」であることがわかります。この残差平方和がもっとも小さくなるように推定値をもとめるのが最小二乗法であることを思い出してください。

先ほどの残差の式を書き換えると、以下のようになります。

$$Y_i = \hat{Y}_i + \hat{u}_i$$

この式から、観測された $Y$ の値（観測値）はモデルで説明できる部分（予測値 $\hat{Y}_i$）とモデルで説明できない部分（残差、$\hat{u}_i$）に分けることができる、ということがわかります。この関係は1つ1つのデータについて成立するものですが、データ全体についても同様の関係があります。このことは次の式であらわすことができます。

全変動＝回帰平方和＋残差平方和

この式は、被説明変数の変動（全変動）は、モデルで説明できる部分（回帰平方和）と説明できない部分（残差平方和）に分解することができることを意味しています。まず、それぞれの意味を説明します。

被説明変数の変動は全変動（total sum of squared, $TSS$）とよばれます。この $(Y_i - \bar{Y}_i)^2$ が大きければ変動が大きいと考えます。この観測値と平均値の差のことを偏差（deviation）とよぶことを思い出してください。この偏差はプラスかもしれませんし、マイナスかもしれません。よってここでも二乗して足し合わせることにします。このようにして、全変動は次のように定義されることになります。

$$TSS = \Sigma(Y_i - \bar{Y})^2$$

次にモデルで説明できる部分は、回帰分析で説明できる平方和という意味で回帰平方和（explained Sum of Squared, *ESS*）とよばれます。予測値と平均値の差はモデルで説明できる部分です。予測値は $\hat{Y}_i$、平均値は $\bar{Y}$ ですから、その差を二乗して足し合わせたものが説明できる平方和ということになります。

$$ESS = \Sigma(\hat{Y}_i - \bar{Y})^2$$

先ほど述べたように、全変動、回帰平方和、残差平方和の間には、全変動 *TSS* = 回帰平方和 *ESS* ＋残差平方和 *SSR* という関係が成立しています。

### 決定係数

では次に、決定係数について説明します。なお、決定係数のことは $R^2$（アール二乗）ともよびます。どちらの呼び方もよく使用されるので覚えてください。決定係数（coefficient of determination）は、*TSS* のうち *ESS* が占める比率のことです。すなわち被説明変数の変動のうち、何%くらいをこのモデルが説明できるかということをあらわしています。決定係数は 0 と 1 の間の数値をとります。モデルが被説明変数の動きを完全に説明できていれば 1、まったくできていなければ 0 となります。式であらわすと次のようになります。

$$R^2 = \frac{回帰平方和(ESS)}{全変動(TSS)}$$

### 決定係数は大きいほうが望ましいのか

決定係数はどのくらいあればよいのでしょうか。一般的に決定係数が大きいほうが、説明力が高いといえます。決定係数が 0.9 であれば、被説明変数の変動の 90%をモデルで説明できるということになります。

これに関してはいくつ以上であればよい、という基準はありません。分析の目的によって、高くても不十分なときもあるし、低くても十分なときもあります。自分で実証研究を行う際に、決定係数が小さいと、その結果は報告するに値するものかどうか悩むこともあります。しかし、企業データを用いた分析では決定係数が非常に低い結果を報告することはよくあります。経営学では企業の業績や個人の行動について着目することがしばしばあります。しかし、自分たちの行動を考えてみれば容易に想像がつくと思いますが、人間の行動を高い確率で予測することは非常にむずかしいといえます。また、株価の動きの数十%を予測できるようなモデルを考えることも容易ではありません。というより、たった数%でも説明できたとすると、それは素晴らしいことだと思います。このようなときには決定係数が低いことは必ずしも問題ではありません。現在、学術雑誌に掲載されている実証研究の結果を見ると、決定係数が 0.1 よりも小さいものもあります。一方で、実務で予測を行ったりする際には決定係数が低いと困ることもあります。スーパーマーケットが来年度の売り上げを予測したり、水泳プールの入場者数を予測したりする際には、決定係数が高いほうが望ましいでしょう。

### 例：年齢と賃金

都留ほか（2003）はいくつかの日本企業の人事データを用いて賃金決定について分析しています。そこではいくつかの分析がされているのですが、そのうちの 1 つが年齢と賃金の関係がどれくらい強いかという分析です。具体的には下の式を計測しています。

$$\text{賃金} = a + b\,\text{年齢} + u$$

被説明変数に賃金、説明変数に年齢をとって回帰分析を行っています。

図表5.4　年齢が賃金に与える影響の推移

| A社 | 1992年 | 1996年 | 2001年 |
| --- | --- | --- | --- |
| 決定係数 | 0.631 | 0.559 | 0.386 |
| B社 | 1996年 | 1999年 | 2001年 |
| 決定係数 | 0.794 | 0.579 | 0.301 |

（出所）　都留ほか（2003）。

通常、回帰分析では係数、標準誤差もしくは $t$ 値と決定係数を合わせて報告するのですが、彼らの分析では決定係数だけがしめされていますので、ここでも決定係数だけをしめします。その結果が図表5.4です。ここではA社とB社という2つの会社の管理職の個票データを用いた分析結果をしめしています。これらの2社はそれぞれ賃金制度改革を行っています。データから賃金制度改革の効果は確認できるでしょうか。

それでは図表5.4を見てみましょう。A社では1992年の決定係数は0.631でした。すなわち、年齢だけで賃金の変動の63.1%を説明できたということです。年齢と賃金の関係がとても強かったということがわかります。しかし、2001年には決定係数は0.386まで下落しています。すなわち、賃金のうち年齢以外の要因で説明できる部分が大幅に増大していることがわかります。このことはB社でも同じです。1996年に0.794であった決定係数が2001年には0.301まで大幅に下落しています。これらの結果は、いわゆる年功賃金が崩壊しているという考え方と整合的になっています。

## 練習問題

1. 被説明変数（$Y$）と説明変数（$X$）についてデータを収集し、分析したときの結果が表にしめされています。この表のパネルAには、$X$、$Y$の平均値、標準偏差、分散、共分散およびサンプルサイズが、パネルBには回帰平方和、残差平方和、全変動および変数$X$の偏差の平方和$\Sigma(X_i - \bar{X})^2$がしめされています。この表をもとに次の問いに答えてください。

**練習問題 図表** 基礎統計量と平方和

パネルA：基礎統計量

| | $Y$ | $X$ |
|---|---|---|
| 平均値 | 369 | 17 |
| 標準偏差 | 142 | 12 |
| 分散 | 20230 | 144 |
| 共分散($S_{XY}$) | 1019 | |
| サンプルサイズ | 44 | |

パネルB：さまざまな平方和

| | |
|---|---|
| 回帰平方和($ESS$) | 309508 |
| 残差平方和($SSR$) | 560400 |
| 全変動($TSS$) | 869909 |
| $\sum(X_i - \bar{X})^2$ | 6212 |

(1) 相関係数を計算してください。なお、相関係数は以下の式であらわされます。ここで$s_{XY}$は共分散、$s_X$、$s_Y$はそれぞれ変数$X$と$Y$の標準偏差です。

$$r_{XY} = \frac{s_{XY}}{s_X s_Y}$$

(2) 次の線形回帰モデルを最小二乗法で推定します。このときの傾きと定数項の推定値をそれぞれもとめてください。

$$Y_i = a + bX_i + u_i$$

(3) 決定係数$R^2$ ($= ESS/TSS$) をもとめてください。

(4) 傾きの推定値 $\hat{b}$ の標準誤差をもとめてください。また、$t$ 値をもとめて帰無仮説 $b=0$ を棄却できるかを確認してください。

2. 諸外国と比較した際の日本経済の特徴の1つは、上級管理職に占める女性の比率がとても低いことです。女性が活躍することは個人にとっても社会にとっても望ましいことを考えると、現状は満足できるものではありません。男女雇用機会均等法の導入をはじめさまざまな施策がとられていますが、まだまだ女性が活躍することを妨げている要因があるのではないかと考えられています。このような問題意識から多くの研究が行われています。

平成24年版『労働経済の分析（労働経済白書）』では保育所の充実度と女性の働き方の関係を分析しています。保育所が充実している都道府県では女性が働いている傾向が強いのではないかということを予想しています。『労働経済白書』第3-(1)-58図では都道府県別のデータを用いてこのことを分析しています。その結果は以下のとおりです。

$$\widehat{\text{女性の労働力率}} = \underset{(23.3)}{44.862} + \underset{(7.52)}{0.4302} \times \text{保育所定員数}$$

ここでカッコ内はt値です。労働力率とは人口に占める労働力人口の比率です。労働力人口とは、仕事をしている就業者および仕事を探している完全失業者を合わせた数です。この分析では、15～39歳で配偶者のいる女性の労働力率（%）を被説明変数としています。また、説明変数は「0～5歳人口100人に対する保育所定員数」です。ここで次の問いに答えてください。

(1) 保育所定員数と女性の労働力率の関係は統計的に有意といえるでしょうか。簡単に説明してください。

(2) ある都道府県で保育所定員数が1増加したとします。このモデルを適用できるとするとこの都道府県の女性労働力率はどのくらい変化するでしょうか。

(3) 保育所定員数が30の都道府県の女性労働力率はいくらになると予想できるでしょうか。

LECTURE

6

# 重回帰分析

## リストラに影響するのは売上高かROAか

### 1 はじめに

この章では重回帰分析（multiple linear regression）について学びます。第4章と第5章では回帰分析について学びましたが、そこでは、説明変数が1つでした。このような分析を単回帰といいます。これに対して重回帰分析とは、説明変数が2つ以上の場合をいいます。つまり重回帰分析とは複数の説明変数で1つの被説明変数を説明するときに用いられる分析手法です。どのようなときに重回帰分析が必要なのかを早速見てみましょう。

たとえば、ある外食チェーンで値下げを行ったとします。このとき、値下げがチェーン全体の販売数量に与える効果を検証したいとします。単回帰分析を行うとすると、次の式のように被説明変数に販売数量をとり説明変数に値段をとることになるでしょう。

$$販売数量 = a + b\,値段 + u$$

値段が高ければ販売数量が下落すると考えられますので、値段の係数$b$はマイナスで有意になると予想できます。

もちろん、この分析でも有益な情報を得ることができます。しかし、販売数量には値段の他にも影響を与える要因がいろいろあると考えられます。たとえば、この外食チェーンは、値下げと同時に新しい店舗をオープンしていたとします。販売数量が増えているのは、新しい店舗がオープンしたためかもしれません。近所に新しい学校やマンションができればその店舗の売り上げは増加するでしょう。このように販売数量の変化にはたくさんの要因が影響しています。このときに、単回帰で得られる結果には限界があります。そこで、複数の説明変数を同時に考慮するために重回帰分析が行われます。なお、回帰分析とは単回帰、重回帰のどちらも含みます。ここでは重回帰分析の説明として説明変数が2つの場合を中心に取り上げますが、説明変数が3つ以上でも同じように考えることができます。

重回帰分析と単回帰分析の違いは、説明変数が複数ある、ということです。いま、外食チェーンの売上高を被説明変数として考えます。ここで説明変数として価格に加えて店舗数を考えます。すなわち、この外食チェーンの売上高は価格に加えて店舗数によってきまる、というモデルを考えます。このとき、推計する式は次のようになります。

$$売上高 = a + b_1 価格 + b_2 店舗数 + u$$

説明変数が2つになったので、それぞれについて係数の推計値を計算することができます。

重回帰分析でも、単回帰と同様、最小二乗法を用いて分析することができます。具体的には、①係数をもとめ、②モデルに意味があるかどうかを検証する、ということになります。係数をもとめ、$t$ 検定で係数が有意かどうか検証するという点については単回帰と同じです。このことは2節で学びます。重回帰分析には、単回帰との主な違いが2つあります。3節で学ぶように決定係数については、いままでの決定係数ではなく、説明変数の数を考慮した自由度修正済み決定係数を用います。また、4節で学ぶように、すべての係数が0であるという帰無仮説を検証するための $F$ 検定というものを行います。5節では重回帰分析の例として企業の雇用調整について考えます。最後に6節ではExcelを用いて回帰分析をどのように行うかについて説明します。

## この章の目的

- 2つ以上の説明変数を用いた回帰分析を行うことができるようになる。
- 説明変数が2つ以上の場合、決定係数ではなく自由度修正済み決定係数を利用するということを理解する。
- 説明変数の係数がすべて0であるという帰無仮説を検定するための $F$ 値を理解する。
- 複数の回帰分析の結果を1枚の表を用いてあらわすことができるようになる。
- Excel を用いて回帰分析を行うことができるようになる。また、Excel のアウトプットを理解できるようになる。

### 重要な用語

重回帰分析／$F$ 値／自由度修正済み決定係数

## Key Point 重回帰分析

重回帰分析では、次のような線形回帰モデルを考えます。

$$Y_i = a + b_1X_{1i} + b_2X_{2i} + u_i$$

$Y$：被説明変数

$X_1$、$X_2$：説明変数

$a$：定数項

$b_1$、$b_2$：変数 $X_1$、$X_2$ の係数

$u$：誤差項（変数 $X_1$、$X_2$ 以外に $Y$ に影響を与える他の要因）

$i$：観測値の番号 $i = 1, 2, ..., n$

重回帰分析では次の作業を行います。

①データから $a$、$b_1$、$b_2$ に当てはまる数値をもとめ、関係を回帰式であらわす。

②1つ1つの説明変数について係数が0であるという帰無仮説を $t$

検定で検証する。

③当てはまりのよさを自由度修正済み決定係数で確認する。

④説明変数の係数がすべて0であるという帰無仮説を、$F$値を用いて検定する。

## 2 重回帰分析における係数の推計と $t$ 検定

まず、重回帰分析における係数の推計と $t$ 検定について説明します。この節の内容は、第4章、第5章とほとんど同じです。いま、$Y$という変数を$X_1$、$X_2$という2つの変数で説明したいとしましょう。このとき推計する式は次のようになります。

$$Y_i = a + b_1X_{1i} + b_2X_{2i} + u_i$$

ここで、$a$、$b_1$、$b_2$が係数で、$u_i$は誤差項です。また、$Y_i$は、被説明変数$Y$の第$i$番目の観測値であることをしめしています。係数の推計には単回帰のときと同様に最小二乗法を用います。すなわち、下の式であらわされる残差を二乗した値の合計である残差平方和を最小にするように$\hat{a}$、$\hat{b}_1$、$\hat{b}_2$をきめることになります。

残差 ＝ 観測値－予測値

$$\hat{u}_i = Y_i - \hat{Y} = Y_i - (\hat{a} + \hat{b}_1X_{1i} + \hat{b}_2X_{2i})$$

実際の値はソフトウエアを用いて計算します。

このようにして得られた係数の推定値の解釈も単回帰と同様に行います。変数$X_1$の係数の推定値$\hat{b}_1$がプラスであれば、変数$X_1$が大きい値をとるときには被説明変数$Y$も大きい値をとる傾向があることを意味します。

### ▸ 重回帰分析で係数に意味があるかどうかのチェック：$t$ 検定

重回帰分析でも、係数の推計値を求めた後に得られた係数に意味があるかどうかを検定します。係数$a = 0$、$b_1 = 0$、$b_2 = 0$という帰無仮説を、$t$検定を用いて検定します。たとえば、説明変数$X_1$の係数$b_1$については、次の帰無仮説を考えます。

帰無仮説　H0：$b_1 = 0$

対立仮説　H1：$b_1 \neq 0$

この帰無仮説を検証するために、単回帰のときと同様に次の $t$ 値を計算します。

$$t = \frac{\hat{b}_1 - 0}{SE(\hat{b}_1)} = \frac{\hat{b}_1}{SE(\hat{b}_1)}$$

標準誤差（$SE$）は得られた係数の推定値の散らばりをしめしています。ここで、散らばりが小さければ小さいほど得られた推定値は確からしいと考えることができます。いままでと同様 $t$ 値の絶対値が 1.96 よりも大きいときには 5％の有意水準で帰無仮説を棄却することができます。このとき、$X_1$ と $Y$ の関係は統計的に意味があると考えることができます。複数の説明変数がある場合には、それぞれの係数の推計値について $t$ 値が計算されます。

### 例：賃金と勤続年数

早速、例を見てみましょう。図表 6.1 を見てください。このグラフは第 4 章の図表 4.1 と同じデータを用いた散布図です。第 4 章では、このグラフをもとに勤続年数が賃金にどのような影響を与えているかを分析し、正の関係を見出しました。すなわち、勤続年数が長い従業員のほうが高い賃金を得ていることがしめされました。

このグラフには第 4 章のグラフと 1 つ違う点があります。第 4 章ではすべてのデータについて同じ形で点を打っていたのですが、ここではデータを 2 つに分割し、それぞれのデータで形を変えています。具体的には従業員の教育年数によって分けてあります。四角が大卒のデータ、丸が高卒のデータです。このグラフを見てどのようなことが読み取れるでしょうか。四角の点が丸の点よりも上にあることから、大卒の従業員のほうが高卒の従業員よりも高い賃金を得ていることが読み取れます。

このグラフから読み取れることは、賃金は従業員の勤続年数だけでは

図表6.1　勤続年数と賃金

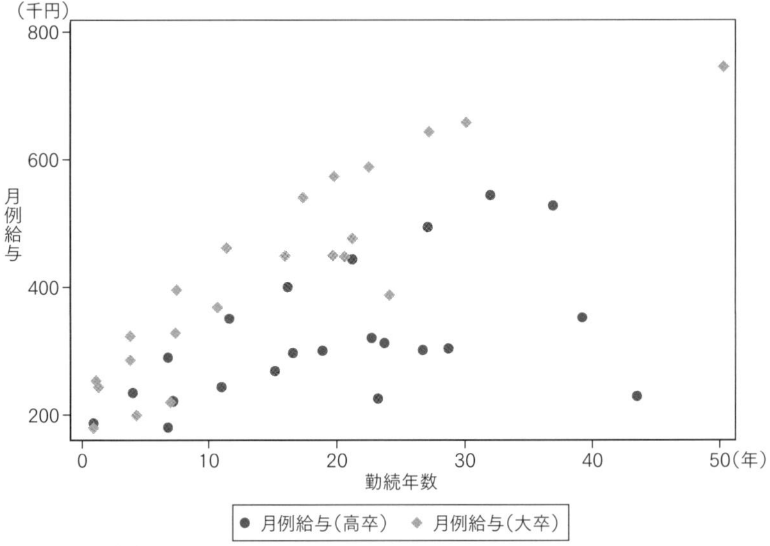


(データ出所)　賃金センサス。

なく教育年数によっても影響されているということです。このとき、賃金を説明するために、勤続年数だけではなく教育年数も説明変数に含めることで説明力を高めることができるのではないかと考えることができます。そこで、被説明変数を月例給与、説明変数を勤続年数と教育年数として回帰分析を行います。このとき推計すべき式は次のようにあらわすことができます。

$$月例給与 = a + b_1 勤続年数 + b_2 教育年数 + u$$

重回帰分析を行った結果は下のとおりです。カッコ内は標準誤差です。なお、本来被説明変数の月例給与の上には山型のハット記号をつけるべきですが、ここからはこの記号を省略することにします。

$$\underset{}{月例給与} = \underset{(107)}{-273.6} + \underset{(1.2)}{8.34}勤続年数 + \underset{(7.12)}{35.5}教育年数$$

勤続年数の係数の推計値は 8.34 です。賃金の単位は千円ですから勤続年数が１年長くなれば、月当たりの賃金が8340円上昇することがわかります。勤続年数の係数の標準誤差はカッコのなかの1.2です。係数に意味があるかどうかを検証するために、$t$値を計算します。このときの帰無仮説は勤続年数の係数$b_1 = 0$です。いままでのように$t$値＝係数/標準誤差＝8.34/1.2＝6.95となります。計算された$t$値が1.96よりも大きいので、5％水準で帰無仮説は棄却することができます。すなわち、勤続年数が長い人ほど賃金が高いという関係は統計的に意味があると考えることができます。

教育年数の係数は35.5です。教育年数の単位は１年なので、教育年数が１年長くなると月当たりの賃金は３万5500円高くなることをしめしています。教育年数についても、帰無仮説$b_2 = 0$が棄却できるかどうか確かめてみましょう。標準誤差が7.12ですから$t$値は35.5/7.12＝4.99となります。こちらも$t$値が1.96を上回っていますので教育年数が長い従業員ほど賃金が高いという関係は統計的に確からしいことがわかります。

係数の推定値を計算することができたのでいくつか予測値を計算してみましょう。勤続年数は０年から50年くらいがありうる範囲です。ここでは高卒および大卒の従業員を対象にしていますから、標準的には教育年数は高卒であれば12年、大卒であれば16年ということになります。勤続年数が10年の高卒従業員の賃金は、この式を用いて次のように予測することができます。

$$月例給与 = -273.6 + 8.34 \times 10 + 35.5 \times 12 = 235.8$$

すなわち、賃金は23万5800円となります。同様に、勤続年数が20年の大卒従業員の賃金は次の式のようになります。

$$月例給与 = -273.6 + 8.34 \times 20 + 35.5 \times 16 = 461.2$$

すなわち、このような従業員の賃金は46万1200円となると予想できます。

## 3 重回帰分析における決定係数：自由度修正済み決定係数

単回帰分析において、決定係数について学んだのを覚えていると思います。決定係数は全体の変動のなかでどれだけの割合が説明できるかをしめす指標です。決定係数は0と1の間の値をとり、説明する力が強いほど1に近くなるということでした。この決定係数は重回帰分析でも適用することができるのですが、1つ気をつけるべきことがあります。それは説明変数を追加すれば追加するほど決定係数が高くなるということです。このことは当たり前といえば当たり前ですが、そのままだと困ることがあります。このとき単純に決定係数が大きいモデルのほうが高い説明力を持つと考えると、どんどん説明変数を足していけばよいということになってしまいますが、そのことは必ずしも望ましいことではないと考えられています。これは、分析の目的と関係のない変数を追加して当てはまりをよくしても、知りたい関係についての知見が得られる可能性が高くはない、などの理由があります。

そこで、説明変数が増えた分を考慮して決定係数を調整することが行われます。この決定係数を自由度修正済み決定係数（Adjusted $R^2$）とよびます。自由度修正済み決定係数はAdj-$R^2$とあらわしたり$\bar{R}^2$とあらわしたりします。この自由度修正済み決定係数は次の式であらわすことができます。

$$\bar{R}^2 = 1 - \frac{n-1}{n-k-1}(1 - R^2)$$

ここで$n$はサンプルサイズ（観測値の数）、$k$は説明変数の数です。重回帰分析の場合、決定係数ではなく、この自由度修正済み決定係数を報告します。自由度修正済み決定係数は決定係数よりも大きい値になることはありません。また、決定係数は0よりも小さくなることはありませんが、この自由度修正済み決定係数はマイナスになることがあります。

## 4 $F$ 検定：モデルに意味があるか

回帰分析を行う際に、得られた回帰直線が意味のあるものかどうかのチェックはとても重要でした。そこでは $t$ 検定と決定係数を用いてこれらのチェックを行いました。重回帰分析では、もう1つ $F$ 検定という検定を行います。これは説明変数の係数がすべて0であるという帰無仮説の検定です。説明変数の係数がすべて0ということは、このモデルには説明力がない、ということを意味しています。すなわち、この $F$ 検定はモデルに説明力があるかどうかを統計的にチェックするものです。

具体的には $F$ 値とよばれる値を計算して検定します。この $F$ 値がある値を超えている場合に帰無仮説が棄却されることになります。有意水準5%で帰無仮説を棄却するための $F$ 値の大きさは、サンプルサイズや説明変数の数によって変わります。$F$ 値は次のように計算されますが、実際にはソフトウエアを用いて計算します。

$$F=\frac{\text{回帰平方和}(ESS)/\text{説明変数の数}}{\text{残差平方和}(SSR)/(\text{サンプルサイズ}-\text{説明変数の数}-1)}$$

$$=\frac{\sum(\hat{Y}_i-\bar{Y})^2/k}{\sum\hat{u}_i^2/(n-k-1)}$$

$$=\frac{\mathrm{R}^2}{(1-\mathrm{R}^2)}\frac{(n-k-1)}{k}$$

## 5 複数の回帰式を1つの表であらわすには

この節ではレポートや論文で回帰分析の結果をどのように表示するかを説明します。回帰分析を行う際に、回帰式1本だけの結果を報告することはあまりありません。通常は、説明変数の組み合わせを変えてみたりするため複数の回帰式を計測することになります。このとき、複数の回帰分析の結果を表にまとめて報告することになります。ここでは、企業が従業員数をどのように調整するかという例を用いて考えてみたいと思います。データは、この本のウエブサイトにある financial_analysis.csv を用います。

それでは分析について考えてみます。いま、企業が従業員数をどのように変化させるかに興味がありますから、1年前からの被説明変数は従業員数の変化とします。説明変数として、ここでは売上高の変化と利益（ROA）の2つに注目することにします。業績がよいときには企業は従業員数を増加させますから、売上高の変化や ROA と従業員数の変化には正の関係が成立するでしょう。なお日本の企業がどのようなメカニズムで従業員数を変化させてきたかについてはいくつかの重要な研究があります。興味がある人は、村松（1995)、駿河（1997）を参照してください。また、小池（2005）には企業の利益と雇用削減の間にはどのような関係があるのかが説明されています。

それでは従業員数の決定要因について考えてみましょう。被説明変数は従業員数の変化、説明変数が売上高の変化と利益です。いま、下の2つのモデルを考えます。ここで $u$、$v$ は誤差項です。

①従業員数の変化 $= a_1 + b_1$ 売上高の変化 $+ b_2$ROA $+ u$
②従業員数の変化 $= a_2 + b_3$ 売上高の変化 $+ v$

いま、この2つのモデルを分析してみたいと思います。回帰分析の結果をしめしたのが図表 6.2 です。複数の回帰分析の結果をまとめる際には、ここにあるように1つの式の係数と標準誤差もしくは $t$ 値を縦に並べたうえで、複数の式を横に並べていきます。この表では係数、標準誤差がしめされています。また、単回帰には決定係数、重回帰には自由度修正済み決定係数をしめし、さらにサンプルサイズを表示しています。カッコ内は標準誤差です。ここで標準誤差の横の星印に注目してください。ここで***は1%水準で有意であることをしめしています。係数や標準誤差に有意であることをしめす印をつけることは、しばしば行われています。

図表6.2 従業員数の決定要因

| | 被説明変数 | |
|---|---|---|
| | 従業員数の変化 | |
| 売上高の変化 | 0.0011<br>[0.0002]*** | 0.001<br>[0.0002]*** |
| ROA | | 99.592<br>[21.8514]*** |
| 定数項 | 676.557<br>[94.2715]*** | 371.4667<br>[115.3094]*** |
| 決定係数/自由度修正済み決定係数 | 0.02 | 0.04 |
| サンプルサイズ | 1,712 | 1,698 |

（注） カッコ内は標準誤差。*** は 1% 水準で有意であることをしめす。
（データ出所） 東洋経済新報社財務データ。

このように回帰分析の結果を並べることで、どの変数の効果が有意かを簡単に見ることができます。どちらの式でも売上高の変化の係数はプラスで1%水準で統計的に有意です。すなわち、売上高が変化しているときに、雇用も同じ方向に変化していることがわかります。またROAの係数もプラスで1%水準で有意です。このことから、ROAが高い企業では雇用が増えていることがわかります。また、右側の式の自由度修正済み決定係数は、左側の式の決定係数よりも大きくなっていることに注目してください。

## 6 Excelを用いた回帰分析

この節ではExcelを用いて回帰分析をどのように行うかについて簡単に解説します。Excelにはいろいろなバージョンがあるのですが、多くのバージョンでは回帰分析を行う機能が含まれています。ここでは

Office 365のサブスクリプションに含まれているExcelを用いて解説します。Excelではデータ分析とよばれる機能がアドインとして含まれています。この機能が追加されていない場合には追加してください。追加の方法はExcelのヘルプ等を参考にしてください。ここでは、この章の図表6.1に使用したデータを用いて説明します。この本のウエブサイトからl6_1をダウンロードしてExcelで開いてください。このシートには月例給与（mwage)、勤続年数（tenure)、教育年数（edu)、男女（male）をしめす変数が含まれています。

それでは、勤続年数と教育年数が月例給与に与える影響を分析しましょう。Excelのツールからデータ分析を選択します。すると、利用可能なデータ分析の一覧が出てきますので、ここで回帰分析を選択します。そこで、被説明変数（$Y$）の入力範囲と説明変数（$X$）の範囲を指定しOKボタンを押すと分析ができます。説明変数が複数ある場合には、説明変数の入力範囲に複数の説明変数のデータを指定します。

図表6.3のパネルAにその様子をしめしています。ここでは、月例給与（mwage）を被説明変数、勤続年数（tenure）および教育年数（edu）を説明変数とした回帰分析を行おうとしています。被説明変数のmwageはB列の1行目に変数名がありB列の2行目から45行目までにデータがありますので、入力$Y$範囲は「$B$1:$B$45」となります。ここで「$B$1」とはExcelでB1のセルをあらわしています。この範囲は手で入力してもよいですがマウス等を用いて指定することも可能です。説明変数のtenureおよびeduもC列、D列の1行目に変数名があり、2行目から45行目までデータがありますので入力$X$範囲は「$C$1:$D$45」となります。変数名も入力範囲に含んでいるので、ラベルのチェックボックスをチェックしておきます。この範囲を指定してOKボタンを押すと分析が行われます。出力オプションが新規ワークシートになっていれば別のワークシートに結果が表示されます。

図表6.3のパネルBは回帰分析の結果をしめしています。いくつもの数値がしめされていますが、どれも重要なのでそれぞれの数値が何を意味しているのかをきちんと理解するようにしてください。ここで注意

## 図表6.3　Excel による回帰分析

### パネル A：入力範囲の指定

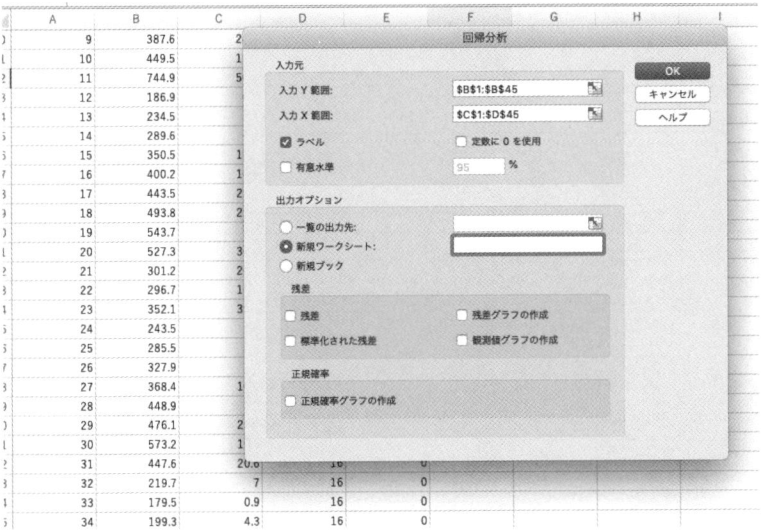

| | A | B | C | D | E | F | G | H | I |
|---|---|---|---|---|---|---|---|---|---|
| | 9 | 387.6 | 2 | | | | | | |
| | 10 | 449.5 | 1 | | | | | | |
| | 11 | 744.9 | 5 | | | | | | |
| | 12 | 186.9 | | | | | | | |
| | 13 | 234.5 | | | | | | | |
| | 14 | 289.6 | | | | | | | |
| | 15 | 350.5 | 1 | | | | | | |
| | 16 | 400.2 | 1 | | | | | | |
| | 17 | 443.5 | 2 | | | | | | |
| | 18 | 493.8 | 2 | | | | | | |
| | 19 | 543.7 | | | | | | | |
| | 20 | 527.3 | 3 | | | | | | |
| | 21 | 301.2 | 2 | | | | | | |
| | 22 | 296.7 | 1 | | | | | | |
| | 23 | 352.1 | 3 | | | | | | |
| | 24 | 243.5 | | | | | | | |
| | 25 | 285.5 | | | | | | | |
| | 26 | 327.9 | | | | | | | |
| | 27 | 368.4 | 1 | | | | | | |
| | 28 | 448.9 | | | | | | | |
| | 29 | 476.1 | 2 | | | | | | |
| | 30 | 573.2 | 1 | | | | | | |
| | 31 | 447.6 | 20.6 | 16 | 0 | | | | |
| | 32 | 219.7 | 7 | 16 | 0 | | | | |
| | 33 | 179.5 | 0.9 | 16 | 0 | | | | |
| | 34 | 199.3 | 4.3 | 16 | 0 | | | | |

回帰分析

入力元

入力 Y 範囲:　$B$1:$B$45

入力 X 範囲:　$C$1:$D$45

☑ ラベル　☐ 定数に 0 を使用

☐ 有意水準　95 %

出力オプション

◯ 一覧の出力先:

◉ 新規ワークシート:

◯ 新規ブック

残差

☐ 残差　☐ 残差グラフの作成

☐ 標準化された残差　☐ 観測値グラフの作成

正規確率

☐ 正規確率グラフの作成

OK

キャンセル

ヘルプ

### パネル B：分析の結果

| 回帰統計 | |
|---|---|
| 重相関 R | 0.774027082 |
| 重決定 R2 | 0.599117924 |
| 補正 R2 | 0.579562701 |
| 標準誤差 | 92.22599099 |
| 観測数 | 44 |

分散分析表

| | 自由度 | 変動 | 分散 | 観測された分散比 | 有意 *F* |
|---|---|---|---|---|---|
| 回帰 | 2 | 521178.14 | 260589.07 | 30.63723268 | 7.27514E−09 |
| 残差 | 41 | 348730.97 | 8505.633414 | | |
| 合計 | 43 | 869909.11 | | | |

| | 係数 | 標準誤差 | *t* | *P*−値 | 下限 95% | 上限 95% | 下限 95.0% | 上限 95.0% |
|---|---|---|---|---|---|---|---|---|
| 切片 | −273.5885027 | 107.011049 | −2.556637893 | 0.01436867 | −489.7017003 | −57.47530502 | −489.7017003 | −57.47530502 |
| tenure | 8.338676793 | 1.197926498 | 6.960925237 | 1.87103E−08 | 5.91941515 | 10.75793844 | 5.91941515 | 10.75793844 |
| edu | 35.50377046 | 7.117019782 | 4.988572683 | 1.16361E−05 | 21.13065743 | 49.8768835 | 21.13065743 | 49.8768835 |

## パネルC：係数と $t$ 値

| 回帰統計 | |
|---|---|
| 重相関 R | 0.774027082 |
| 重決定 R2 | 0.599117924 |
| 補正 R2 | 0.579562701 |
| 標準誤差 | 92.22599099 |
| 観測数 | 44 |

分散分析表

| | 自由度 | 変動 | 分散 | 観測された分散比 | 有意 F |
|---|---|---|---|---|---|
| 回帰 | 2 | 521178.14 | 260589.07 | 30.63723268 | 7.27514E−09 |
| 残差 | 41 | 348730.97 | 8505.633414 | | |
| 合計 | 43 | 869909.11 | | | |

| | 係数 | 標準誤差 | t | P−値 | 下限 95% | 上限 95% | 下限 95.0% | 上限 95.0% |
|---|---|---|---|---|---|---|---|---|
| 切片 | −273.5885027 | 107.011049 | −2.556637893 | 0.01436867 | −489.7017003 | −57.47530502 | −489.7017003 | −57.47530502 |
| tenure | 8.338676793 | 1.197926498 | 6.960925237 | 1.87103E−08 | 5.91941515 | 10.75793844 | 5.91941515 | 10.75793844 |
| edu | 35.50377046 | 7.117019782 | 4.988572683 | 1.16361E−05 | 21.13065743 | 49.8768835 | 21.13065743 | 49.8768835 |

係数

$$t値=\frac{係数}{標準誤差}$$

## パネルD：決定係数

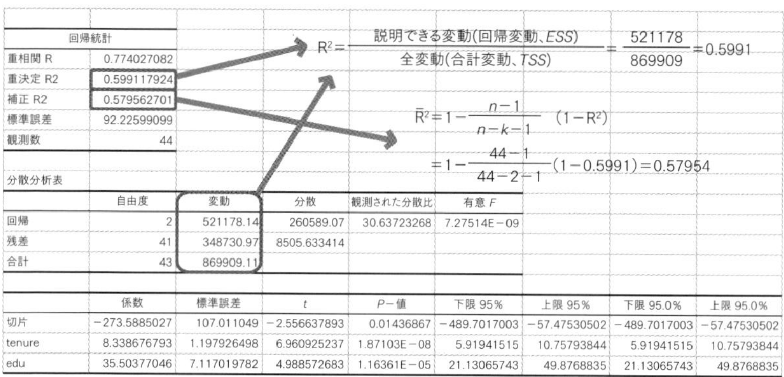

| 回帰統計 | |
|---|---|
| 重相関 R | 0.774027082 |
| 重決定 R2 | 0.599117924 |
| 補正 R2 | 0.579562701 |
| 標準誤差 | 92.22599099 |
| 観測数 | 44 |

分散分析表

| | 自由度 | 変動 | 分散 | 観測された分散比 | 有意 F |
|---|---|---|---|---|---|
| 回帰 | 2 | 521178.14 | 260589.07 | 30.63723268 | 7.27514E−09 |
| 残差 | 41 | 348730.97 | 8505.633414 | | |
| 合計 | 43 | 869909.11 | | | |

| | 係数 | 標準誤差 | t | P−値 | 下限 95% | 上限 95% | 下限 95.0% | 上限 95.0% |
|---|---|---|---|---|---|---|---|---|
| 切片 | −273.5885027 | 107.011049 | −2.556637893 | 0.01436867 | −489.7017003 | −57.47530502 | −489.7017003 | −57.47530502 |
| tenure | 8.338676793 | 1.197926498 | 6.960925237 | 1.87103E−08 | 5.91941515 | 10.75793844 | 5.91941515 | 10.75793844 |
| edu | 35.50377046 | 7.117019782 | 4.988572683 | 1.16361E−05 | 21.13065743 | 49.8768835 | 21.13065743 | 49.8768835 |

$$R^2=\frac{説明できる変動(回帰変動、ESS)}{全変動(合計変動、TSS)}=\frac{521178}{869909}=0.5991$$

$$\bar{R}^2=1-\frac{n-1}{n-k-1}(1-R^2)$$

$$=1-\frac{44-1}{44-2-1}(1-0.5991)=0.57954$$

## パネルE：$F$ 検定

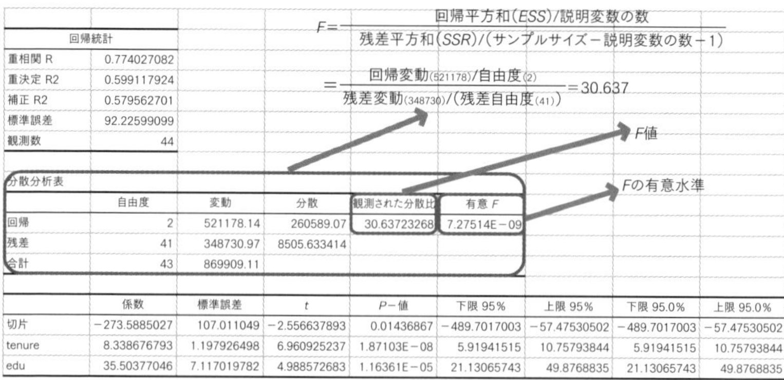

| 回帰統計 | |
|---|---|
| 重相関 R | 0.774027082 |
| 重決定 R2 | 0.599117924 |
| 補正 R2 | 0.579562701 |
| 標準誤差 | 92.22599099 |
| 観測数 | 44 |

分散分析表

| | 自由度 | 変動 | 分散 | 観測された分散比 | 有意 F |
|---|---|---|---|---|---|
| 回帰 | 2 | 521178.14 | 260589.07 | 30.63723268 | 7.27514E−09 |
| 残差 | 41 | 348730.97 | 8505.633414 | | |
| 合計 | 43 | 869909.11 | | | |

| | 係数 | 標準誤差 | t | P−値 | 下限 95% | 上限 95% | 下限 95.0% | 上限 95.0% |
|---|---|---|---|---|---|---|---|---|
| 切片 | −273.5885027 | 107.011049 | −2.556637893 | 0.01436867 | −489.7017003 | −57.47530502 | −489.7017003 | −57.47530502 |
| tenure | 8.338676793 | 1.197926498 | 6.960925237 | 1.87103E−08 | 5.91941515 | 10.75793844 | 5.91941515 | 10.75793844 |
| edu | 35.50377046 | 7.117019782 | 4.988572683 | 1.16361E−05 | 21.13065743 | 49.8768835 | 21.13065743 | 49.8768835 |

$$F=\frac{回帰平方和(ESS)/説明変数の数}{残差平方和(SSR)/(サンプルサイズ−説明変数の数−1)}$$

$$=\frac{回帰変動_{(521178)}/自由度_{(2)}}{残差変動_{(348730)}/(残差自由度_{(41)})}=30.637$$

すべきことは、Excelで用いられている用語がこの本や他の教科書で通常使われている用語と少し違うことです。

では結果を見てみましょう。この結果は、以下の式であらわされる結果をしめしています。このことを念頭に表を確認してください。カッコ内は標準誤差です。ただ、小数点以下の細かい数字にあまり意味はないので、四捨五入した値で表示することにします。

$$\underset{}{mwage}= \underset{(107)}{-274}+\underset{(1.198)}{8.339}tenure+\underset{(7.117)}{35.5038}edu$$

自由度修正済み決定係数　0.5796

図表6.3のパネルCからEはパネルBの1つ1つの項目について詳しく解説したものです。回帰分析をして、まず気になるのは係数の符号の向き（プラスかマイナスか）および、その係数が統計的に意味のあるものかどうかということです。パネルCはその項目について注釈を加えたものです。

ではまずパネルCを見てください。Excelの回帰分析のアウトプットのいちばん下の表が係数に関するものです。いちばん左が係数、その右に標準誤差、$t$値がしめされています。ここで$t$値は次のような式で計算できることを思い出してください。ここで$\hat{b}$は係数の推定値を、$SE(\hat{b})$は係数の標準誤差をあらわしています。

$$t=\frac{\hat{b}}{SE(\hat{b})}$$

いま、分析をする際に興味があるのは、勤続年数と教育年数の影響です。まず、勤続年数（tenure）を見てください。係数が8.338676793、標準誤差は1.197926498となっています。

係数に意味があるということをしめすために、係数が0であるという帰無仮説を検定します。ここで$t$値が1.96よりも大きい場合には5％水準で統計的に意味があると考えてよいということでした。いま、tenureの係数は8.339、標準誤差が1.198ですので$t$値は$t=8.339/1.198=6.961$となります。Excelの$t$値とほぼ同じ値を得ることができます。次に$p$値に注目します。たとえば5％水準で有意であればp値は0.05になります。このp値が小さければ小さいほど統計的に意味があることになります。

パネルCを見るとtenureに対応するp値は1.87103E−08となっています。1.87103E−08とは1.87103×(0.1）の8乗ということを意味しています。

$$1.87103\mathrm{E}-08=0.0000000187103$$

ここから、p値は事実上0であるということがわかります。このことからtenureの係数は0であるという帰無仮説を有意水準1%で棄却することができます。すなわち、tenureが大きいほどmwageも大きいということが確認できました。みなさんもeduの係数と標準誤差からt値を計算してみて、その値がExcelの表示と近い数値になっていることを確認してください。

説明変数の係数が統計的に意味のあるものであるかどうか確認した後は、このモデルの説明力がどのくらい大きいかに注目します。パネルDを見てください。この分析は説明変数が2つある重回帰分析ですから自由度修正済み決定係数を見ることになりますが、まず決定係数に注目します。Excelでは決定係数は重決定R2とあらわされます。このことから決定係数が0.5991であることがわかります。決定係数は0と1の間をとりますので、いま全体の変動の59.91%を説明できていることをしめします。

決定係数は「全体の変動（全変動、*TSS*)」に占める「説明できる変動（回帰平方和、*ESS*)」の割合で、決定係数＝回帰平方和/全変動であらわすことができました。Excelにはこの変動もしめされています。パネルDの2番目の表を見てください。分散分析表とあります。この表は回帰分析の変動の大きさをしめしています。ここで、変動というところに全変動、回帰平方和および残差平方和がしめされています。この表から「説明できる変動（回帰平方和、*ESS*)」は521178で「全変動（合計、*TSS*)」は869909であることが読み取れます。決定係数は$ESS/TSS=521178/869909=0.5991$となります。この表から次の式が成立していることも確認してください。

全変動（$TSS$）= 回帰平方和（$ESS$）＋残差平方和（$SSR$）

決定係数 = 回帰平方和 /全変動

次に自由度修正済み決定係数を計算しましょう。自由度修正済み決定係数はExcelでは補正R2と表示されます。自由度修正済み決定係数は下の式で計算できます。ここで説明変数の数は$k = 2$、観測値の数は$n = 44$です。このことから、自由度修正済み決定係数は0.57954となることを確認してください。

$$\bar{R}^2 = 1 - \frac{n-1}{n-k-1}(1-R^2)$$
$$= 1 - \frac{44-1}{44-2-1}(1-0.5991) = 0.57954$$

次にパネルEを見てください。ここではすべての説明変数の係数が0であるという帰無仮説を検証するための$F$値を計算します。$F$値はExcelでは「観測された分散比」としてあらわされます。帰無仮説に対する$p$値がその横にある有意$F$です。ここで$F$値が次の式であらわされることを思い出してください。ここにあるように、分散分析表から$F$値が計算されています。$F$の有意水準がほとんど0であることから、すべての係数が0であるという帰無仮説が有意水準1%で棄却されるということがわかります。

$$F = \frac{\text{回帰平方和}(ESS)/\text{説明変数の数}}{\text{残差平方和}(SSR)/(\text{サンプルサイズ}-\text{説明変数の数}-1)}$$
$$= \frac{521178/2}{348730/41} = 30.637$$

### 練習問題

1. ファミリー企業とは、その名のとおり創業者一族が現在もオーナーであったり、経営にかかわったりしている企業です。ファミリー企業は、その他の企業と異なる行動をとっているのか、またファミリー企業とそれ以外の企業で業績がどのように違うのかということは近年、熱心に研究されているトピックです。

表は経済産業研究所（RIETI）のウエブサイトにある「ノンテクニカルサマリー　ファミリー企業はより優れた（劣った）マネジメント・プラクティスをとるか？」という記事からとったものです。この記事は、ファミリー企業とマネジメント・プラクティスの関係を分析した実証研究の結果をわかりやすい形で報告したものです。

それでは表を見てみましょう。被説明変数はマネジメント・プラクティスです。マネジメント・プラクティスとは企業が、望ましい経営管理のあり方をどの程度達成しているかという指標です。高い値ほど、優れた経営管理のあり方を達成しているということを意味しています。ここではファミリー企業はそれ以外の企業と比較して、優れた経営管理のあり方をしているかどうかを検証しています。

説明変数にファミリー企業をしめす３つの変数をとっています。それは創業家持株比率、取締役に占める創業家メンバーの割合、経営者持株比率です。

(1) 創業家持株比率などのファミリー企業をしめす３つの変数は、マネジメント・プラクティスにどのような影響を与えているでしょうか。

(2) この表で得られた結果の背後にどのようなメカニズムがあると考えられるでしょうか。いくつか解釈を考えてみてください。これは、表の結果を用いるのではなく、企業経営に対する自分自身の知識から考えてください。

**練習問題 図表** マネジメント・プラクティスの決定要因

| | (1) | (2) |
|---|---|---|
| 創業家持株比率 | 0.07**<br>(2.06) | 0.04<br>(1.11) |
| 取締役に占める創業家メンバーの割合 | −7.54<br>(−1.59) | −3.39<br>(−0.67) |
| 経営者持株比率 | −8.77**<br>(−1.99) | −11.94**<br>(−2.33) |
| 売上高利益率 | | 7.47**<br>(2.29) |
| 3年間の売上の変動係数 | | −5.76*<br>(−1.76) |
| 3年間の従業員数の変動係数 | | 0.51<br>(0.12) |
| 企業年齢 | | −0.04<br>(−1.45) |
| 売上高 | | 2.48E−06**<br>(2.02) |
| 定数 | 44.79***<br>(84.59) | 44.95***<br>(19.12) |
| 修正済み決定係数 | 0.01 | 0.06 |
| 観測数 | 499 | 444 |

(注) 業種ダミーを含んでいる。カッコ内は $t$ 値。有意水準：*：10%、**：5%、***：1%の有意水準をしめす。

(出所) 淺羽茂「ノンテクニカルサマリー　ファミリー企業はより優れた(劣った)マネジメント・プラクティスをとるか?」。http://www.rieti.go.jp/jp/publications/nts/17e052.html(2017 年 6 月 27 日閲覧)

2. 為替レートの変化はニュースなどで大きく取り上げられます。これは為替レートが企業の経済活動等に大きな影響を与えるからです。為替レートの変化による効果の 1 つがいわゆる空洞化です。すなわち、円高によって企業が海外進出をするという議論です。このことを確認するために、次の仮説を検証します。

円高によって企業の海外進出が増加する。

そこで、1996年1月から2015年12月までの毎月について企業の海外進出と為替レートのデータを集めました。海外直接投資のデータは財務省の国際収支状況（対外・対内直接投資）から得ています。為替レートのデータは日本銀行時系列統計データ検索サイトから入手しています。

このデータを含む表l6_2をウエブサイトからダウンロードしてください。この表を用いて為替レートが海外直接投資に与える影響をExcelなどで分析してください。円高のときに企業の海外進出が多いと考えてよいでしょうか。

3. この本のウエブサイトからfinancial_analysis.csvをダウンロードして用います。ここでは、外国人持株比率とROAの影響を分析してみたいと思います。次の2つの式をExcelなどを用いて計測し、1つの表にまとめてください。そのうえで、結果について簡単にコメントしてください。なお、$u$および$v$は誤差項です。

(1) ROA = $a_1 + b_1$売上高（対数値）$+ u$

(2) ROA = $a_2 + b_2$売上高（対数値）$+ b_3$外国人持株比率$+ v$

PART

# 2

# 自分の研究をはじめよう

いま、みなさんが「興味のあるテーマについて論文を書いてください」といわれたとします。このとき、どのようにテーマを選べばよいのでしょうか。そもそも、実証分析のテーマとはどのようなものでしょうか。研究を始めて、論文を完成させるまでのプロセスを研究プロジェクトといいます。研究プロジェクトでは、テーマを考え、先行研究を調べ、研究計画書を作成し、データを収集し、統計的な分析を行い、論文を完成させます。PART 2 では、このプロセスのそれぞれについて学びます。研究プロジェクトをどのように進めるのか、とくに企業データを用いた実証分析をどのように進めるのかについて説明している本は、いままであまり出版されていないのではないかと思います。この PART 2 を学ぶことで研究プロジェクトをどのように進めるのかを理解できるでしょう。

LECTURE 7

# 研究テーマの選び方その1
## 実証分析の典型的なパターン

### 1 はじめに

この章から第11章まではテーマの選び方、論文の書き方、先行研究の調べ方などについて説明します。これらの内容は統計学の教科書では通常触れられることはないのですが、データを分析し論文にまとめるためには不可欠のプロセスです。この本ではこのプロセスについて詳しく説明します。

この章および次章では論文のテーマの選び方についてお話をします。はじめて自分で論文やレポートのテーマをきめるときには、どのようにテーマを選べばよいのか、むずかしいと感じる人が多いと思います。また、ばくぜんと興味の対象ではあるもののその興味をどのようにテーマにすればよいか迷うことがあるでしょう。そのときにどのように研究テーマをきめるかに関して、いくつかのやり方を紹介します。ただし、テーマの決め方は人によって千差万別なので、ここで紹介するやり方はあくまでも一例にすぎないことは確認しておいてください。

この章では、2節と3節で、実証分析の典型的な2つのパターンについて学びます。2節では、企業の行動や環境が企業の業績に与える影響についての分析を紹介します。3節では、企業の環境や属性が企業の行動に与える影響についての分析を紹介します。企業データを用いた実証論文の多くは、これらのパターンのどれかに当てはまります。このパターンをきちんと理解していれば、論文のテーマをきめることはそれほどむずかしいことではありません。もちろん、パターンに当てはまらない論文も多いのですが、まずは典型的なパターンについて説明したいと思います。

この章の目的

- 企業データを用いた実証分析の典型的なパターンを理解する。
- テーマ選びは「$X$が$Y$に与える影響」の$X$と$Y$をきめることであるということを理解する。
- 被説明変数$Y$には企業の業績や企業の行動をしめす変数が入ることが多いことを理解する。
- 説明変数$X$には企業の行動や企業を取り巻く環境をしめす変数が入ることが多いことを理解する。

## 2 パターンその1:企業の行動・組織・環境が業績に与える影響

早速、典型的な実証論文がどのようなテーマを扱っているかを考えてみましょう。そもそもテーマとは何でしょうか。ここまで読んできた読者には明らかなように、実証論文の基本は$X$（説明変数）が変化しているときに$Y$（被説明変数）も変化しているかどうかを分析することです。テーマをきめるということは、基本的には$X$と$Y$に当てはまる変数を選ぶことと同じです。

企業データを用いた分析の場合は、企業の行動や業績が主な研究対象となります。実証分析における被説明変数としてもっとも典型的なものは企業の業績です。

企業の業績といっても利益、売上高、株価などいろいろな指標があります。どの指標が望ましいかは研究の目的にもよります。たとえば、同じ製品市場でライバル企業と競争しているときの広告の効果を検証したいのであれば、市場でのシェアやその製品の売上高が被説明変数として適切でしょう。企業のアナウンスに対する株式市場の反応を見たいのであれば、株価の変化に注目するのがよいかもしれません。価格戦略を考えているのであれば市場シェア、従業員への人的資源管理の施策を考えているのであれば、従業員の職務満足度や離職の意思も広い意味での業績と考えることができます。研究開発戦略を考えているのであれば、特許の件数や被引用回数も業績となるでしょう。企業の業績はどのように計測するのか、どのような種類があるのか、については第10章で説明します。

被説明変数は企業の業績としましょう。企業の業績を説明するものは何でしょうか。この質問が大きすぎるので一言では答えられないと感じるかもしれません。そのように感じるのは正しいことです。しかし、あえて一言で答えるとすると、企業の組織、行動そして環境ということができるでしょう。企業は目的を達成するために最適な組織を選択し、さまざまな行動をとります。また企業の行動や業績は環境に左右されます。ですから、説明変数は企業の組織、行動、環境ということになります。

たとえば、企業の行動の例としては合併があります。合併が業績に与える影響を分析するとしましょう。被説明変数が企業の業績、説明変数が合併をしたかどうかということになります。この場合、テーマは「合併が業績に与える影響」となります。

### さまざまな行動

このように説明変数に企業の行動をとり、被説明変数に企業の業績をとるのが企業のデータを用いた実証分析における代表的なパターンです。企業の行動には合併や多角化だけではなく、さまざまなものがあります。企業がどのような行動をとるかはどこを調べればよいのでしょうか。1つの手がかりは、経営学や経済学の教科書です。経営戦略論、人的資源管理論、マーケティング、企業金融論、会計学、国際経営、技術経営などの教科書を見れば、企業がどのような行動をとるかがわかります。図表7.1は、いくつかの企業行動の例をしめしたものです。これは網羅的なものではありませんが、この表を見ただけでも企業はいろいろな行動をとっていることがわかると思います。これらの行動のどれか1つを$X$として選び、企業の業績を向上させる効果があるのかを分析し

図表7.1　企業行動の例

**戦略にかかわるもの**

多角化、垂直統合、戦略的提携、海外進出、海外進出形態の選択（M&A、グリーンフィールド投資）、研究開発、間接部門のアウトソーシング

**組織や人事にかかわるもの**

組織形態の選択（機能別組織と事業部型組織）、雇用のリストラクチャリング、成果主義賃金などの新たな人事制度の導入、非正規雇用の活用、ワークライフバランスの推進、女性の活用、教育訓練、リーダー育成プログラムの導入

**ファイナンスにかかわるもの**

リスクテイク、設備投資や企業買収などの投資の意思決定、増資、社債の発行などの資金調達、配当や自社株購入などのペイアウトポリシー

**コーポレート・ガバナンスにかかわるもの**

執行役員制度や社外取締役の導入などの取締役会構成の変更、ストック・オプションの導入などの経営者インセンティブの変更、CSR 活動

**マーケティングにかかわるもの**

新しいキャンペーン、新製品の開発、価格戦略

ている研究は少なくありません。

大企業は大きな意思決定を行った際にはそのことを公表します。アニュアルレポートや有価証券報告書を見ることで、どのような意思決定がなされたかを知ることができます。企業の情報をどのように入手するかについては第 10 章であらためて説明することにします。

このようなことを考える際に、抽象的に考えるのではなく現実の企業を念頭に置いて考えることはとても重要です。図表 7.2 はソニーの 2013 年度のアニュアルレポートにまとめてあった大きな意思決定のリストです。まず、いくつかの買収が目を引きます。米国 EMI Music

図表7.2　2012年におけるソニーのさまざまな意思決定

○米国 EMI Music Publishing の買収
○シャープとの大型液晶パネルおよび液晶モジュール製造販売事業の合弁解消
○インドでのテレビネットワーク事業運営会社「マルチスクリーンメディア」の持分追加取得
○積層型 CMOS イメージセンサーの生産能力増強
○パナソニック（株）と次世代有機 EL パネルの共同開発の合意
○ケミカルプロダクツ関連事業の売却
○米国 Gaikai Inc. の買収
○ソネットエンタテインメント（株）を完全子会社化
○オリンパス（株）との資本提携合意にもとづく第三者割当（払い込み）完了
○オリンパス（株）との業務提携合意にもとづく医療事業合弁会社設立
○製造拠点の統廃合および組織構造の最適化と事業ポートフォリオの変革にともなう人員減
○2017 年満期ユーロ円建転換社債型新株予約権付社債の発行
○Sony Corporation of America 本社ビルの売却
○エムスリー（株）の株式の一部売却
○「ソニーシティ大崎」の敷地建物売却
○（株）ディー・エヌ・エーの株式の売却

（出所）ソニー「アニュアルレポート　2013」。
https://www.sony.co.jp/SonyInfo/IR/library/corporatereport/ar/a88tjn000001fvpp-att/2013.pdf（2020 年 10 月 8 日閲覧）

Publishing や米国 Gaikai Inc. を買収しています。また、パナソニックとの次世代有機 EL パネルの共同開発の合意やオリンパスとの業務提携による合弁会社の設立などの提携があります。逆にシャープとの合弁は解消しています。他にも人員削減、重要資産の売却などがあります。提携合意、提携の解消、人員削減が業績にどのような影響を与えるのかはたいへん興味深いテーマです。

このような企業の行動はどれも、最終的には企業の業績を向上させることを目的としてなされるものです。企業の業績を被説明変数、行動を説明変数として分析することで、これらの企業行動が期待した成果をもたらしているかを検証することができます。

### 企業の行動が業績に与える影響の例

合併・買収が企業の業績に与える影響に関する分析はいままでに多くなされてきています。ここではそのうちの1つを紹介しましょう。その前に、合併・買収が業績に与える影響をどのように分析すればよいのかを簡単に考えてみましょう。いちばん単純なのは、合併・買収を経験した企業とそれ以外の企業の業績を比較し、平均値の差の検定を行うことです。合併・買収が業績を向上させる効果があるとすると、合併・買収を経験した企業のほうが高い業績を達成するかもしれません。

合併・買収が企業の業績に与える影響を分析するための他の方法は、業績を被説明変数として、説明変数に「合併・買収を経験した企業は1、それ以外の企業は0」というダミー変数を含めることです。この場合、計測式は次のようになります。

$$\text{企業の業績} = a + b_1 \text{合併・買収} + b_2 \text{その他の変数} + u$$

被説明変数にROAなどの業績をとって回帰分析を行う際には、興味がある変数（この場合は合併・買収）以外に業績に影響を与える変数を複数含めることがよくあります。先行研究では、企業規模（総資産）、産業にかかわる変数などが含められています。

先行研究が上の式を計測していたとしましょう。次にこの研究を発展させることを考えます。そのための1つの方法は、すべての合併・買収を同じに扱うのではなく、タイプ別に分類することです。たとえば、「外国企業による買収」と「日本企業による買収」に分類したり、「同じグループ企業に所属する企業による買収」と「グループ外企業による買収」に分類したりすることができます。たとえば、図表7.2には「ソネットエンタテインメント(株)を完全子会社化」という項目があります。もともとソネットエンタテインメントはソニーの子会社でしたが、2013年1月1日にソニーの完全子会社となっています。このような例が同一グループ企業に所属する企業による買収と考えることができます。同一グループ企業内の合併・買収は企業グループ内の組織変更ですから、通常の合併・買収と性格が異なります。このことから業績に与える影響も異なるのではないかと考えることができます。

それでは、このような研究の例を紹介しましょう。日本企業を対象とする企業買収には外国企業による買収（Out-In）と日本企業による買収（In-In）があります。外国企業による買収と日本企業による買収が業績に与える効果は異なるのではないかという問題意識を持って、深尾・権・滝澤（2007）は分析しています。具体的には、サンプルの企業を買収されていない企業、外資に買収された企業（Out-In）、日本企業に買収された企業（In-In）、の3つのグループに分割しています。さらに、日本企業に買収された企業に関しては同一の企業グループに所属する企業による買収（In-In1）と、それ以外の買収（In-In2）に分類していますので、企業を全部で4つのグループに分割していることになります。彼らは回帰分析を用いてこれらの買収の効果に違いがあるかどうかを分析しています。

図表7.3は彼らの結果の一部です。彼らはいくつかの被説明変数を用いているのですが、ここではROAの変化（買収1年前から買収2年後までのROAの変化）および生産性の変化に注目しています。2つの被説明変数について製造業、小売・卸売業でそれぞれ分析していますので、4つの分析になります。表は4つの回帰分析の結果を1つにまとめたものです。

たとえばいちばん左の列を見てください。この列は、以下の内容をしめしています。

$$
\begin{aligned}
&\text{ROAの伸び} \\
&= \underset{(2.20)^{**}}{0.016}\text{Out-Inダミー} - \underset{(-1.42)}{0.005}\text{In-Inダミー1} + \underset{(-0.03)}{0.000}\text{In-Inダミー2}
\end{aligned}
$$

カッコ内は$t$値です。星印が2つついているものは5%水準で統計的に意味があるということをしめしています。もし、ある企業が外資による買収を受けていればOut-Inダミーは1となり、In-Inダミー1とIn-In

図表7.3　外資による買収の効果

| | 被説明変数 | | | |
|---|---|---|---|---|
| | ROAの変化 | | 生産性の変化 | |
| | 製造業 | 小売・卸売業 | 製造業 | 小売・卸売業 |
| Out-In ダミー | 0.016<br>[2.20]** | 0.041<br>[2.79]*** | 0.018<br>[2.08]** | −0.037<br>[−1.10] |
| In-In ダミー1<br>（グループ内） | −0.005<br>[−1.42] | 0.000<br>[0.09] | 0.005<br>[0.88] | 0.001<br>[0.08] |
| In-In ダミー2<br>（グループ外） | 0.000<br>[−0.03] | 0.003<br>[1.36] | 0.002<br>[0.69] | −0.001<br>[−0.07] |
| サンプルサイズ | 56840 | 29337 | 56840 | 29337 |
| $R^2$ | 0.424 | 0.490 | 0.268 | 0.234 |

（注）　カッコ内は $t$ 値。***、**、* はそれぞれ1%、5%、10%水準で有意であることをしめす。
（出所）　深尾・権・滝澤（2007）。

ダミー2は0となります。この結果から、外資による買収を受けた企業はそれ以外の企業と比較してROAの伸びが大きいということを読み取ることができます。

### 企業を取り巻く環境が業績に与える影響

企業の業績に影響を与えるのはその企業がとる行動だけではありません。たとえば、市場の競争環境は企業の利益率に大きな影響を与えると考えられます。一般に独占企業では企業の利益率が高い一方、競争が激しい市場では利益率が低くなりがちであると考えられています。すなわち、ライバル企業が多くなるほど利益率は低くなると予想できます。また、海外企業との競争も競争環境と考えることができます。輸入品のシェアがどれほど大きいのか、市場がどれほど開放されているか、といったように関係する論点はいくつもあります。

また、それぞれの企業を取り巻く環境も企業の業績に大きな影響を与えます。環境の代表的な例は法律などの社会的な制度です。法律などの社会制度が変化すると企業の業績が変化する可能性があります。2014年6月に会社法が改正されました。この改正では、企業が社外取締役を導入することを促しています。社外取締役の導入は企業の業績に影響を与える可能性があることを考えると、この改正は企業の業績に影響を与えると予想できます。

企業の業績を国際比較する際に法律や制度の影響は大きいと考えられます。法とファイナンス（Law and Finance）とよばれる分野では、英米法（Common Law）を起源とする経済圏（アメリカ、イギリスなど）と大陸法（Civil Law）を起源とする経済圏（ドイツ、フランス、日本など）の違いに注目しています。資本主義の多様性（Varieties of Capitalism, VOC）とよばれる分野では、いくつかの国をアメリカやイギリスなどの「自由な市場経済」(Liberal Market Economy, LME）とドイツや日本などの「コーディネートされた市場経済」(Coordinated Market Economy, CME）に分類して企業行動の違いを考えています。さらに、国ごとに文化の違いが企業に与える影響を分析することも広く行われています。そこでは個人主義、不確実性回避といった文化的な違いが企業に与える影響に注目しています。

それでは、競争環境について例を用いて、もう少し考えてみましょう。市場における競争の程度をあらわす代表的な指標は市場集中度です。それぞれの市場において、大手企業のシェアが大きいほど市場集中度が高くなります。上位３社が占めるシェアはCR 3、上位５社が占めるシェアはCR 5のようにあらわされます。CRとはConcentration Ratio（集中度）の意味です。公正取引委員会は、「生産・出荷集中度調査」において代表的な市場における出荷集中度を計測していました。先ほどから見ているように、集中度が高く、競争が弱い産業では利益率が高いのではないかと考えることができます。そこで、「集中度が高い産業では利益率が高い」というテーマを得ることができます。

小田切（1992）では、説明変数に集中度（CR）とその他の変数、被説明変数に超過利益率を用いた回帰分析を行っています。1964年のデータを用いた分析の結果は以下のとおりでした。

$$
\begin{aligned}
\text{利益率} = &-1.729 \quad + \quad 0.018\,CR + 0.19\,\text{広告比率} \\
&(-2.760)^{***}\,(2.489)^{**} \quad (3.034)^{***} \\
&+0.015\,\text{出荷額成長率} \\
&(0.431)
\end{aligned}
$$

カッコ内は $t$ 値をしめしています。第6章で見たように $t$ 値の絶対値が1.96を超えていれば、統計的に意味があると考えてよいということでした。ここでは、1%水準で有意な変数には星印が3つ、5%水準で有意な変数には星印が2つついています。市場集中率CRの係数はプラスで星印が2つついていますから、主力製品の集中度が高い企業ほど超過利益率が高いことが、この分析ではしめされています。

## 3 パターンその2:企業の行動の決定要因

代表的なパターンの2つ目は、企業の行動の決定要因を分析することです。パターンその1で見たように、企業は業績を向上させるためにさまざまな行動をとります。ある行動に注目し、どのような特徴を持つ企業がそのような行動をとるかを分析します。ここで気をつけるべきことは、ある企業にとって最適な行動が他の企業にとっても最適とは限らないということです。本業に加え異業種に進出する多角化を行うことが望ましい状況がある一方で、本業に集中することが望ましい状況もあります。このように「どの企業がこの行動(たとえば多角化)をとるのか」ということは典型的なテーマの1つです。

図表7.1および図表7.2をもう一度見てください。どのような企業がこれらの行動をとるのか、ということがここでのテーマになります。たとえば、図表7.2を見ると、ソニーは同じ年にシャープとの合弁を解消している一方で、パナソニックとの共同開発を開始しているようです。どのようなときに企業は他企業との連携を強化したり、やめたりしているのでしょうか。パナソニックとは共同開発の合意を行っている一方で、オリンパスとは資本提携を行っています。企業が他企業と連携を強化しようとしているときには、株式の取得等の資本関係の変化をともな

うときと、ともなわないときがあります。どのように使い分けているのでしょうか。また、ディー・エヌ・エーの株式を売却する一方で、ソネットエンタテインメントを完全子会社にしています。企業はどのようなときに企業の組織を売却したり子会社化したりするのでしょうか。

これらの行動の背後にどのような意図があるかについては、企業にかかわるさまざまな理論を考える必要があります。典型的には、企業を取り巻く環境や企業の属性が重要な決定要因です。企業を取り巻く競争環境、法律等の制度、文化などは企業の行動に影響を与えるでしょう。さらに、さまざまな企業の属性や施策が企業の行動に影響を与えると考えることもできます。たとえば、外国人持株比率が高い企業と低い企業を比較した場合、外国人持株比率が高い企業のほうが女性の活用に積極的であるという考えがあります。また、CEO が女性の場合と男性の場合で企業の行動が異なってくるのではないかという考え方もあります。これらのそれぞれが、研究テーマとなります。

なお、「ある行動をとるかどうか」を分析する場合、被説明変数は「ある行動をとる確率」ということになります。分析に際しては被説明変数が 0 か 1 かのダミー変数になります。OLS でも分析は可能ですが、一般にはロジット分析とよばれる手法がよく用いられます。ロジット分析については第 13 章で説明します。ここでは、被説明変数が 0 か 1 で、確率をあらわしていると考えておいてください。早速いくつかの例を見てみましょう。

### ▸取締役会改革の決定要因

コーポレート・ガバナンスを分析する際に、取締役会のさまざまな特徴が注目されてきました。そのうちの 1 つが取締役会の規模、すなわち取締役の人数です。伝統的に、日本企業は取締役の人数が多いことで知られていました。たとえば 1997 年にはトヨタ自動車には 56 人の取締役がいました。取締役会は企業の重要な問題についての活発な議論の場であることが期待されています。取締役が 56 人もいると、十分な議論を行うことはむずかしいのではないかと考えることができます。この

図表7.4　取締役会改革の決定要因

| | 被説明変数：取締役会改革を行う確率 | |
|---|---|---|
| 説明変数 | 第１式 | 第２式 |
| １年前の ROA | −8.503<br>[3.75]* | −8.717<br>[4.38]* |
| １年前の取締役の数 | 0.017<br>[0.012] | |
| ２年前の取締役の数 | | 0.043<br>[0.014]** |
| 定数項 | −2.193<br>[0.36]** | −2.911<br>[0.41]** |
| サンプルサイズ | 542 | 396 |

（注）　カッコ内は標準誤差。** は 1%、* は 5%水準で有意であることをしめす。
（出所）　久保（2009b）。

ような状況を改革しようとして多くの企業が取締役会改革を行ってきました。先鞭をつけたのはソニーで 1997 年に取締役の数を大幅に削減しています。このような流れを受けてトヨタも 2003 年に取締役数を 58 人から 26 人に削減しています。このように 2000 年以降、執行役員制度を導入するという形で多くの企業が取締役会改革を行いました。さらに 2015 年のコーポレートガバナンス・コード導入の前後に多くの企業が再び取締役会改革を行っています。ここでは社外取締役の導入が焦点でした。トヨタは 2013 年にはじめて社外取締役を導入しています。

図表 7.4 は取締役会改革の決定要因を分析した研究の一部をしめしています。ここでは、どのような企業が執行役員制度を導入し取締役会改革を行ったかをしめしています。この分析の対象は日経 225 株価指数に採用されている企業で 1999 年から 2006 年のデータを用いています。この分析に興味がある人は久保（2009b）を見てください。この分析の被説明変数は取締役会改革を行う確率です。説明変数は 1 年前の ROA と取締役の数です。取締役の数は 1 年前と 2 年前のそれぞれについて分析しています。この表には 2 つの分析結果がしめされています。

カッコ内は標準誤差です。

第1式でも第2式でも1年前のROAは負で有意になっています。このことは、「業績の悪化した企業は業績を改善するために取締役会改革を行う」という考え方と整合的です。また1年前の取締役の数の係数は有意ではありませんが、2年前の取締役の数は正で有意です。このことは、「取締役が多い（取締役会改革の必要性が高い）企業では取締役会改革を行う」という考え方と整合的です。

### 女性の活用

女性の活用は日本経済の重要な課題の1つです。たとえば、管理職の女性比率などで見た社会進出の指標によると、日本では女性の社会進出が諸外国と比較して遅れていることがわかります。なぜ、女性の社会進出が進まないのか、というのはたいへん重要なトピックです。

ここでは、企業の女性活用について考えてみましょう。どのような企業で女性が活用されているのでしょうか。山本（2014）は被説明変数に正社員女性比率、説明変数に男性の離入職率その他の変数をとって分析しています。ここでの考え方は雇用の流動性の高い職場では女性を活用するのではないかということです。分析結果の一部が以下にしめされています。ここでは雇用の流動性をあらわす変数として男性の離入職率が用いられています。なお、この分析はパネルデータ分析とよばれる分析手法を用いて行われていますが、いまのところはそのことは気にせずに読み進めてください。

$$\begin{aligned}\text{正社員女性比率} = \underset{(0.005)^{**}}{0.204} &+ \underset{(0.03)^{+}}{0.05}\ \text{男性離入職率} \\ &\underset{(0.002)^{+}}{-0.003}\ \text{「2011年ダミー」}\end{aligned}$$

カッコ内は標準誤差、**は1％水準で有意、+は10％水準で有意であることをしめしています。この式から、雇用の流動化が進んでいる企業ほど正社員に占める女性の比率が高いことがわかります。なお、企業において女性がどのように活用されているかについては日本には良質のデータが存在します。詳しくは第 10 章で説明します。

このように、企業の行動がどのように決定されるかを分析するのが代表的なテーマです。もう一度図表 7.1 および図表 7.2 を見てください。これらの行動を 1 つ取り上げ、どのような企業がその行動をとるか、ということを分析することは研究テーマとなりえます。

## 4 おわりに

この章では、企業データを用いた実証分析における典型的なパターンをいくつか紹介しました。これらのパターンを見て気づいた人も多いと思いますが、これらのパターンを応用することでさまざまなバリエーションを考えることができます。これらのパターンについても簡単に触れておきましょう。

この章では企業単位のデータを用いている研究を主に紹介しているのですが、個人のデータを用いた研究もよく行われます。たとえば、賃金、所得、昇進、満足度などの決定要因に関する分析も行われています。この場合、説明変数が個人の属性や行動となり、被説明変数が賃金などになります。属性とは、たとえば学歴、年齢、男女、趣味など個人に係るさまざまな変数です。

賃金が高い人はどのような人なのか、ということは昔から多くの研究がなされてきています。また、労働市場において女性差別が行われているのではないか、ということはしばしば指摘されます。被説明変数に賃金、説明変数に女性ダミーをとって回帰分析すればこのことを分析することができます。その他にも、理系と文系で賃金がどのくらい異なるかに注目した分析など関連する論文は多くあります。被説明変数としては、たとえば昇進昇格をとることもあります。有名大学を卒業するほうが大企業の社長になりやすいのか、製造業では理系のほうが社長になりやすいのか、というような分析が考えられます。

## 練習問題

1. 最低賃金とは、「これ以下の賃金を支払うことは違法である」という賃金の額で都道府県別で定められています。最低賃金で働いている労働者にとって、一般に最低賃金が上昇することは望ましいと考えることができます。一方、最低賃金で人を雇用している企業から見ると、最低賃金が上がると労働費用も増加します。このため雇用が減少したり、企業の利益が減少したりするのではないかと考えることもできます。最低賃金で雇用されている労働者の雇用を守るために、最低賃金を上昇させないほうがよい、という議論もありえます。

   このような議論を行う際に重要なのは、それぞれの議論の根拠にどれくらい実証分析の根拠があるかということです。このような観点から行われている森川（2013）の研究の結果の一部は以下のとおりです。なお、従業員数（対数値）とは、従業員数そのものではなく、従業員数の対数値をとったものです。対数については第 12 章で説明しています。

$$\text{企業の利益率} = \underset{(0.015)}{-0.0538}\text{最低賃金} + \underset{(0.0007)}{0.0048}\text{従業員数(対数値)}$$

   カッコ内は標準誤差

   この式から、最低賃金と利益率の間にどのような関係を読み取ることができるかについて説明してください。

2. 新規参入が容易な市場では、新規参入が相次ぎ競争が激しくなるため結果的に利益を上げることがむずかしいと考えることができます。逆に鉄道や銀行業、医薬品のように参入がむずかしい産業では、利益率が高くなります。規模の経済がある場合も新規参入企業は既存の大企業と競争することがむずかしくなります。

   このような考え方から参入障壁と利益率の間に関係があるといわれることがあります。すなわち、参入障壁が高い企業では利益率が高いのではないかと考えることができます。では、参入障壁が利益率に与える影響について実証的に検証してみたいと思います。どのように検証すればよいでしょうか。

(1) 広告費、研究開発費、特許件数などは企業の参入障壁をあらわす指標として使用されることがあります。これらの変数がなぜ参入障壁の変数として使用されるのかを考えてみてください。

(2)「参入障壁が高い企業では利益率が高い」という仮説を分析するための回帰式がどのようになるかを説明してください。

LECTURE

# 8

# 研究テーマの選び方その 2

## 問題意識から研究テーマへ

### 1 はじめに

前章では、研究テーマの典型的なパターンを紹介しました。自分の興味のある内容を、前章で説明したパターンに応用することで研究テーマを設定することができます。では、具体的にどのようにテーマの選定を行えばよいのでしょうか。この章では、いろいろな手がかりから研究のテーマを絞り込む方法について説明します。たとえば、経営学や経済学の理論からスタートするやり方、ニュースからスタートするやり方などがあります。

しかし、このことについて説明する前に知っておくべき重要な概念があります。それは「問題意識」という言葉です。問題意識とは、一般のビジネスパーソンも含めて多くの人が興味を持っている質問のことです。「優秀な人を採用するためにはどうすればよいか」「海外に進出して成功する企業はどのような特徴を持っているのか」「トヨタ自動車はなぜ高い利益率を維持できるのか」といった質問が典型的な問題意識です。これらの質問は重要ですが、そのまま分析に結びつけることは容易ではありません。

この章ではまず、問題意識をどのように研究テーマに結びつけるかについて説明します。次に、「ニュースからテーマを考える」「日本企業の特徴は何か」「経営学や経済学の理論は現実をどのくらい説明できるのか」という観点から、どのように問題意識を探すかについて考えてみたいと思います。

問題意識から具体的な研究テーマを考えるためには適切な先行研究を

発見することが不可欠です。ここでいう適切な先行研究とは、興味深く、かつ自分でもある程度、再現できそうな先行研究ということです。どんなに興味深い論文でも、特殊なデータを使用している場合には再現することができません。高度な分析手法を使用している場合にも再現することはできないかもしれません。先行研究がなぜ重要か、どのように探すのかについては第9章で詳しく説明します。

この章の2節では、問題意識をどのように具体的に研究テーマに結びつけるかについて説明します。その次の3節では、ニュースや現実の企業の行動から問題意識をどのように探すかについて解説します。4節では、「日本企業の特徴は何か」という問題意識から研究テーマを考えます。さらに5節では、「企業は経営学や経済学の理論どおりに行動しているのか」という問題意識について考えます。

**この章の目的**

- 問題意識をどのようにきめ、問題意識をどのように研究テーマにつなげるかを理解する。

## 2 問題意識から研究テーマへ

問題意識とは何かをもう少し考えてみましょう。トヨタ自動車は日本を代表する企業です。規模が大きいだけではなく、長年にわたり高い利益率を達成してきました。トヨタ自動車はなぜ高い成長率や利益率を維持できているのでしょうか。このことをいいかえると「トヨタ自動車の成功の秘訣は何だろうか」という疑問になります。このような質問は問題意識です。

問題意識は抽象的でもかまいませんが、研究テーマは具体的である必要があります。研究テーマが具体的であるとは、被説明変数も説明変数も実際に定義ができて、かつ観察可能であるということです。どんなに面白い概念でも観察可能でなければ実証的に分析することはむずかしくなります。たとえば「経営者の性格」は重要ですが、観察することは容易ではありません。

では早速、例を用いて問題意識から研究テーマを考えましょう。2008年前後にいわゆるリーマンショックとよばれる世界経済危機が発生しました。そのとき、新聞やメディアにはアメリカ企業のあり方に対する疑問が多く提示されました。そのような議論によると、金融機関に代表されるようなアメリカ型の資本主義そのものが限界を迎えているとのことでした。「アメリカ型の資本主義の有効性が弱まっているのか」というのは立派な問題意識です。ただし、この問題はたいへん興味深いのですが、大きすぎて具体的に分析することができません。そこで、もう少し具体的な要素について考える必要があります。

「アメリカ型の資本主義の有効性が弱まっているのか」という問題意識は、アメリカ型の資本主義についての問題です。では、アメリカ型の資本主義の特徴とは何でしょうか。一口にアメリカ型の資本主義といっても、さまざまな要素があります。アメリカ型の資本主義の特徴として、ある人は長期の利益や成長ではなく、短期的な利益をもとめる傾向が強いことを指摘するでしょう。多額のストック・オプションを受け取った経営者が目先の株価を重視するため、短期的な業績をもとめる傾向にあるのではないかという話もメディアを通じてなされています。他の人は、経営者は巨額の報酬を受け取る一方で一般の従業員の賃金が伸びていないことに象徴されるような所得格差の大きさについて説明するかもしれません。これらのことは論文のテーマを考える手がかりになります。

では、具体的な問題を考えてみましょう。いろいろな手がかりのなかでストック・オプションに注目してみましょう。ここでいうストック・オプションとは経営者に対する報酬の仕組みの1つです。ストック・オプションを与えられた経営者は株価に敏感になります。このことから、多額のストック・オプションを付与された経営者は目先の株価に過度に注目するために長期的な視野を持てなくなっているということを考えることができます。ここでは説明変数$X$がストック・オプションで、

被説明変数 $Y$ は長期的な視野を持つかどうかです。このことを実証的に分析すればよいのですが、ここで問題となるのが、長期的な視野を持っているかどうかを実証的にどのようにしめせばよいのかということです。

自分の興味があることを観察できないことはよくあります。そのときには、自分の興味があることに関連する変数を探すことで分析を行うことがあります。たとえば企業が「長期的な視野を持っているか」について考えましょう。このことは外部から直接観察することはできません。たとえば、企業が新規事業をはじめるというニュースを見たとしても、その決定が長期的な考えで行われたのか、短期的な考えで行われたのかはわかりません。そこで、関連する変数を探すことになります。企業はさまざまな行動をとりますが、長期的な視野を持った企業のほうが行う傾向の強い行動がいくつかあります。典型的な例が設備投資や研究開発投資です。研究開発投資が企業にリターンをもたらすには時間がかかります。このような行動をとる企業は長期的な視野を持つ傾向にあると考えてよいでしょう。

長期的な視野については、研究開発投資を変数として使用してよいのではないかと考えました。そこで研究テーマは「経営者へのストック・オプションの付与が研究開発投資に与える影響」となります。説明変数 $X$ が企業のストック・オプションで被説明変数 $Y$ が研究開発投資額となります。この場合、ストック・オプションを導入している企業ほど研究開発投資を行わないということが予想されます。

研究開発投資額は企業の財務データから入手することが可能です。ある企業がストック・オプションを付与しているかどうかは、大企業の場合データを入手することができます。ストック・オプション制度を持っている企業は有価証券報告書等で、そのことを明示的にしめしています。これらのデータを用いて分析を行うことができます。回帰分析を行う際の計測式は次のようになります。

$$\mathrm{R\&D} = a + b_1 \text{ stock option } + b_2 \text{ その他の変数} + u$$

ここでR&Dは研究開発支出、stock optionは企業がストック・オプションを付与しているかどうかをしめすダミー変数です。

ここではストック・オプションが研究開発投資という行動に与える影響を考えました。もちろん、ストック・オプションが影響を与えるのは研究開発投資だけではありません。その他にどのような行動に影響を与えると予想できるのか、また企業の業績にはどのような影響を与えるかを考えてみましょう。研究開発投資に興味がある人はたとえば後藤ほか(2002) を参照してください。

## 3 問題意識の探し方 1：ニュースやケースから考える

問題意識を考える方法はいくつかあります。ここでは3つの方法を紹介します。1つはニュースから考える方法です。新聞、雑誌などのメディアを見ると企業や業界に関するさまざまなニュースが流れています。企業について考えるうえで、どのような企業がどのような行動をとっているのかというニュースを知ることはよい勉強になります。また、企業が発表するアニュアルレポートなどもよい題材です。では、まず例を見てみましょう。

ソニーはVAIOというブランドでパーソナル・コンピューター事業を展開してきました。しかし、その事業を日本産業パートナーズに売却することを2014年2月6日に発表しました。このニュースを見てどのようなことを考えるべきでしょうか。このようなニュースを見たときにはまず「なぜ、その企業はその行動をとったのだろうか」という質問を考えてみましょう。この質問に対してはたくさんの答えがありえます。もっとも単純な答えは、「業績を向上させる」ということです。これに対しては、「では、本当に売却が業績の向上につながるのか」という質問が考えられます。さらに、「どのような企業がこのような行動をとるべきなのか」ということを考えてもよいでしょう。ある部門の業績がふるわないときに、企業としては、投資を行うなど資源を投入して回復させようとすることもありますし、売却することもあります。さらに、その事業自体をやめてしまって、従業員や施設を他の事業に回すこともあるでしょう。どのようなときに、資源を投入すべきなのでしょうか。また、どのようなときに売却を考えるべきなのでしょうか。

このように企業に関するニュースを見るときに、いろいろと考えることは研究という点から役に立ちます。ニュースを見る際に、とくに考えるべき質問は下にまとめてあります。

**ニュースを見るときに考えるべき質問**

- この行動はその企業の業績にどのような影響を与えるだろうか。
- どのような特徴を持つ企業がこのような行動をとりやすいのだろうか。
- この行動は、経営学や経済学の理論ではどのように説明できるのだろうか。

## 4 問題意識の探し方 2:日本企業の特徴は何か

問題意識の探し方について別の観点を紹介しましょう。それは、「日本企業の特徴は何か」という質問です。この質問は日本企業を研究する際の典型的な問題意識といえます。「日本的経営」という言葉を聞いたことがある人もいると思います。この言葉は、文字どおり、日本企業で広く観察することができる一般的な特徴があること、その特徴は他の国の企業とは異なっていることをしめしています。

では、あらためて考えてみましょう。日本の大企業はアメリカの大企業と比較してどのような特徴を持っているのでしょうか。日本企業について、とくに大企業についてさまざまな特徴があると考えられてきました。これらの特徴はたとえば、系列取引、メインバンク制度、長期雇用、年功賃金などです。これらの特徴が本当にデータから確認できるのか、このような特徴を持っている企業はそれ以外の企業と比較して業績はどうなっているのか、ということは日本だけではなく世界的にも大きな注目を浴びてきました。

日本企業がどのような特徴を持っているかを知ることは企業の意思決定や政策決定にとって、とても重要です。新聞や雑誌等で、しばしば、次のような指摘を見ることがあります。

「日本企業の特徴は（A）であるが、このような状況は問題である。それは（A）という特徴を持つ企業は、（B）という特徴を持つ企業と比較して業績が低いためである。企業はもっと（A）から（B）に変化するよう努力しなければならない」

たとえば（A）には「株主価値を軽視すること」「意思決定に時間がかかること」「外国人社員や女性をうまく活用できないこと」「ITの活用が遅れていること」などが入ります。また、「企業が（A）から（B）に移行できるよう、政府は（C）という政策を導入する必要がある」という主張もよく見かけます。（A）には長期雇用の慣行、（B）には中途採用を積極的に活用する人材政策、（C）には雇用の流動化を促進する政策や、企業年金を受け取る権利を持ち運び可能にすること（年金のポータブル化）などが入るかもしれません。上の文章の（A）、（B）、（C）にはいろいろな組み合わせがありますが、すべて同じ構造を持った主張と考えることができます。このような主張が正しいのか、どの程度の根拠を持ってこういった主張がなされているのかを確認せずに賛成や反対をすることは、あまり意味がありません。データを分析することによって現状を正しく把握することができます。

日本で普段生活していると、日本企業や日本経済について自分がよく知っていると考えがちです。しかし、私たちが思っている日本企業の実態が本当に現実の日本企業の姿をあらわしているとは限りません。データ分析で得られた知見がいわゆる通説と異なることもしばしばあります。みずから検証することで日本経済や日本企業について正しく理解できるようにもなります。

### 例：企業系列から研究テーマを考える

「日本企業の特徴は何か」「その特徴は企業の業績にどのような影響を与えているのか」という問題は繰り返し議論されてきました。ここではそのうち、企業系列について考えてみましょう。

系列という言葉にはいろいろな意味がありますが、ここでは、三菱、三井、住友のような旧財閥系の企業集団に所属している企業という意味で用いた例を考えます。このような企業グループはどのように考えればよいのでしょうか。複数の事業にグループ企業が進出することで範囲の経済を達成できる可能性があります。また、グループ内の1つの企業で問題が発生した場合や、新規事業に進出する際に他のグループ会社の支援を得ることができる可能性もあります。これらはどちらかといえば企業グループのよい面に注目した考え方といえます。一方、これらのグループは否定的に見られることもあります。企業の業績がよくない場合でもグループ企業の支援により存続できてしまうため、結果的に非効率な事業が残ってしまうかもしれません。部品を調達する際にグループ企業からの調達を優先するために、最適な部品を使用できないかもしれません。このように企業系列については、異なる見方がなされてきました。

企業系列が企業の業績や効率性に与える影響について異なる見方があることを紹介しました。それではここから研究テーマを考えてみましょう。まず、考えつくのは企業系列に所属している企業と、所属していない企業の業績が異なるのではないかということです。研究テーマとしては「企業系列への所属が業績に与える影響」ということになります。被説明変数としては、企業の業績、説明変数としては企業系列に所属しているかどうかということです。回帰分析を行う際は、次の式を計測することになります。

$$\mathrm{ROA} = a + b_1 \text{企業系列ダミー} + b_2 \text{その他の変数} + u$$

ROAは総資産利益率、企業系列ダミーは企業系列に所属していれば1をとるダミー変数です。計測された係数がプラスで統計的に有意であれば、企業系列に所属している企業は高い業績を達成していることをしめしています。企業系列に関しては、メインバンクとの関係で多くの分析が行われてきました。堀内・花崎（2000）、広田・宮島（2001）、広田・堀内（2001）などが分析しています。

## 5 問題意識の探し方 3：理論は企業行動をどの程度説明できるのか

経営学や経済学の教科書を読むと、企業の行動や組織に関していろいろな理論が紹介されています。現実の企業は、本当に教科書の理論で想定しているとおりに行動しているのでしょうか。また、教科書の理論で効率的であると説明されているような行動をとった企業は高い業績をあげているのでしょうか。このことを検証することはしばしば行われています。

企業が成長をするためには設備投資が必要です。どのような企業が設備投資を行うかに関しては、いくつか理論があります。そのうちの1つがトービンのQの投資理論です。トービンのQは時価総額を総資産で割ったものですが、この理論によるとトービンのQが大きい企業ほど設備投資を行うと考えられます。この理論に依拠した研究は多くなされてきました。これらの研究では、以下の式を計測しています。

$$\text{設備投資} = a + b_1 \text{トービンのQ} + b_2 \text{その他の変数} + u$$

では、計測した例を見てみましょう。早稲田大学商学部で私のゼミに所属していたIM君は卒業論文で、設備投資の研究を行いました。彼はこの分析を行うために日経225株式指数に含まれている企業から金融と電気・ガスを除いた企業をサンプルにして2008年から2012年のデータを集めています。被説明変数は設備投資で、説明変数にはトービンのQが含まれています。その結果の一部は以下のとおりです。その計測ではここにしめした以外の説明変数も含まれていますが、それらの係数などは省略しています。

$$設備投資比率 = \underset{(7.716)^{***}}{0.145} + \underset{(2.268)^{**}}{0.081Q} + \underset{(1.61)^{*}}{0.063経営者年齢ダミー}$$

$$+ \underset{(2.445)^{***}}{0.095外国人持株比率}$$

設備投資比率は設備投資額を資本ストックで割ったもの、Q はトービンの Q、経営者年齢ダミーは経営者が平均よりも若ければ 1 をとるダミー変数、外国人持株比率は文字どおり、外国人株主による企業の株式保有比率をしめしています。カッコ内は *t* 値です。ここでは***、**、*はそれぞれ 1%、5%、10% 水準で統計的に有意であることをしめしています。ここでは、トービンの Q の係数がプラスで統計的にも 5% 水準で有意です。ここから、トービンの Q が大きい企業ほど設備投資額が多いということがわかります。なお、この計測では経営者が若いほど設備投資額が大きいこと、外国人による持株比率が高い企業ほど設備投資額が多いこともわかります。設備投資に関しては多くの実証研究があります。興味がある人は福田ほか（2007）を見てください。

## 6 おわりに

この章では、問題意識から研究テーマをどのように導くのかということを紹介しました。その際に、問題意識をどのように得るかについても説明しました。企業行動に関する新聞記事から考えるやり方、日本企業の特徴から考えるやり方、経済学や経営学の理論から考えるやり方を説明しました。研究テーマや問題意識の探し方は人それぞれです。ここでは、私が考える典型的な方法を紹介したのですが、これらのやり方だけにこだわることはありません。他の論文などを参考に自分でもいろいろと考えてみるようにしてください。

## 練習問題

1. 2006年の次のニュースを読んでください。このニュースを読んでどのような研究テーマが得られるかを考えてみましょう。ニュース記事の後に解説があり、その後に設問があります。

> 総菜店チェーン、オリジン東秀にドン・キホーテが仕掛けた敵対的買収は、十日、TOB（株式公開買付け）が成立せず失敗に終わった。30.92％の保有株は「ホワイト・ナイト(白馬の騎士)」として友好的TOBを実施しているイオンに売却する公算が大きい。
>
> (中略)
>
> ドン・キホーテがイオンに保有株を譲渡すればイオンのTOBの成立はほぼ確実だ。全株取得には約550億円が必要な計算だが「不振の総合スーパーの総菜部門にオリジンのノウハウを取り入れるなど、相乗効果は大きい」（岡田元也社長）と見込む（「オリジン買収合戦　イオン主導で収束へ」『日本経済新聞』2006年2月11日)。

オリジン東秀は記事にもあるように持ち帰り用のお弁当を販売するオリジン弁当を運営する企業です。イオンはいうまでもなく、イオンモールのようなショッピングセンターも展開する大手スーパーマーケットチェーンです。

このようなニュースを見るときに考えるべきいくつかの質問を想定することができます。まず、「この行動はその企業の業績にどのような影響を与えるのだろうか」という質問です。企業の業績をどのように計測するかは別の章で詳しくお話ししますが、買収に関しては、株価の反応を見ることがよく行われます。そこで、イオンのオリジン弁当の買収が株価に与える影響を分析することが考えられます。この場合「イオンのオリジン弁当買収が株価に与える影響」ということになります。

イオンはなぜ、買収を行ったのでしょうか。もちろんイオンはこのことが業績を向上させると考えて行っているはずです。なぜ、オリジン弁当を買収することが業績の向上につながると考えられるのでしょうか。イオンから見て、オリジン弁当はどのような存在でしょうか。イオンモールを展開する商業施設のデベロッパーとしては、オリジン弁当はテナントとしてとらえることができるでしょう。今後、「イオンモールを展開する際に集客力の強いオリジン弁当のようなテナントがあると、成長を促進するかもしれません (1)。」

このニュースをテナントの観点から見てみましょう。ショッピングセンターのテナントとなる店舗を運営する企業にとって、ショッピングセンターのデベロッパーに買収されることにはメリットがあります。イオンモールのように集客力の強いショッピングセンターにテナントを出店することが容易になります。しかし、イオンの傘下に入ることにより、ライバルのセブン＆アイ・ホールディングスが運営するアリオなどのショッピングセンターにテナントとして入ることがむずかしくなるかもしれません。この意味で、テナントとなる店舗の運営企業にとって、ショッピングセンターを運営するデベロッパーに買収されることがよいことかどうかは実証的に確認する必要があります (2)。

新聞記事を読むときに、関連する記事を探してみて比較することはたいへん有益です。イトーヨーカドーやセブン - イレブンを運営するセブン＆アイが通信販売のニッセンホールディングスを買収したニュースを見てみましょう。

> セブン＆アイ・ホールディングス（HD）は2日、通販大手のニッセンホールディングスを買収すると発表した。（中略）セブン＆アイは全国約1万7000の店舗網とインターネットを組み合わせた「オムニチャネル」を新たな事業モデルに掲げており、ニッセンHDの顧客基盤やネット通販の

ノウハウなどを生かす。（中略）セブン＆アイはTOB完了後に代表権を持つ取締役などをニッセンに派遣する。そのうえで、グループのネット戦略の中核となるセブン＆アイ・ネットメディアを中心に、ニッセンの約3200万人の顧客基盤やネット通販のノウハウ、ニッセン傘下のギフト販売大手、シャディの店舗網なども生かしてオムニチャネル戦略を進める（「セブン＆アイ、ニッセンを買収」『日経MJ（日経流通新聞）』2013年12月4日）。

この記事にあるように、セブン＆アイがニッセンを買収した目的はインターネット通販のノウハウを吸収し販売チャネルを充実させることとしています。Amazon.comのようにインターネットを通じて販売する企業がある一方で、セブン＆アイはどちらも追求することを目指しているようです（3）。

以上の文章の問題意識から研究テーマを考えたいと思います。下線部（1）～（3）の3つの問題意識から1つ選び、どのような研究テーマが考えられるかをしめしてください。また、その場合、被説明変数、説明変数はそれぞれ何を用いればよいでしょうか。

2. 企業が海外に進出する際の手段として海外でのM&Aを行うことがあります。対外M&Aに関して『通商白書2012』の「第3章　我が国企業の海外事業活動の展開」のなかの「(3) 海外事業活動の展開～増加する対外M&Aと今後の課題」（pp. 282-285）を読んでください。この文書は以下のウエブサイトからダウンロードすることができます。そのうえで以下の問いに答えてください。

『通商白書2012』 http://www.meti.go.jp/report/tsuhaku2012/

(1) 企業はなぜ海外でM&Aを行うのかを簡単に説明してくだ

さい。その際にグリーンフィールド投資（何もないところから支店・支社・工場などの拠点をつくる）や、国内でのM&Aと比較して考えてみてください。

(2) 日本企業による海外でのM&Aを被説明変数として分析する際に、為替レート以外に適切な変数をいくつかあげてください。企業別に得られる変数も国や産業単位で得られる変数のどちらも考えてみてください。特定の企業や産業にのみ当てはまる変数でもかまいません。

LECTURE

# 9

# 先行研究の検索

## どのような貢献ができるかを考える

### 1 はじめに

この章では先行研究の探し方、および先行研究からどのように研究テーマを考えるかについてまとめます。実証研究を行う際に適切な先行研究を探し参照することは不可欠です。そこでまず、なぜ先行研究を参照することが大事なのかということを説明します。

学術論文を書く際に、この論文の貢献（contribution）は何かということを明らかにすること、そしてこの論文が過去の大きな研究の流れのなかのどこに位置するのかを明示することはとても大事です。「先行研究ではここまでがわかっており、ここまでがわかっていない」ということが明らかになれば、次にどのようなことをすべきかについても考えることができます。

この章の２節では、なぜ先行研究が重要なのか、どのように先行研究を探すのかについてまとめています。重要な先行研究については詳細なノートを作成することがよいでしょう。このことは、論文を執筆する際に役に立ちます。３節では先行研究をどのようにノートにまとめるかについて例をしめしています。４節では先行研究を発展させる形で新たに研究テーマを探す方法を考えます。

先行研究をいろいろと調べて、まだ明らかになっていない研究テーマがいろいろと思い浮かんだとします。次に考えるべきなのは、ではどのような研究テーマがよいテーマなのか、ということです。５節と６節では、どのような論文がよい論文なのかということについて考えます。そこでは、新しさと面白さの２つの側面に注目します。

この章の目的

- なぜ先行研究を参照することが重要なのかを理解する。
- 適切な先行研究を探し、ノートにまとめることができるようになる。
- 論文の貢献は何かということを理解する。

## 2 先行研究を探して仮説を設定する

研究テーマを選ぶ際には先行研究を検索することが不可欠です。適切な先行研究を発見することは研究の重要なステップです。先行研究はなぜ大事なのでしょうか。いくつか理由があります。まず、先行研究の確認は自分の貢献を明らかにするために必要です。先行研究をきちんと確認しないと「何がいままでわかっていたのか」「何がいままでわかっていなかったのか」ということがわかりません。そのうえで、明らかになっていないことをこの研究でしめす、ということができれば自分の論文の貢献がはっきりします。

先行研究を参照することで、自分の研究が過去の大きな研究の流れのなかにどのように位置づけられるのかを説明することができます。このことは論文をまとめる際に、とても大事です。たとえば、女性取締役が企業の業績に与える影響について分析したいと考えているとしましょう。この研究はコーポレート・ガバナンスに関する多くの研究の1つに位置づけることができます。コーポレート・ガバナンスの大きな研究の流れのなかで取締役会の構成が企業の行動や業績にどのような影響を与えているかについて多くの研究がなされてきています。女性取締役比率について研究する際にはこのような流れについて理解している必要があります。また、このような流れを理解していれば、どのようなデータについてどのような分析を行えばよいかについても自然に理解することができるでしょう。

テーマの実現可能性を考える際にも先行研究を確認することが必要に

なります。データが入手できなかったり、仮説の中心にある概念を変数としてしめすことができなかったりする場合には分析を行うことができません。また、従業員や消費者の行動について個人レベルのデータは入手が容易ではありません。自分が考えているテーマについてデータを用いて分析している先行研究があれば、どのようなデータが入手可能か、どのようなデータでどのような分析が可能かを知ることができます。

また、実際に分析においてお手本とするためにも先行研究は必要です。研究をする際に、データを収集し、回帰分析を用いてデータから変数の関係を分析します。この分析に際して、さまざまな判断を行う必要があります。自分でよりよい手法を考え出すことはもちろんよいことですが、その際でも先行研究と同じ手法で分析した結果を提示することも大事です。

### 先行研究の探し方

先行研究はどのように探せばよいのでしょうか。先行研究を探す際には、はじめはインターネットが中心になります。そこで中心になるウエブサイトはいくつかあるのですが、とくに重要なのは Google Scholar で、学術的文書の検索に特化しています。日本語の文献に関しては、国立情報学研究所が運営するウエブサイトの CiNii で日本の学術論文や博士論文などが検索できます。なお、Google Scholar のトップページには「巨人の肩の上に立つ」という言葉が書いてあります。これは、研究は過去の先行研究の蓄積の上（巨人の肩の上）で行うものであるということを意味しています。

学術論文の多くは著作権で保護されているため、インターネットで誰もがダウンロードできるというわけではありません。大学に所属しているのであれば英語の文献に関しては大学の図書館経由でダウンロードできることもあると思いますが日本語の文献についてはダウンロードできないものも多くあります。また、教科書や専門書の多くはインターネットで内容を見ることはできません。必要に応じて図書館や書店に通いましょう。

注意すべきことは、CiNii は一般向けの雑誌の記事も検索の対象にしているということです。世の中には学術的な文書と非学術的な文書があります。学術的な文書とは、学術的な手続きに沿って書かれた論文や本のことです。たとえば、多くの学術的な文書では、参考文献リストや脚注などが用いられています。研究においては、学術的な文書を参照することが重要です。これは学術的な研究の手続きに沿って得られた事実は、個人の観察等よりも学術的な観点からは信頼性が高いと考えることができるためです。いくつかよい先行研究を見つけることができれば、その先行研究の参考文献リストを参照することで、文献を探すことができます。

先行研究を探すためのもう 1 つのやり方は経営学などの教科書や専門書の参考文献から探す方法です。図書館や大きな書店に行くと、多くの教科書や専門書があります。これらには、参考文献がしめされているものが多くあります。このような文献から探すのもよいでしょう。たとえば、ベサンコほか（2002）や入山（2012、2019）には実証研究の結果が多数紹介されています。最近では一般向けの書物でも参考文献が充実しているものもあります。論文のテーマを探しているときには、大きな図書館や書店に通うようにしましょう。

たくさん文献を見ていると、多くの論文に引用されている論文があることに気づくと思います。このような論文は重要ですのできちんとよく読むようにしましょう。学術論文が他の論文にどのくらい引用されているかをしめすのが被引用回数です。Google Scholar で検索したときにも被引用回数はしめされています。分野によって被引用回数は異なるのですが、一般に被引用回数の多い研究はよい研究であると見なされます。なお、重要な参考文献の多くは英語です。当然のことですが必要に応じて英語の先行研究も参照するようにしてください。

### ある程度再現できそうな先行研究を探す

次に、どのような先行研究が重要なのかについて考えましょう。ここでとても重要なのが、「自分で再現（真似）できそうかどうか」ということです。ここで忘れてはならないのは、この本の最終的な目標は自分で分析をして論文を書くことだということです。どのようなデータを使用しているのか、同様のデータを入手することは可能か、どのような分析をしているのか、といったことを確認してください。近年の学術論文は複雑な統計分析を用いることがよくあるので、すべてを理解できないこともあるかと思います。その場合でも、同様のデータを用いて自分が活用できるツールで分析できそうか考えるようにしてみましょう。ここで研究を再現するというのは、論文にしめされている表と同じような表を自分で計算して作成するということです。

このことは、どのような先行研究を探すかということを考える際にとても重要です。一言でいうと、「自分でも、ある程度は真似できそうな先行研究を探す」ことが不可欠であるということです。このことはとても重要なので、もう一度書いておくことにします。

**先行研究を探す際には、「ある程度、真似できそうな文献」を探す。**

## 3 先行研究を読み、ノートを作成する

重要な文献については、ノートを作成しましょう。論文を書く際に先行研究について触れる必要があるのはもちろんですが、研究計画書を書く際にも先行研究の紹介はとても重要になります。先行研究をまとめたノートを作成することは、論文や研究計画書を書くためのよい準備になります。先行研究をまとめたノートは、先行研究ごとに作成します。次のような内容をまとめておくとよいでしょう。

**先行研究ノートにまとめるべき内容**

- 書誌情報（タイトル、著者名、出版年、雑誌名、第３巻第２号のような巻号、ページ数など）。
- 問題意識は何か。

- 主な仮説は何か。
- 仮説の背後にどのような理論があるのか。
- この研究の背後にはどのような先行研究があるのか。
- どのようなデータを用いているのか。
- どのような分析を行い、どのような結果を得ているのか。
- 学術的な貢献は何か（理論的な貢献もしくは実証分析としての貢献）。
- この研究の限界は何か。
- 実務上の貢献は何か。

例として私が作成した論文のノートを紹介します。このノートはやや長めですが、みなさんも分析手法を参考にする重要な論文についてはこのようなメモを作成してください。このような長いノートだけではなく、段落２つか３つで短くまとめることも行うようにしてください。紙のノートにまとめてもよいのですが、Evernote や OneNote のようなソフトウエアを用いるとよいと思います。

**先行研究のノート**

Farber, D. B. (2005) "Restoring Trust after Fraud: Does Corporate Governance Matter?" *Accounting Review* 80 (2): 539–561.

**目的**

この論文は金融不祥事が発覚した企業を分析している。分析の目的は、①不祥事発覚後、コーポレート・ガバナンスにどのような変化があったのか、また②その変化が株価にどのような影響を与えているかを分析することである。

**データ**

アメリカの上場企業で、1982年から2000年までに財務諸表の虚偽記載等でアメリカ証券取引委員会（Securities and Exchange Commission, SEC）が会計監査執行通牒（Accounting and Auditing Enforcement Releases, AAER）の対象とした87社の企業を分析している。不祥事発生企業と比較するための比較対照企業として、それぞれの企業と同じ産業に所属しており、かつ同規模の企業を選択している。

**分析**

1）不祥事発生企業のコーポレート・ガバナンスが不祥事発生以後変化している。発生した年と5年後を比較すると不祥事発生企業では社外取締役比率が47％から55.77％に増加しているのに対して、対照企業では55.68％から56.61％とほとんど変化していない。その他のコーポレート・ガバナンス変数にも変化がある。

2）不祥事発生企業を、発覚後、コーポレート・ガバナンスが改善した企業とそれ以外の企業に分割して、長期の株価の変化（Buy and Hold Abnormal Return, BHAR）を計算する。社外取締役が増加したグループのほうが不祥事発生後3年間の株価の下落幅が小さい。

3）株価の変化BHARを被説明変数として、コーポレート・ガバナンス変数その他の変数を説明変数として回帰分析で分析している。社外取締役の増加率が高いほど、株価の下落が低いことがしめされている。

**新しい点および貢献**

先行研究の多くは、コーポレート・ガバナンスが整備されていない企業において金融不祥事が発生しやすいことをしめしている（Dechow *et al.*, 1996; Beasley, 1996）。一方で、金融不祥事が発生した後でコーポレート・ガバナンスがどのように変化したかに関する研究はほとんどなされていない。この研究はそのことを明らかにしている。不祥事の発生後、企業をどのように再生すべきかという問題は社会的にもとても重要と考えられる。この研究は、社外取締役の導入などのようなコーポレート・ガバナンスの改善によって企業の再生に貢献できることをしめしている。

**この論文の課題**

金融不祥事を扱う以上、避けがたいことではあるがサンプルサイズが小さい。コーポレート・ガバナンスの変化に注目したのは興味深いが、次は「なぜ、ある企業ではコーポレート・ガバナンスが改善されているのに対して、他の企業では改善されていないのか」ということが問題になる。このことを分析することも次の課題になるであろう。この場合、説明変数としては持株比率や経営者のタイプなどが考えられる。

Dechow, P.M., R.G. Sloan, and A.P. Sweeney（1996）"Causes and Consequences of Earnings Manipulation: An Analysis of Firms Subject to Enforcement Actions by the SEC," *Contemporary Accounting Research* 13（1）: 1–36.

Beasley, M.S.（1996）"An Empirical Analysis of the Relation between the Board of Director Composition and Financial Statement Fraud," *Accounting Review* 71（4）: 443–465.

## 4 先行研究から新たな研究テーマを考える

みなさんが、被説明変数と説明変数についてアイディアを持って先行研究を検索して、ある程度真似できそうな先行研究があったとします。

新しいことをどのように追加するか考える前に、まずは同様のデータを用いて再現してみましょう。このような作業のなかから新しい研究テーマを考えることができます。

いま、ある会社が社名を変更するというニュースを聞き、社名変更に興味を持ったとします。そこで「社名変更」をキーワードにGoogle Scholarで検索を行ったところ、いちばん上に表示されたのは、坂野・恩蔵（1993）でした。坂野・恩蔵（1993）では、株価のイベントスタディとよばれる手法を用いて、社名変更が株価に与える影響を分析しています。イベントスタディについてはこの本では第14章で説明しています。彼らの分析によると、社名変更は変更60日後までに株価にプラスの影響を与えています。

坂野・恩蔵（1993）では社名変更が株価に与える影響について分析していますが、ROAなどの利益率に与える影響はあまり分析していません。そこで、この研究を延長する形で新たなテーマを考えることができます。この場合、次のようになるでしょう。

社名変更（$X$）が企業の利益率（$Y$）に与える影響

このテーマを分析する場合、説明変数の社名変更のデータは坂野・恩蔵（1993）と同様の手法で収集可能です。坂野・恩蔵（1993）は売上高などの財務データを用いているので被説明変数についても、同様のデータを用いることができます。ただ、被説明変数が株価ではなく利益率なので、企業の行動が利益率に与える影響に関する先行研究を参考にすればよいでしょう。一般に分析手法を知りたい場合には、説明変数ではなく、同じ被説明変数を用いている研究を検索するようにします。この場合、次のような式を計測することになります。

$$\text{ROA} = a + b_1 \text{社名変更} + b_2 \text{その他の変数} + u$$

なお、企業の名前が株価に与える影響については現在でも引き続き研究されています。たとえば、以前、ライブドアという会社の株価が急落したことがありました。この、いわゆるライブドアショックがあった際に、ライブドアと無関係でも類似の社名を持った企業の株価に影響があったのではないかということについて、三浦・郡司（2010）が研究しています。ライブドア事件があった際に、カタカナの名前の企業の株価は他の企業の株価よりも下落が大きかったことがしめされています。このことは、投資家が無意識のうちにカタカナの名前を持つ企業に否定的な意識を持ったことを示唆しています。

論文は「おわりに」「結論」といった節でしめくくることがよくあります。そこでは、研究の限界についてしめされていることがあります。これらは、今後どのような研究を行うことができるかについてたいへん参考になるのでテーマを探す場合にはよく読むようにしましょう。たとえば、三浦・郡司（2010）では次のように書かれています。

> 「本稿の分析では、類似社名企業の標本数が少なかったことから、企業規模や業種ごと等で分類して比較するにはいたらなかった。今後、そうした企業の特徴を十分に考慮したうえで比較することも必要であろう。」

たとえば、当たり前のことですが社名変更の効果はその企業がどのような事業を行っているかによって異なることが予想されます。外食や小売業など消費者向けのビジネス（Business to Consumer, BtoC）を行っている企業の社名変更と、たとえば素材産業など企業向けビジネス（Business to Business, BtoB）を行っている企業における社名変更はその目論見や効果に大きな違いがあるのではないかと予想されます。こういったことは今後の分析の対象となりうるでしょう。

## 5 論文は「新しい」ことが重要

次に、どのような論文がよい論文なのかということについて考えてみたいと思います。学術論文では、(1) 何をしているか、(2) どこが新しいのか、(3) なぜ重要なのか、の３点を明示することが必要です。

「何をしているか」が理解されたことを前提として、論文ではどこが新しいのか、また得られた結果がなぜ重要なのか、を説明する必要があります。このことを論文の貢献（contribution）といいます。学術雑誌や学会で発表する学術論文であれば、「新しい」ことはとても重要です。

論文にとって「新しい」とは、どのようなことかを、代表的なパターンに分けて説明します。もちろん、これ以外にもいろいろあるのですが、ここではまずわかりやすいパターンから説明したいと思います。これらのパターンは以下のとおりです。

①説明変数が新しい
②被説明変数が新しい
③被説明変数と説明変数をつなぐ要素が新しい
④分析手法が新しい
⑤データが新しい

**①説明変数が新しい**

ある被説明変数に対して、いままで注目されてこなかった変数が説明力を持っているということをしめすことができれば論文は新しいといえます。例として地価を考えてみましょう。住宅地などの地価はどのようにきまると考えられているでしょうか。インターネットの不動産検索サイトを見ると、広さ、間取り、沿線、駅、駅からの距離、設備などによって検索条件を設定できるようになっています。これらの要因が不動産の条件として重視されていることになりますから、これらは当然不動産価格に影響を与えるでしょう。これらに追加して地価に地震のリスクが反映されていることをしめしたのが Nakagawa *et al*.（2009）です。彼らは被説明変数に地価、説明変数に東京駅までの時間、駅までの距離などの要因に加えて地震リスクを加えて計測しました。具体的には次の式を計測しています。

$$\text{price} = a + b_1\,\text{中リスクダミー} + b_2\,\text{高リスクダミー} + b_3X_1 + b_4X_2 + \cdots\cdots + u$$

ここでpriceは地価、中リスクダミー、高リスクダミーはそれぞれ地震リスクが中程度もしくは高い場合に1をとるダミー変数、$X_1$、$X_2$、……は最寄りの駅までの時間や東京駅までの時間など、その他の変数をあらわしています。地震リスクとしては都庁が公表しているハザードマップを使用しています。この研究は、いままでに注目されてこなかった説明変数が説明力を持っていることをしめしたという意味で新しいと考えることができます。

### ②被説明変数が新しい

ビジネスの世界では次々と新たな考えが生まれています。このとき、どのような企業が新しい行動をとっているのか、ということを分析することには意味があるでしょう。近年、環境や、社会におけるさまざまな問題と資本市場を結びつけるための枠組みとして国連の責任ある投資原則（Principles for Responsible Investment, PRI）が提唱されています。また、持続可能な社会をつくるために企業はどのようなことができるのか、ということに社会的な関心が高まっています。このような流れを受けて、「どのような企業が積極的に社会的な活動を行っているのか」というテーマに関して多くの研究が行われるようになっています。

### ③被説明変数と説明変数をつなぐ要素が新しい

投資家の観点からは、企業の業績が悪化したときには経営者を交代させる必要があるかもしれません。このような問題意識から業績が悪化したときに経営者が交代する確率はどのくらい変化するのか、ということが昔から研究されています。さらに、社外取締役がいる企業といない企業でこの関係が異なるのではないかという問題意識からの研究も進んでいます。すなわち、業績が悪化したときに、社外取締役がいる企業では経営者の交代が起きやすいのではないか、という考えです。このように、被説明変数（経営者交代）と説明変数（業績）の間をつなぐ要素が新しい研究も新しいといえるでしょう。この本の第12章ではこのような仮説をどのように分析するかについて説明しています。

### ④分析手法が新しい

いままでと同様の説明変数と被説明変数を分析していても、新しい手法によってそれまでの研究の限界を克服することができれば新しいということができます。いま、研究者が行っている研究テーマの多くは昔から研究されてきたものです。昔からあるテーマだから研究として時代遅れということではありません。長年研究されてきたテーマについて新たな手法を用いて分析することができれば、新しいといえます。

### ⑤データが新しい

先行研究と同じ枠組みで分析する場合でも、先行研究と別のデータを用いることもしばしばあります。これにはいくつかの意味があります。1つは、先行研究よりも、より細かい正確なデータを用いているということです。

たとえば、年齢と賃金の関係を分析するためにデータを収集するとします。このような分析のためには1人1人の個人について、年齢と賃金のデータがしめされているデータを用いることが望ましいでしょう。このようなデータを個票データ（micro data）といいます。しかし、そのようなデータは一般にはアクセスが容易ではありません。これに対してある個人の数値ではなく集団の平均値をしめしたデータのことを集計データ（aggregate data）といいます。先行研究が集計データを用いているときに、個票データを入手することができれば、先行研究よりも正確な分析ができる可能性があります。

もう1つの「データが新しい」というのは、先行研究と同じ変数、同じ種類のデータを別の時代や国で分析したというものです。たとえば、アメリカ企業を対象とした実証分析は日本企業を対象とした実証分析よりも多く行われています。そこで、アメリカで行われた研究テーマを日本のデータで分析することはよく行われています。このことは一見、安易に見えるかもしれません。しかし、日本とアメリカで結果が異なることが予想されるのであれば、そのような研究に意味はあります。

日本とアメリカでは法律、制度、文化などに大きな違いがあります。

このような違いによって、企業や個人の行動が異なるということも考えられます。そこで、アメリカにおける実証研究の結果と日本における結果を比較して、なぜそのような違いが発生しているのか、ということを考えることは日本経済を理解するためにも重要です。アメリカでの実証分析の結果をもとに日本で政策が行われたとしてもその政策がうまくいくとは限りません。やはり日本の実証分析の結果が必要となります。

以上のように、論文について「新しい」とはどういうことを意味するのかを説明してきました。ここで確認すべきことは、論文を書く際に、すべての側面について「新しい」必要はまったくない、ということです。実証分析のさまざまな側面のなかで、どこか1つ新しい点があれば、それだけで論文全体が新しいことをしている、といっていいと思います。自分の分析のどこまでが先行研究と同じで、どこが新しいのか、ということを自分できちんと理解することは研究において決定的に重要です。常に意識するようにしてください。

## 6 論文は「面白い」ことも重要

よい論文とは新しくて面白いことです。新しいということについて説明しました。では、どのような論文が面白いといわれるのでしょうか。これに関してはさまざまな考えがあるのですが、ここでは以下の3つのパターンに注目します。

### ①いままでの常識が間違っていることをしめす

1つ目は「いままでの常識が必ずしも成立しない」ことをデータでしめすということです。たとえば、最低賃金について考えてみましょう。労働市場がミクロ経済学の教科書にあるような完全市場に近いのであれば、最低賃金を上昇させると、企業の求人が減少するので雇用が減少する可能性があります。このことから、多くの人は「最低賃金を上昇させると雇用が減少する」と考えていました。

Card and Krueger (1994) はアメリカのニュージャージー州とペン

シルベニア州のファーストフードレストランのデータを用いて最低賃金が雇用に与える影響を分析しています。Card and Kruegerは最低賃金による時給の上昇が大きいレストランほど雇用が上昇しているということをしめしました。このことは、「最低賃金の上昇が雇用を減少させる」という「常識」に反するものであり、大きな注目を浴びました。これ以来、最低賃金の効果に関するさまざまな研究が相次いでいます。最低賃金に関する議論に興味がある人は、大竹・橘木（2008）を見てください。対談形式でわかりやすく議論を紹介しています。

私たちが思っている常識は、じつはデータ分析の結果と整合的ではないこともよくあります。他の例としては長期雇用があります。多くの新聞やメディアでは日本の伝統的な長期雇用が変化してきていると主張されます。このことも、データで確認するまではどの程度本当かはわかりません。非正規雇用が増加しているのは事実です。しかし大企業の正社員の勤続年数や長期雇用の傾向にはあまり変化がないという研究もあります。これらの研究は「長期雇用が崩壊している」という常識が、必ずしも正しいわけではないということをしめしています。たとえば、Ono（2010）は離職率の推移を分析しています。それによると1991年における離職率は15.2％であったのに対して2003年は16.1％とほとんど変化していません。このことは、「長期雇用が崩壊している」という常識を必ずしも支持していないことがわかります。

### ②いままでの常識が正しいことをデータでしめす

常識を常に否定する必要はありません。いままで、みんなが思っていた関係についてデータで裏づけることもたいへん重要です。上で紹介したOno（2010）では、日本とアメリカのどちらが長期雇用かという問題意識による分析も行っています。具体的には日本とアメリカで労働者がいままでに、何回転職したかを計測しています。それによると、2000年時点で日本の45～54歳の労働者は男性が2.1の職、女性が1.8の職についています。これに対してアメリカでは1998年のデータによると男性が5.6の職、女性が5.0の職についています。このことから日本にくらべてアメリカのほうが、生涯で転職する回数が多いということを実証的にしめしています。これは、「日本のほうがアメリカよりも長期雇用である」という常識をデータでしめした例といえます。

### ③大きな問題を考えるための実証的な基礎を提供する

論文が「面白い」と思われるための別の考え方は、みんなが興味を持っている問題を考えるための事実を提供するということです。たとえば「経済のグローバル化は人々にどのような影響を与えるのか」という問題意識を考えましょう。この問題意識からは多くの研究テーマが考えられます。たとえば国際化が雇用に与える影響に注目することができます。雇用の空洞化という言葉があるように国際化によって日本の雇用が失われるのではないかという懸念があります。このことを分析したのがTachibanaki *et al.*（1998）です。この論文では輸入の増加により日本の雇用が失われているかどうかを回帰分析で検証しています。被説明変数は雇用の変化で説明変数は輸入品の浸透度（*IPR*）です。計測の結果、次の結果が得られています。カッコのなかは $t$ 値です。カッコの横の**という記号は5%水準で有意であることをしめしています。ここで輸入品の浸透度の係数は負で有意ですから、輸入品が増えると雇用が減少するということがわかります。係数は－0.062で輸入品の浸透度が1%増加すると雇用が0.062%減少することになります。すなわち、この結果は国際化によって雇用が減少するという主張と整合的と考えることができます。このような結果は、経済の国際化の評価という大きな問題につながるため重要と考えることができます。

$$\Delta emp = \underset{(0.23)}{0.0031} - \underset{(-2.49)^{**}}{0.062IPR}$$

$$R^2 = 0.236$$

## 7 おわりに

この章では、先行研究をどのように探すか、また先行研究をどのように読み、また先行研究から研究テーマをどのように導くかについて説明しました。この章ではまた、よい論文とはどういうものか（新しく、面白い）ということについて説明しました。大学で作成する論文やレポートの場合は、必ずしも新しい必要はないのですが、どのような論文がよい論文とされるかについては、知っておく必要があるでしょう。

## 練習問題

1. 次の4つのテーマのうち、1つを選び、CiNii や Google Scholar などを用いて、実証的に分析した先行研究を2～3本検索してください。その際には、できるだけ評価が高く影響力の強い論文を選んでください。

(1) 企業の多角化が業績（株価・利益）に与える影響
(2) 成果主義の導入が従業員のやる気に与える影響
(3) 合併・買収が企業の業績（株価・利益）に与える影響
(4) 経営者の持株が企業の業績（株価・利益）に与える影響

2. 上の問1で検索した論文のうち1つを選び、ノートを作成してください。その際、3節にあるような内容を意識して A4で1～2ページでまとめてください。

LECTURE

# 10

# データの探し方

## 『会社四季報』だけでも分析が可能

### 1 はじめに

実証分析を行う際にデータが必要です。この章では日本の企業データを用いた分析をする際に、どのようなデータが用いられてきたかということについて説明します。企業の行動や業績に関する実証分析では東京証券取引所などに上場している企業のデータを分析しているものが多くあります。これは、上場企業はさまざまな情報を公開していることから分析がしやすいこと、上場企業の行動や業績は社会的にも大きな影響を与え、多くの注目を浴びていることなどが理由です。この章でも上場企業の情報を中心に紹介します。

企業データを分析する際に財務データをある程度理解することは欠かせません。そこで、2節では利益などの業績をどのように把握するのかについて、まず簡単に説明します。実際の企業の財務データを手軽に見る方法はいくつかあるのですが、1つの方法は東洋経済新報社から発行されている『会社四季報』のような本を参照することです。3節では『会社四季報』のページを見ながら、どのような分析が可能かについて考えてみます。『会社四季報』のような本は便利ですが、大規模な分析を行う際にはデータベースを利用することになります。基本となるのは財務データに関するデータベースですが、その他にも企業の行動についてまとめているデータベースがいくつもあります。4節ではこれらのデータベースについて紹介します。分析に際しては複数のデータ元からデータを収集することもあります。収集したデータをどのように整理するかについて5節で考えます。論文を作成する際には、どのようなデータを使用しているかを説明する必要があります。6節でどのようなことをまとめる必要があるかを説明しています。

**この章の目的**

- どのようなデータが研究で用いられているかを理解する。
- 必要なデータを検索、収集できるようにする。
- 研究に使用したデータについて説明できるようになる。

## 2 財務諸表を理解しよう

企業は財務状況をしめすために財務諸表（financial statements）とよばれる表を作成します。企業の状況を判断する際に参照される財務データをまとめたものです。企業データを用いて分析を行う際に財務データをある程度理解することは不可欠ですので、財務諸表について簡単に説明します。

財務諸表のうち、代表的なものが損益計算書（profit loss statement, P/L）および貸借対照表（balance sheet, B/S）です。売上高、費用、利益の間に次のような関係が成立するのはおわかりだと思います。この関係をより詳しくしめしたのが損益計算書です。ある一定期間にどれだけの利益もしくは損失を出したかということをしめしたものです。

利益＝売上高－費用

企業には、さまざまな費用や収入があります。具体的には本業に関するもの、本業以外に関するもの、一時的な要因に関するものなどに分けて考えることができます。これらを反映していくつかの種類の利益を計算します。

利益は、大きく、営業利益、経常利益、純利益に分けることができます。それぞれ、概念的には以下の式のように計算されます。

本業の利益：
　営業利益＝売上高－(売上原価＋販管費)

本業以外も含む利益：
　経常利益＝営業利益＋(営業外収益－営業外費用)

一時的なものも含む利益：
　純利益＝経常利益＋(特別利益－特別損失)

まず、営業利益の式を見てください。営業利益とは、その企業が行っている営業活動による利益のことです。売上高から売上原価および販管費（販売や管理にかかる費用）を引いたものが営業利益です。次に、経常利益というものがあります。これは本業以外の継続的な活動による利益をあらわしているものです。具体的には、経常利益とは営業利益に(営業外収益－営業外費用）を足したものです。この（営業外収益－営業外費用）には、受け取った配当や支払った利息などが含まれています。

さらにこの経常利益に（特別利益－特別損失）を足したものを純利益といいます。(特別利益－特別損失）とは子会社の売却などの一時的な利益や損失を含んだ最終的な利益です。

貸借対照表とは、企業がどのような資産や負債を持っているかをしめすものです。貸借対照表は、概念的には以下の式であらわすことができます。資産とは工場や土地などの固定資産に現金などの流動資産を足したものです。負債は銀行からの借入金などです。資産から負債を引いた額（純資産）が、その企業の純粋な財産ということになります。この2つに現金の流れをしめしたキャッシュ・フロー計算書を合わせて財務三表とよぶこともあります。

資産＝負債＋純資産

図表10.1を見てください。この図表10.1はセガゲームスという会

図表10.1　損益計算書：セガゲームスの2017年3月期

（単位：百万円）

| | 科目 | 金額 | 計算 |
|---|---|---|---|
| 1 | 売上高 | 76,518 | |
| 2 | 売上原価 | 52,312 | |
| 3 | 売上総利益 | 24,205 | 1−2 |
| 4 | 販管費 | 19,904 | |
| 5 | 営業利益 | 4,300 | 3−4 |
| 6 | 営業外収益 | 1,639 | |
| 7 | 営業外費用 | 1,180 | |
| 8 | 経常利益 | 4,759 | 5＋6−7 |
| 9 | 特別利益 | 987 | |
| 10 | 特別損失 | 4,973 | |
| 11 | 税引き前当期純利益 | 773 | 8＋9−10 |
| 12 | 当期純利益 | 3,210 | |

本業の利益：
　営業利益＝売上高−（売上原価＋販管費）
本業以外も含む利益：
　経常利益＝営業利益＋（営業外収益−営業外費用）
一時的なものも含む利益：
　純利益＝経常利益＋（特別利益−特別損失）

（出所）　セガゲームス決算公告。

社の損益計算書です。単位は百万円です。この図表10.1のいちばん上に売上高があり、いちばん下に純利益があります。この図表10.1には、それぞれの利益がどのように計算されたかについてもしめしてあります。上の式と合わせて確認してください。ここにあるように、売上高が約765億円で、本業の利益をあらわす営業利益が約43億円、当期純利益が約32億円となっています。図表10.2はこの会社の貸借対照表をしめしたものです。総資産が約589億円となっています。この額は負債と純資産を足したものと同じであることがわかると思います。な

図表10.2 貸借対照表：セガゲームスの2017年3月期

（単位：百万円）

| 資産 | 58,911 | 負債 | 40,052 |
|---|---|---|---|
| | | 純資産 | 18,858 |
| 総資産 | 58,911 | 負債および純資産合計 | 58,911 |

（出所） セガゲームス決算公告。

お、ここでしめした数値は桁を丸めたものですので、足し算・引き算を行うと少し差が生じることがあります。

いま、図表10.1からセガゲームスの純利益が約32億円であることがわかります。この額は大きいと考えるべきでしょうか。このことを考える際には、企業規模をコントロールしたうえで利益を計算します。よく実証研究で用いられるのがROA（総資産利益率）やROE（自己資本利益率）です。ROAおよびROEは次のように計算します。

$$\mathrm{ROA}=\frac{\text{純利益}}{\text{総資産}}$$

$$\mathrm{ROE}=\frac{\text{純利益}}{\text{純資産}}$$

利益については純利益を用いる場合や経常利益や営業利益を用いる場合もあります。このように計算することで、企業が現在用いている資産や自己資本に対して利益がどのくらいあるのか、ということをしめすことができます。多くの実証研究ではROAやROEを業績と見なして被説明変数や説明変数として使用しています。先ほどの図表10.1から、純利益を用いた場合、セガゲームスのROAおよびROEは次のようになります。財務諸表については、会計学で解説した本がたくさんあります。会計学を専門に勉強しない人も、ある程度理解しておくことは重要です。

$$ROA = \frac{純利益}{総資産} = \frac{3,210}{58,911} = 5.45\%$$

$$ROE = \frac{純利益}{純資産} = \frac{3,210}{18,858} = 17\%$$

## 3 『会社四季報』(だけ)で論文を書きましょう

上場企業についてはさまざまな情報が公開されています。図表10.3を見てください。これは、『会社四季報』での建設機械のコマツの情報をしめしています。『会社四季報』は投資家向けに企業の情報をコンパクトにまとめたものです。

まず企業の業績について見てみましょう。企業の業績は大きく分けて利益に関連するものと株価に関連するものに分けることができます。まず、利益について見てみましょう。図表10.3の下の「業績」という欄を見てください。ここに過去の売上高、利益および今後の予想がまとめられています。ここでは営業利益、税前利益および純利益がしめされています。

純利益を見てください。2015年3月期の純利益は154,009となっています。『会社四季報』では単位が明記されていない場合には単位は百万円ですので純利益が1540.09億円ということになります。

図表10.3を見ると、コマツのROEが10.6%、ROAが5.5%(＝0.055)であることがわかります。ここでROAは次のように計算されています。ROAを被説明変数として分析する際にはこの値を用いることができます。

$$ROA = \frac{純利益}{総資産} = \frac{154,009}{2,798,407} = 0.055$$

企業の業績として株価に注目することもよくあります。投資家の評価が高ければ株価が上がります。株式市場における企業の評価を分析する際には、トービンのQや株価の収益率がよく用いられます。トービンのQとは、下の式であらわされます。

図表10.3　『会社四季報』の例

トービンのQ ＝ 時価総額 / 総資産 ＝ 25358 / 27984.07 ＝ 0.91

| 年月 | 【資本異動】 | 万株 |
|---|---|---|
| 76.10 | 無1:0.15 | 71,000 |
| 89. 5 | 無1:0.05 | 96,841 |
| 02.10 | 交換 | 99,874 |
| 08. 8 | 交換 | 99,874 |
| 15. 3 | 消却 | 97,196 |

| 東証 | 高値 | 安値 |
|---|---|---|
| 49−13 | 4090(07) | 13(50) |
| 14 | 2963(12) | 1958(2) |
| 15.1−5 | 2686(1) | 2306(2) |

| | 高値 | 安値 | 出来万株 |
|---|---|---|---|
| 15. 3 | 2535 | 2325.5 | 9,503 |
| 4 | 2588 | 2355.5 | 10,269 |
| #5 | 2625 | 2385 | 6,226 |

【会社業績修正】上方1 下方1
経常益÷期初会社予想0.9倍
【格付】[SP]A(安)[M]A2(安)[RI]AA−(安)

【業種】建設農業機械・産業車両
時価総額順位 1/57社
【比較会社】6305 日立建機,6390 加藤製作所,6432 竹内製作所

| 【株式】4/30 | 971967千株 |
|---|---|
| 単位100株 | 「貸借」[優待] |
| 時価総額 | 25,358億円[225] |

| 【財務】 | <◎15.3> 百万円 |
|---|---|
| 総資産 | 2,798,407 |
| 自己資本 | 1,528,966 |
| 自己資本比率 | 54.6% |
| 資本金 | 67,870 |
| 利益剰余金 | 1,261,318 |
| 有利子負債 | 589,129 |

| 【指標等】 | <◎15.3> |
|---|---|
| ROE | 10.6% 予9.3% |
| ROA | 5.5% 予5.1% |
| 調整1株益 | 161.9円 |
| 最高純益(08.3) | 208,793 |
| 設備投資 1,927億 | 予‥億 |
| 減価償却 1,006億 | 予‥億 |
| 研究開発 707億 | 予700億 |

| 【キャッシュフロー】 | | 億円 |
|---|---|---|
| 営業CF | 3,436 | ( 3,194) |
| 投資CF | −1,817 | ( −1,674) |
| 財務CF | −1,439 | ( −1,553) |
| 現金等 | 1,059 | ( 908) |

| 【株主】[単]186,623名<15.3> | 万株 |
|---|---|
| 日本トラスティ信託口 | 3,672( 3.7) |
| 日本マスター信託口 | 3,661( 3.7) |
| 太陽生命保険 | 3,400( 3.4) |
| 自社(自己株口) | 2,904( 2.9) |
| 日本生命保険 | 2,662( 2.7) |
| ステート・ストリート・バンク&トラスト | 2,579( 2.6) |
| 三井住友銀行 | 1,783( 1.8) |
| BNYMデポジタリRH | 1,732( 1.7) |
| バンク・オブ・ニューヨーク・メロンSANV10 | 1,605( 1.6) |
| ステートストリートBウエストトリーティ505234 | 1,215( 1.2) |
| <外国> 44.1% | <浮動株> 10.5% |
| <投信> 5.0% | <特定株> 25.9% |

【役員】(会)野路國夫 (社)大橋徹二 (取)藤塚主夫 高村藤寿 篠塚久志 黒本和憲 森正尚 池田弘一 奥正之 薮中三十二 (常監)森本誠 山田浩二 (監)松尾邦弘 山口廣秀 篠塚英子(6.24予)

【連結】コマツ建機販売,コマツアメリカ

6301 機械
こまつ
**コマツ**

【決算】 3月　【設立】 1921.5　【上場】 1949.5
【特色】建設機械で世界2位。中国などアジアで首位。IT活用強み。基幹部品は日本、組み立て現地化
【連結事業】建設機械・車両89(13)、産業機械他11(7)【海外】79 <15・3>

【苦しい】建設機械は住宅着工数が伸びる北米で増勢だが、中国、東欧など主要な新興国が軒並み低迷。鉱山機械も前年割れ続く。部品・サービス関連が漸増でも補えない。1ユーロ127円前提の会社計画は最低線。
【拡　充】三井物産と協業しメキシコ代理店を再編、販売・サポート体制テコ入れし需要拡大に備える。先進国でニーズ高まるICT機群には大型ブルドーザーを追加。

| 【業績】 | 売上高 | 営業利益 | 税前利益 | 純利益 | 1株益(円) | 1株配(円) |
|---|---|---|---|---|---|---|
| ◎11. 3 | 1,843,127 | 222,929 | 219,809 | 150,752 | 155.8 | 38 |
| ◎12. 3 | 1,981,763 | 256,343 | 249,609 | 167,041 | 173.5 | 42 |
| ◎13. 3 | 1,884,991 | 211,602 | 204,603 | 126,321 | 132.6 | 48 |
| ◎14. 3 | 1,953,657 | 240,495 | 242,056 | 159,518 | 167.4 | 58 |
| ◎15. 3 | 1,978,676 | 242,062 | 236,074 | 154,009 | 162.1 | 58 |
| ***◎16. 3予*** | ***1,900,000*** | ***230,000*** | ***223,000*** | ***142,000*** | ***150.7*** | ***58*** |
| ***◎17. 3予*** | ***1,930,000*** | ***240,000*** | ***233,000*** | ***150,000*** | ***159.2*** | ***58*** |
| 会16. 3予 | 1,880,000 | 221,000 | 214,000 | 138,000 | (15.4.27発表) | |
| 中14. 9 | 942,552 | 125,659 | 123,596 | 77,986 | 81.8 | 29 |
| ***中15. 9予*** | ***900,000*** | ***120,000*** | ***118,000*** | ***75,000*** | ***79.6*** | ***29*** |

| 【配当】 | 配当金(円) |
|---|---|
| 13. 3 | 24 |
| 13. 9 | 29 |
| 14. 3 | 29 |
| 14. 9 | 29 |
| 15. 3 | 29 |
| ***15. 9予*** | ***29*** |
| ***16. 3予*** | ***29*** |

**予想配当利回 2.22%**
BPS(円)　<◎15. 3>
1,622 (1,444)

【本社】107−8414東京都港区赤坂2−3−6
TEL03−5561−2616
【工場】粟津,大阪,六甲,茨城,小山,金沢,郡山,湘南,栃木

【従業員】<15.3>連47,417名単10,416名(38.3歳)[年]719万円
【証券】[上]東京[幹]野村,大和,日興[名]三菱U信[監]あずさ
【銀行】三井住友,三菱U,みずほ
【仕入先】—
【販売先】—

ROA ＝ 純利益 / 総資産 ＝ 154,009 / 2,798,407 ＝ 0.055 (5.5%)

（出所）　東洋経済新報社『会社四季報』2015年夏号。

$$\text{トービンのQ} = \frac{\text{時価総額}}{\text{総資産}}$$

株式市場の評価は時価総額という形でしめされますが、総資産で割ることで比較がやりやすくなります。このトービンのQが1よりも大きいということは、たとえば1億円の資産を使用して、1億円以上の価値を生み出しているという評価を得ていることになります。すなわち、同じ資産を用いていても株式市場の評価が高い企業ではトービンのQが大きくなります。図表10.3にはコマツの総資産と時価総額がしめされていますので、トービンのQを計算することができます。このトービンのQを被説明変数もしくは説明変数とする実証分析も多くあります。

$$\text{トービンのQ} = \frac{\text{時価総額}}{\text{総資産}} = \frac{25{,}358\text{億円}}{27{,}984.07\text{億円}} = 0.91$$

『会社四季報』には企業の行動や環境をしめす重要な変数もいくつか含まれていますので、ここにあるデータだけでも、さまざまな分析が可能です。ここまでの章でも見てきたように、企業の行動や環境が企業の業績にどのような影響を与えているか、もしくは、企業の行動の決定要因は何か、という問題意識による分析は多く行われています。いくつか例を見てみましょう。

### 多角化は業績を向上させるか

企業の多角化について考えてみましょう。範囲の経済が存在するときには多角化を行うことによって企業の業績は向上すると考えられます。しかし、一方で「選択と集中」の考え方によると、不採算部門から撤退し経営資源を競争力のある部門に集中することで企業は成長することができます。このとき、多角化度を下げることにより業績を向上させると考えることができます。このように多角化は業績にさまざまな影響を与えると考えられます。そこで、『会社四季報』を用いて、多角化と業績の関係を分析するためにはどこに注目すればよいかを考えてみましょう。

図表10.3を見てください。右上には「連結事業」という欄がありま

す。そこには建設機械・車両89（13）、産業機械他11（7）とあります。これは、コマツの売上高の89%が建設機械・車両で残りの11%が産業機械他であることをしめしています。これだけ規模の大きい企業でありながら多角化が進んでいないことをしめしています。多角化をしめすための指数はいろいろと提案されていますが、いちばん単純なものは事業部門の数です。コマツの場合、2つの部門がしめされていますから、部門数＝2ということになります。多角化が進んでいる企業ほど部門数が多くなりますから、この数値が大きければ大きいほど多角化が進んでいることになります。『会社四季報』には業績のデータも多角化度のデータもあるので、多くの企業のデータを用いて多角化度と利益率の関係を分析することができます。

これ以外にも『会社四季報』には多くの情報が含まれています。『会社四季報』のデータで分析できる研究テーマをいくつかあげておきたいと思います。

- 利益が減少すると1株当たり配当を減少させるのか。
- 利益が高い企業では、従業員の給与も高いのか。
- 大株主の持株比率が高い企業は業績が高いのか。
- 外国人持株比率が高い企業では研究開発費が高いのか。

これらに関しては、多くの先行研究があります。たとえば配当の決定要因に興味がある人は、久保・齋藤（2009）を見てください。

## 4 さまざまなデータベースを活用する

ここまで、『会社四季報』を見ながら、企業のどのような変数が実証分析の対象になってきたかを見てきました。『会社四季報』という簡単に入手可能な本1冊だけでも、さまざまな分析が可能であることがわかると思います。しかし、本を用いて1社1社データを入力することは不可能ではありませんが、時間がかかります。

大量のデータを用いる場合、電子的なデータベースを用いることがあります。大学に所属していれば大学図書館でこのようなデータベースを使用可能かもしれません。データベースにはさまざまなものがあるので、ここで網羅的に紹介することはできませんが、私が普段使用するものを中心にいくつか紹介したいと思います。

### ▶財務データ

上場企業を分析する場合、まず中心となるのは財務データです。このような財務データとしては東洋経済新報社の財務データ、日本経済新聞社の日経 NEEDS FinancialQUEST、日本政策投資銀行・日本経済研究所が作成する『企業財務データバンク』などが代表的なものです。上場企業のデータとしては株価のデータも重要です。これに関しても日本経済新聞社や東洋経済新報社がデータベースを提供しています。これらのデータベースは有料です。所属する大学や組織の図書館が契約していればそれを使用することができます。これらはまとまったデータを利用できるデータベースですが、個別企業の財務データはそれぞれの企業のホームページや EDINET というインターネット上の電子開示システムで無料で確認することができます。

### ▶その他のデータ

上場企業に関しては、これ以外にもいろいろ重要なデータがデータベースとして提供されています。たとえば、それぞれの企業がどのような CSR 活動を行っているのか、どの企業がどのような海外展開を行っているのか、企業の大株主は誰か、どのような人が企業の役員になっているのか、といった項目のそれぞれについてデータベースが存在します。日本では、これらのデータについては東洋経済新報社もしくは日本経済新聞社が提供していることが多いようです。

いくつか興味深いデータベースを紹介しましょう。東洋経済新報社の CSR データは、大企業の CSR の実態について興味深い情報を提示しています。このデータベースには女性活用や有給休暇などの人材に関する項目や、環境マネジメントに関する項目が含まれています。図表10.4を見てください。これは、東洋経済新報社『CSR企業総覧』のなかの1ページです。国際石油開発帝石という資源開発の会社のページのはじめのページをしめしたものです。人材活用、環境、企業統治、社会性といった項目について詳細な記述があります。

こういったCSR活動は企業の社会的責任を果たすという意味で重要な活動であるという評価がある一方で、本業と無関係の費用を増加させるだけではないかという見方もあります。このデータベースはどのような企業がCSRに熱心なのか、また企業がCSR活動を行うことは本業の利益にどのような影響を与えるのか、投資家はCSRについてどのように評価しているのか、といった点を分析する際にはとても有用です。企業のCSRに関する実証分析に興味がある人は、首藤・竹原（2007）を参照してください。

人材の活用については、東洋経済新報社が提供している『就職四季報』データもよく利用されています。これは、就職活動中の人向けに発行されている『就職四季報』のデータで総合版、女子版などがあり、人材の活用や雇用に関して詳細なデータが含まれています。たとえば、図表10.5は女子版の資生堂のページをしめしています。ここを見てもわかるようにこのデータベースには従業員に占める女性の割合はどれくらいなのか、上級管理職や役員の女性比率はどのくらいなのかといった貴重なデータが含まれています。採用実績を見ると採用人数で男女にほとんど差がないことがわかります。他にもいくつかの項目から資生堂が積極的に女性を活用していることがしめされています。

どのような企業が女性を活用しているのか、また女性を活用している企業の業績は他の企業よりも高いのかどうか、といった分析は広く行われています。たとえば児玉ほか（2005）はこの『就職四季報　女子版』などのデータを用いて分析を行っています。ここでは被説明変数がROA（総資産利益率）、説明変数は女性比率、企業規模などです。いくつかの方法で分析しているのですが、育児後の再雇用制度の存在などが女性比率を高め、また企業の業績を向上させる効果があることがしめさ

## 図表10.4 『CSR企業総覧』の例

1605
こくさいせきゆかいはつていせき
### 国際石油開発帝石

【本社】 107-6332 東京都港区赤坂5-3-1 赤坂Bizタワー
【TEL】 03-5572-0200
【設立】 2006.4 【上場】 2006.4 【決算期】 3月
【特色】 原油・ガス開発生産の国内最大手。政府が黄金株保有。豪LNG開発案件イクシスに2兆円投資

CSR評価

| 人材活用 | AAA | 環境 | AA | 企業統治 | AAA | 社会性 | AAA |
|---|---|---|---|---|---|---|---|

財務評価

| 成長性 | AA | 収益性 | AAA | 安全性 | AA | 規模 | AAA |
|---|---|---|---|---|---|---|---|

#### CSR全般

##### CSRの基本的取り組み

【活動のマテリアリティ設定】 有
①法令及び社会規範の順守(人権への配慮含む) ②操業における安全確保と環境保全の徹底 ③地域との信頼醸成と貢献(教育含む) ④気候変動問題への対応 ⑤グローバル企業としての人材育成と活用
【方針の文書化】 有
(注)Sustainability Report2014を8月末に発行
【活動の報告】 紙とWeb
【第三者の関与】 有 【英文の報告書】 有
サステナビリティ日本フォーラム後藤敏彦氏よりレポートに関する第三者意見を受領。一部環境データに関してはビューロベリタスジャパンより第三者検証を取得
【統合報告書】 検討中
【ステークホルダー・エンゲージメント】 有 内容報告:行っている
①2013年6月には東京本社においてステークホルダー・ダイアログを実施 ②操業周辺地域住民への説明会を国内外で年間約350回開催
【汚職・贈収賄防止】 方針有
行動規範及び行動基本原則において「政治、行政とは健全かつ正常な関係を構築する」「適用される贈収賄及び汚職の禁止に関する関係各国の諸法令を順守し、贈答・接待は社会的常識及び国際的通念の範囲内で行う」と定めており、2014年には従業員の周知徹底を図るために「行動規範解説書」を作成したほか具体的な行動指針を示した「贈収賄・汚職防止ガイドライン」も2014年4月に制定している
【ISO26000】 活用
【CSR部署】 (専任)経営企画ユニット調査・CSRグループ
【CSR担当役員】 兼任有(取締役副社長執行役員経営企画本部長)
【同・CSR業務比率】 半分以下
【NPO・NGO連携】 有(主な連携先:①日本UAE青少年児童育成交流協力会 ②新潟恩返し隊及び新潟市社会福祉協議会)
①アラブ首長国連邦にあるアブダビ日本人学校では同国皇太子の要請に応え、2006年より、毎年2人のUAE国民子弟を受け入れ、2014年4月現在計19人が在籍している。ほかのアブダビ進出日本企業と協力し、本事業を支援するためのNPO法人を設立し、それらを通じて幼児教育専門家及び小学校教員を派遣している ②国内事業本部では新潟恩返し隊が主催するボランティアバスツアーに従業員を派遣し、被災地での農業支援等を行っている
【CSR関連基準】 国連グローバル・コンパクト、GRIガイドライン、ISO26000、日本経団連:企業行動憲章、ILO中核的労働基準、国際業界団体基準(EITI(採取産業透明性イニシアチブ)、OGP(国際石油・天然ガス生産者協会)ガイドライン、国際金融公社(IFC)が定めるIFCパフォーマンススタンダードを自主基準としオペレーション活動を実施)
(注)採取産業に伴う汚職や贈収賄を防止し、資金の流れの透明化を目指すEITIに、自社グループは事業を展開するアゼルバイジャン、カザフスタン、東ティモール、コンゴ民主共和国、インドネシアにおいて協力。またIPEICA(国際石油産業環境保全連盟)に2013年4月に加盟し、各種ワーキンググループに参加

##### ESG・SRI

【ESG情報の開示】 開示
【機関投資家・ESG調査機関等との対話】 行っている
【SRIインデックス等への組み入れ】 Dow Jones Sustainability Index、モーニングスター社会的責任投資株価指数、ECPI、Robeco SAM Sustainability yearbook members、CDP Climate Disclosure Leadership Index
【SRI、エコファンド等】 ①College Retirement Equities Fund-Social Choice Account ②Sparinvest SICAV-Ethical Global Value ③三菱UFJ「SRIマザーファンド」 ④パインブリッジ・ジャパンCSRマザーファンド ⑤ダイワ日本ハーモニーストック・マザーファンド

##### CSR調達

【CSR調達の実施】 行っている
【調達方針、労働方針、監査方針等の基準】 開示
【CSR調達に関する調達先監査・評価】 有
【CSR調達の具体的な取り組み】 取引先との調達活動においては「調達倫理指針」「資材業務細則」「資材業務取扱要領」を制定している。①調達先にMSDSの発行を求め土壌汚染のリスクを低減するほか、エコマークのついたオフィス什器を購入する等の取り組みを実施 ②国内外での調達活動において衛生、安全、環境、スケジュール、品質、コスト等の条件を満たす場合には地域経済の活性化のため地元企業を積極的に活用 ③コントラクターに対し自社の企業行動憲章の順守を要求し、人権にも配慮している
【紛争鉱物の対応】 必要無

##### 他CSRの取り組み等

【BOPビジネスの取り組み】 行っている
【BOPビジネスの位置づけ】 社会貢献の側面が強い
【BOPビジネスの具体例】 ①オーストラリア北部準州において先住民を含む青年層を対象に職業訓練機会を提供し、就業機会を高めることを目的とした職業訓練校の設立に際し、資金支援を実施 ②インドネシアにおいて高品質で安全な農作物の生産性を高めることを目的とした有機農法の教育訓練を実施
【コミュニティ投資の取り組み】 行っている
【コミュニティ投資の具体例】 ①イクシスLNGプロジェクトにおいて、ダーウィン周辺の先住民の青年層に対し機械工学の専門的知識の教育の機会を提供する職業訓練校を開校し、若い人たちの失業率の改善に努めている。現在卒業生を含む先住民400人がプロジェクトに従事している ②インドネシアにおいて実施している「INPEX Tanimbar English Training」を受講した高校生のうち約7割が大学入試に合格している
【プロボノ支援の取り組み】 行っている
【プロボノ支援の具体例】 ①UAE大学及びアブダビ石油大学から毎年研修生を受け入れており、石油開発に関する技術支援を行っている ②企業経営の視点からエネルギービジネスのマネジメント全般を学ぶことを目的に、一橋大学大学院国際企業戦略研究科において、2013年8月から3年間にわたる寄付講座「INPEX: Management of Energy Business」を開設。講座においては役員等による講義が行われている
【海外でのCSR活動】 ①インドネシアではステークホルダーと協議のうえ策定した社会貢献活動方針に基づき、7つの社会貢献プログラムを2013年度に実施 ②豪州で活動を行うに当たり、地域先住民コミュニティと互いに尊重し合いより良い関係構築を目指し、自社のビジョンと行動計画を盛り込んだ「先住民との協調活動計画(RAP)」を2013年6月に策定。この中で定めた「関係」「尊重」「機会」という3つのテーマの下コミットメントを実施。RAPの取り組みは毎年見直しを行い、達成成果を公表している ③アブダビにおいて真珠養殖の技術支援を2006年より実施。アブダビの真珠産業復活に寄与する技術者を募り2人の技術者を日本より派遣。現在技術者が湾岸地域に常駐しながらアブダビの養殖真珠の研究、技術支援を行っている
【CSR関連・表彰歴】
(12年度)①第15回日経アニュアルレポートアウォード佳作(アニュアルレポート2012) ②2012インターネットIRベスト企業賞優秀賞(IRweb) ③米国LACPビジョンアワード2012世界25カ国800社中23位(アニュアルレポート2012)
(13年度)①「なでしこ銘柄」鉱業部門初採用 ②第16回日経アニュアルレポートアウォード優秀賞(アニュアルレポート2013) ③2013インターネットIRベスト企業賞優良賞(IRweb)

#### ガバナンス・法令順守・内部統制

##### 取締役

【人数】 16人 【代表者数】 3人 【女性役員】 0人
【社外取締役】 5人

##### 監査役

【人数】 5人 【社外監査役】 4人

##### 株主

【株式数】 1,462,323千株 【株主総数】 39,546人
【特定株比率】 46.4% 【浮動株比率】 2.0%
【所有者状況】 政府・地方公共団体 18.94%、金融機関 14.08%、金融商品取引業者 0.88%、他法人 16.69%、外国法人等 46.41%、個人他 3.00%

##### 企業倫理

【方針の文書化・公開】 文書化・公開
【社員の行動規定】 有
(注)役員及び従業員が「経営理念」「企業行動憲章」のもと、業務を遂行する上に守るべき「行動基本原則」を定めている。「行動基本原則」を実践できるよう設けている「行動規範」の順守事項にかかる日常の行動指針や具体的な事例、参考となる法令、社内規程をまとめた「行動規範解説書」を2014年4月に作成

##### 法令順守

【部署】 (兼任)総務ユニット文書グループ、プロジェクト開発ユニットリーガルグループ

##### IR

【部署】 (専任)広報・IRユニットIRグループ

##### 内部通報・告発への対応

【内部通報・告発窓口】
社内: 設置済み
社外: 設置済み
【通報・告発者の権利保護規定】 制定済み
【公益通報者保護法ガイドライン】 参考にしている

| 【通報・告発】 | 12年度 | 13年度 |
|---|---|---|
| 件数 | 4 | 6 |

(注)2013年6件あった内部通報は適切な手順に従って対応され全件解決されている。またこの6件の通報の中に「贈収賄・汚職」「差別」等重大なコンプライアンス違反に関するものはなかった

##### 法令等に関わる事件等

| (件数) | 11年度 | 12年度 | 13年度 |
|---|---|---|---|
| 公取など関係官庁からの排除勧告 | 0 | 0 | 0 |
| 不祥事などによる操業・営業停止 | 0 | 0 | 0 |
| コンプライアンスに関わる事件・事故で刑事告発 | 0 | 0 | 0 |

【鉱業】

(出所) 東洋経済新報社『CSR企業総覧』2015。

## 図表10.5 『就職四季報　女子版』の例

開示 ★★★☆☆　〔化粧品・トイレタリー〕

# ㈱資生堂（しせいどう）

東証 4911

| 女性採用数 | 計 | 33名 |
|---|---|---|
| | 総合 | 33名 |

【特色】化粧品国内首位。基幹ブランドを再構築中

【本社】104-0061 東京都中央区銀座7-5-5 ☎03-3572-5111　http://www.shiseido.co.jp/

| 勤続(女性) | 有休消化年平均 | 既婚率(女性) | 3年後離職率(女性) |
|---|---|---|---|
| 17.9年 | 13.3日 | 63.9% | NA |

**●求める人材●**

情熱をもってやり遂げることができる人

**●総合・一般職のエントリー情報●**

【受付開始～終了】㊙12月～5月《16予》3月～9月【採用プロセス】㊙ES提出(12～3月)→Web適性テスト(3月)→会社説明会・筆記・面接(4月)→面接・GD(4月)→面接(4月)→内々定(4月下旬)

試験情報

重視科目　総 全て

総 ES NA 筆 一般常識 面 3回 GD 作 NA

選考ポイント　総 ES 全設問の内容 面 コンピテンシー(成果に結びつく再現可能な行動特性)の有無 他

通過率

総 ES NA 筆 ND(面接との総合判断)

倍率(応募/内定)　総 NA

**●女性から見た採用・配属情報●**

【男女・文理別採用実績】

| | 大卒女 | 大卒男 | 修士女 | 修士男 |
|---|---|---|---|---|
| 13年 | 23(文 22 理 1) | 26(文 26 理 0) | 11(文 4 理 7) | 14(文 3 理 11) |
| 14年 | 13(文 13 理 0) | 24(文 24 理 0) | 7(文 1 理 6) | 9(文 2 理 7) |
| 15年 | 20(文 20 理 0) | 16(文 16 理 0) | 8(文 1 理 7) | 12(文 2 理 10) |

【男女・総合一般別採用実績】　転換制度：⇔

| | 総合職 |
|---|---|
| 13年 | 88(男 46 女 42) |
| 14年 | 60(男 37 女 23) |
| 15年 | 62(男 29 女 33) |

【15年4月入社者の女性採用実績校】

㊙(院)東大3 京大 阪大 横浜市大 東京農工大 早大各1 (大)慶大 上智大各2 神戸大 横浜市大 学習院大 甲南大 青学大 専大 同大 明大 明学大 多摩美大 立教大 立正大 京大 聖心女大 早大 立命館大各1(高専)沖縄 熊本 函館 米子 木更津各1　＊計26校

新卒採用の男女比

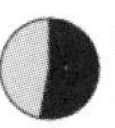

■女□男 53%

従業員の男女別構成比

■女□男 53%

【14年4月入社女性の勤務地とその人数】

㊙<事務系>首都圏7 東北1 中部2 近畿2 中国・四国1 九州1<技術系>首都圏4 関越1 中部2 近畿2

【14年4月入社女性の配属部署とその人数】

㊙販売会社13 工場5 リサーチセンター4 本社1

【記者評価】化粧品国内首位。世界でも大手で海外売上高比率は5割を超える。グローバルなブランド戦略を展開。国内では「ツバキ」「マキアージュ」など大型ブランドに投資を集中。12年春にはネット通販を解禁。女性の管理職登用に積極的で、事業所内保育所で育児支援、企業内大学で社内研修を強化。14年4月、日本コカ・コーラ会長等務めた魚谷雅彦氏が役員経験のない外部人材として初の社長就任(13年4月からマーケティング統括顧問)。同10月よりブランドマネージャー制を導入、マーケティング改革に取り組む。

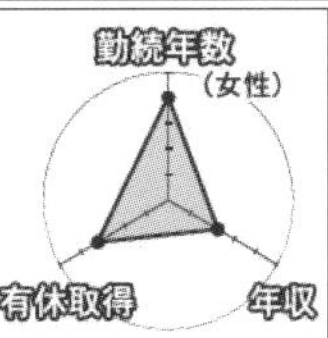


**●年収、給与、ボーナス、産休・育休ほか●**

【大卒初任給】㊙205,740円【平均年収】約730万円【ボーナス(年)】NA【25、30、35歳モデル賃金】220,890円→266,670円→322,830円 ※東京23区内【週休】完全2日【夏期休暇】連続9日(週休含む)【年末年始休暇】連続9日(週休含む)【産休期間と取得者数、給与】産前6・産後8週間、83名、会社全額給付(産前6・産後6週間)【育児休職期間と取得者数、給与】3歳になるまで、178名、通常の育休は法定、それ以外に有給の短期育休(連続2週間)がある【介護休職期間と取得者数】1年(上限3年)、9名

**●従業員数、離職率、勤続年数、残業ほか●**

【男女別従業員数、平均年齢、平均勤続年数】計3,775(41.8歳 18.2年) 男1,779(42.5歳 18.5年) 女1,996(41.1歳 ㊙17.9年)【勤務時間】8:30～17:15【月平均残業時間と支給額】19.7時間、NA【女性の役職者】191名(役職者計941名)【女性の既婚者】1,276名【女性の有子者】845名

【研修制度】1年目：新入社員研修 配属先別研修 入社1年目フォロー研修／2～5年目：事業所別研修 職種別研修 入社2年目フォロー研修 キャリア開発研修

【女性のキャリア例】NA【女性の最高役職】執行役員常務

【男女別離職率と離職者数】NA(管理職：一部退職金制廃止 早期退職106名含む)【3年後新卒定着率】90.6%(男NA、女NA、3年前入社：男46名・女50名)

**会社データ**　(資本金・業績は百万円)

【社長】魚谷 雅彦

【今後力を入れる事業】国内事業 中国事業 米国ベアエッセンシャル社事業

【業績(連結)】

| | 売上高 | 営業利益 | 経常利益 | 純利益 |
|---|---|---|---|---|
| 12.3 | 682,385 | 39,135 | 39,442 | 14,515 |
| 13.3 | 677,727 | 26,045 | 28,406 | ▲14,685 |
| 14.3 | 762,047 | 49,644 | 51,426 | 26,149 |

【設立】1927.6【資本金】64,506【事業構成】(連)国内化粧品46(11) グローバル53(2) 他1(14)

【取引銀行】みずほ 三井住友信 三菱U信 三菱U

【グループ会社】資生堂販売 エフティ資生堂 他

| 【株価】 | 2010年 | 2011年 | 2012年 | 2013年 | 2014年 |
|---|---|---|---|---|---|
| 始値 | 1,807 | 1,789 | 1,434 | 1,244 | 1,673 |

(出所)　東洋経済新報社『就職四季報　女子版』(2016年版)。

れています。

もう1つ、日本経済新聞社が提供しているコーポレート・ガバナンス評価システムというデータベース（日経 NEEDS-Cges）を紹介しましょう。これは企業のコーポレート・ガバナンスについての包括的なデータベースです。コーポレート・ガバナンスを分析する際に、社外取締役などの取締役会の構成、外国人株主などの所有構造そしてストック・オプションに代表される経営者のインセンティブに注目することがよくあります。このデータベースにはこれらの詳細な情報が含まれています。たとえば、社外取締役比率が高い企業ほど企業の業績が高いかどうか、どのような企業が社外取締役を多く導入しているのか、といった分析を行うことができます。

この他にもいろいろなデータベースがあります。興味があれば東洋経済新報社や日本経済新聞社のウエブサイトをチェックして図書館で確認してみてください。たとえば、東洋経済新報社『海外進出企業総覧』は企業の国際化の実証分析で広く使われています。合併や買収に関する研究ではレコフ社の M&A データベースがよく用いられています。日経企業活動情報も M&A などの企業行動について豊富な情報が含まれています。

これらのデータベースを自分が所属する大学や組織で導入していないこともよくあることです。その際にはあきらめたほうがよいのでしょうか。もちろん、あきらめる必要はありません。データが公表されていないのであればあきらめるしかありませんが、『CSR 企業総覧』であれば書籍版をどこかの図書館で閲覧することは可能なはずですし、『会社四季報』や『就職四季報』の書籍版はそれほど高価ではありません。コーポレート・ガバナンスについては企業が公表しているコーポレート・ガバナンス報告書に必要な情報は含まれています。必要な変数については、これらの書籍やウエブサイトから自分で入力すればよいということになります。自分で入力すると聞くと、たいへんなように思うかもしれません。しかし、『会社四季報』から、1社につき4～5個の数値を入力することに時間はあまりかかりません。たとえば1日1社5年分のデータを入力すればひと月で30社について5年分のデータを入力することができます。これだけあれば興味深い分析が可能です。

### 自分でデータを作成する

東洋経済新報社や日本経済新聞社のデータは便利ですが、これらのデータベースに企業に関する情報がすべて含まれているわけではありません。このような場合には新聞記事等から自分で作成することも可能です。たとえば、大竹・谷坂（2002）では1990年から1998年の『日本経済新聞』から「削減」「解雇」といったキーワードを用いて上場企業の雇用削減のニュースを検索しています。そのうえで、このニュースに対して株価がどのように反応したかを分析しています。『日本経済新聞』の過去の記事は日経テレコン21で検索可能です。

### 市町村等を単位としたデータ

企業単位のデータではなく、産業単位や市町村単位のデータを用いて分析することもあります。企業や個人を取り巻く環境を考えたりする際に市町村等を単位とした集計データはたいへん便利です。市町村や県単位では経済、経営にかかわる項目だけではなく、社会、文化、教育といったさまざまな側面のデータも入手することができます。たとえば、岡室（2006）は市町村データを用いて新規開業の決定要因を分析しています。

### 例：スターバックスはどこに出店するのか

コンビニエンスストアやスーパーマーケットに関して検索すると、小本（1997）などいくつか先行研究があることがわかります。私のゼミに参加していたHMさんは、これらの研究を参考に、スターバックスが東京23区のどこに集中的に出店しているかを分析しました。被説明変数は全国のスターバックス全体の総席数に占める各区の席数（集中度）で、説明変数は平均年齢、人口、面積、地価、大学の数です。ここでは分析の単位は区です。なお、分析の時点でいちばん席数が多いのは港区でいちばん少ないのは足立区でした。分析の結果は以下のとおりです。カッコ内は標準誤差で**は5%、*は10%水準で有意であることをしめしています。ここにあるように地価が高く、大学が多い区にスターバックスが多く出店していることがしめされています。平均年齢、面積、人口は有意ではありませんでした。

$$
\begin{aligned}
\text{集中度} = & \underset{(9.085)}{-0.321} + \underset{(0.196)}{0.014}\,\text{平均年齢} + \underset{(0.033)}{0.031}\,\text{面積} \\
& + \underset{(0.001)^{**}}{0.002}\,\text{地価} + \underset{(0.038)^{*}}{0.077}\,\text{大学数} - \underset{(3.67)}{3.456}\,\text{人口}
\end{aligned}
$$

## 5 データを整理する

分析を行う際には、データを収集し整理します。Excelなどの表計算ソフトウエアでは1つの観測値が1行にしめされるように整理します。分析の単位が企業であれば、上から下に企業の名前が並び、横に売上高や利益などの変数が並ぶ形です。図表10.6を参考にしてください。

複数の情報源から変数を作成し、1つの表にまとめることはよくあります。その際に、同じ企業同士でデータを接続する必要があります。このことをマッチングといいます。このマッチングの際には企業を特定する番号があると便利ですが、上場企業を用いた分析の場合、そのような作業には証券コードを使用します。

分析においては、それぞれの企業がどの産業に属しているか、ということはとても重要です。たとえば企業の利益率を考えても、企業固有の要因と産業固有の要因のどちらの影響も強く受けています。ある企業の業績が向上しているとして、それが企業固有の要因によるものなのか産業固有の要因によるものかは常に考える必要があります。

産業コードは日本標準産業分類、国際標準産業分類などいくつかのものがあります。日本標準産業分類や国際標準産業分類はかなり細かい分類がなされているので、細かい分類が必要な場合にはこちらを使用することがあります。一方、これらの国全体の産業分類と別に東京証券取引

図表10.6　企業データの例

|  | A | B | C | D | E | F | G | H |
|---|---|---|---|---|---|---|---|---|
| 1 | 企業名 | 証券コード | 産業コード | 資産 | 売上高 | 経常利益 | 税引前利益 | 広告宣伝費 |
| 2 | 日本水産 | 1332 | 50 | 2.95E+08 | 3.17E+08 | 936000 | −6204000 | 2304000 |
| 3 | 大成建設 | 1801 | 2050 | 1.14E+09 | 9.38E+08 | 2.21E+07 | 1.78E+07 | 512000 |
| 4 | 大林組 | 1802 | 2050 | 1.19E+09 | 9.09E+08 | 2.07E+07 | 1.97E+07 | 688000 |
| 5 | 清水建設 | 1803 | 2050 | 1.22E+09 | 1.15E+09 | 1.65E+07 | 1.56E+07 | 1304000 |
| 6 | 鹿島 | 1812 | 2050 | 1.33E+09 | 9.70E+08 | 5786000 | 1.02E+07 | 537000 |
| 7 | 熊谷組 | 1861 | 2050 | 1.41E+08 | 1.85E+08 | 2057000 | 1922000 | 68000 |
| 8 | 大和ハウス工業 | 1925 | 2050 | 1.40E+09 | 1.06E+09 | 5.78E+07 | 1.78E+07 | 18851000 |
| 9 | 積水ハウス | 1928 | 2050 | 1.17E+09 | 1.03E+09 | 4.05E+07 | 3.83E+07 | 18582000 |
| 10 | 日揮 | 1963 | 2050 | 4.16E+08 | 3.60E+08 | 5.63E+07 | 4.52E+07 | 148000 |
| 11 | 日本ハム | 2282 | 3050 | 4.16E+08 | 6.69E+08 | 1.53E+07 | 1.07E+07 | 9837000 |
| 12 | 味の素 | 2802 | 3050 | 8.35E+08 | 6.65E+08 | 1.42E+07 | 3387000 | 20218000 |
| 13 | 日本たばこ産業 | 2914 | 3050 | 2.88E+09 | 2.07E+09 | 1.83E+08 | 9.86E+07 | 12792000 |
| 14 | 東洋紡 | 3101 | 3100 | 4.02E+08 | 2.19E+08 | 1.33E+07 | 1741000 |  |
| 15 | ユニチカ | 3103 | 3100 | 2.27E+08 | 1.03E+08 | 6362000 | 3348000 |  |
| 16 | 日東紡 | 3110 | 3400 | 1.01E+08 | 5.38E+07 | 3198000 | 1271000 | 57000 |
| 17 | 東レ | 3402 | 3100 | 1.06E+09 | 5.20E+08 | 3.15E+07 | 2.01E+07 |  |
| 18 | クラレ | 3405 | 3100 | 4.34E+08 | 2.04E+08 | 3.62E+07 | 3.21E+07 | 738000 |
| 19 | 王子製紙 | 3861 | 3150 | 1.26E+09 | 4.80E+08 | 2.93E+07 | 1.08E+07 |  |
| 20 | 三菱製紙 | 3864 | 3150 | 1.89E+08 | 1.32E+08 | 462000 | −1.33E+07 | 200000 |
| 21 | 北越製紙 | 3865 | 3150 | 2.65E+08 | 1.54E+08 | 5429000 | 3294000 |  |
| 22 | 住友化学工業 | 4005 | 3200 | 1.46E+09 | 7.90E+08 | 9710000 | 1111000 |  |
| 23 | 日産化学工業 | 4021 | 3200 | 1.64E+08 | 1.16E+08 | 1.72E+07 | 1.71E+07 | 886000 |
| 24 | 日本曹達 | 4041 | 3200 | 1.31E+08 | 7.30E+07 | 5315000 | 3867000 |  |
| 25 | 東ソー | 4042 | 3200 | 4.92E+08 | 4.79E+08 | 2.67E+07 | 1.60E+07 |  |
| 26 | 電気化学工業 | 4061 | 3200 | 3.46E+08 | 2.40E+08 | 1.57E+07 | 1.39E+07 |  |
| 27 | 三井化学 | 4183 | 3200 | 1.02E+09 | 8.58E+08 | 2748000 | 1.12E+07 |  |
| 28 | 宇部興産 | 4208 | 3200 | 4.53E+08 | 2.95E+08 | 2.08E+07 | 7754000 |  |
| 29 | 花王 | 4452 | 3200 | 9.33E+08 | 7.16E+08 | 9.83E+07 | 9.87E+07 | 51251000 |
| 30 | 武田薬品工業 | 4502 | 3250 | 1.55E+09 | 8.42E+08 | 1.94E+08 | 1.94E+08 | 15109000 |

所は上場企業に対する産業分類を行っています。これは上場企業を33業種に分類するものです。上場企業を対象にした分析ではこちらを用いることも多いと思います。

## 6 使用したデータについて説明する

論文では、データについて説明する必要があります。使用するデータがきまったら、ある程度まとめておきましょう。先行研究のまとめやデータのまとめを作成しておくと、後で最終的に論文にまとめるときに楽です。論文のデータの節でしめすべき内容は以下のとおりです。

- どのようなデータを用いるのか。
- それぞれの変数の情報源はどこか。

- どのような変数を用いるのか、それらの変数はどのように定義もしくは計算されるのか。
- 使用するデータはどの程度望ましいのか。
- 同じデータを使用した先行研究にはどのようなものがあるか。

まず、どのようなデータを用いるのか、またそのデータの情報源をしめします。具体的に見てみましょう。久保・齋藤（2007）の「データ」の節の第2段落の書き出しは以下のとおりです。何年から何年のどのようなデータを用いたか、そのデータはどこから入手したかがわかると思います。

> 本研究では合併が賃金に与える影響を計測するために、1989年度から2002年度に合併が合意に至り、1990年度から2003年度に合併後初年度を迎えた上場企業同士の合併114件をサンプルとした。合併企業を収集するためにRECOF社の『日本企業のM＆Aデータブック　1988-2002』ならびに上場廃止企業の廃止理由を調べた。なお分析に用いる各企業の財務データは日本政策投資銀行の企業財務データバンクから得た。

データや手法についてきちんと説明してあれば、他の人がまったく同じデータを収集し、まったく同じ分析を行って、同じ結果を得ることができます。このようなことを再現性（reproducibility）といいます。

### サンプルセレクション

「使用するデータはどの程度望ましいのか」というのは、わかりづらいと思います。たとえば、上場企業全体のデータに興味があるとします。しかし、時間や手間の問題で100社分だけしかデータを収集できなかったとします。このとき、「本来は上場企業全体を分析すべきだけれども100社のデータだけを分析する」ということになります。ここで、重要なのは、この100社が上場企業全体と同じ傾向をしめしているかどうかということです。この100社が上場企業全体と同じ傾向をしめしているのであれば、この100社を分析すれば全体のことがわかるのですが、特殊な例だけを取り出しているのであれば、この100社の分析を行っても全体の傾向はわかりません。そこで、自分が分析するサンプルが全体を代表しているかどうかについて言及することができれば望ましいといえるでしょう。その際には、どのようにその100社を選択したのか、その100社と全体で売上高などの平均が大きく異なるかどうかなどについて説明します。母集団からサンプルを選ぶやり方（サンプルセレクション）に歪みがある場合、計測結果に問題が発生します。このときにどのような問題が発生するか、どのように対処可能かということは計量経済学における重要な問題です。

## 7 おわりに

この章では、どのようにデータを探し、整理し、データについて記述するかについて説明しました。企業データを中心にお話をしたのですが、もちろん、この章で取り上げた以外のデータを用いた分析も多く存在します。国が統計を作成する場合には、個人や企業のデータを収集したうえで、平均値などを公表します。1つ1つの個人や企業の個票データは公表されませんが、研究目的での利用が可能な場合もあります。このような個票データの分析によって、政策の効果などについて信頼性の高い分析を行うことができます。この他にも企業内部のデータにアクセスできる場合には、そういったデータを用いた分析を行うことが可能です。また、アンケート調査による分析も多く行われています。

近年、大学や公的機関を中心にアンケート調査やさまざまなマイクロデータを研究目的で使用可能にする動きがはじまっています。たとえば東京大学社会科学研究所附属社会調査・データアーカイブ研究センターのウエブサイトには同センターが収集しているデータや、日本国内の関連するアーカイブの紹介がされています。

## 練習問題

1. 上場企業の財務データを用いて為替レートがROAに与える影響について分析したいと思います。被説明変数はROA、説明変数は総資産、米ドル為替レート等です。このとき、分析のためのサンプルとして次の2つを考えています。この分析を行う際にどちらのサンプルが望ましいかについて、メリット・デメリットに言及しながら議論してください。

   A：日経225株価指数に採用されている企業

   B：機械、電気機器、輸送用機器、精密機器産業に所属する企業300社

2. 経営者は、自分が経営する企業の株式を保有すること（役員持株）がよくあります。エージェンシー理論によると、経営者が大量の株式を保有している場合、経営者と株主の利害対立が解消されるため、経営者が企業価値最大化のために一層の努力を行う可能性があります。そこで、役員持株比率が大きいほどROAが高いという仮説を検証したいと思います。被説明変数はROA、説明変数は役員持株比率と総資産です。この本のウエブサイトからfinancial_analysis.csvをダウンロードして次の設問に答えてください。

   (1) 使用する変数について基礎統計量（平均値、中央値、標準偏差、サンプルサイズ）を計算し、表にまとめてください。役員持株比率およびROAについて、表からどのようなことがいえるかについてコメントをしてください。

   (2) 役員持株比率がROAに与える影響について回帰分析を行い、その結果を表にまとめてください。その際に、説明変数として役員持株比率だけを用いた場合と、役員持株比率と総資産を用いた場合の式を計測してください。また、その結果について簡単にコメントをしてください。

LECTURE 11

# 論文作成

## 研究計画書を作成し、分析結果を論文にまとめる

### 1 はじめに

この章では論文および研究計画書をどのように書くかについて説明します。論文をはじめて書く人のなかには、どのように書けばよいかわからない人もいると思います。どのように書き出せばよいかわからない人もいるでしょう。しかし、あまり心配することはありません。実証論文では、「何をどこにどのように書くか」ということがある程度きまっています。

ここまで学んできたことは、すべて論文を完成させるための材料づくりです。いままでの練習問題を思い出してみてください。第２章の練習問題の問２ではROA、外国人持株比率および売上高について基礎統計量の表を作成しました。第３章の練習問題の問３では、平均値の差の $t$ 検定を用いて外国人持株比率とROAについて分析しました。そして第６章の練習問題の問３で同じ問題意識から回帰分析を行い、表にまとめました。これだけの材料があれば、「外国人持株比率が企業の業績に与える影響」についてまとめることはむずかしくありません。また、第９章の練習問題の問１で（4）を選択した人は、経営者の持株が企業の業績に与える影響について先行研究の要約を作成しています。「経営者の持株が業績に与える影響」と「外国人持株比率が業績に与える影響」は似ているトピックなので、分析手法や論文の書き方が参考になるでしょう。論文を書く、というと新たに書き下ろすようなイメージがありますが、実際には、いままでの章で学んだ内容で作成した部品を論文の正しい形式にのっとってまとめ上げるという作業に近いと考える

ことができます。

この章の2節では論文のタイトルと文章について説明します。研究がある程度固まった時点で研究計画書を作成するのですが、3節でどのように書くかについて記述しています。4節では論文にはどのようなことを書くかについてまとめています。5節では「はじめに」と先行研究、仮説設定、6節では、データ、基礎統計量、分析方法、7節では「おわりに」、8節では参考文献の書き方について説明し、9節でまとめています。

この章の目的

- 実証分析の論文に、どのようなことを書くのかを理解する。
- 研究計画書を作成することができるようになる。
- 論文を書くことができるようになる。

## 2 タイトルと文章について

### まずタイトルをきめる

論文にはタイトルが必要です。タイトルについても典型的なパターンがありますので、そのパターンを真似するのがよいと思います。まず「どのような分析を行ったか」がわかるものであればよいと思います。被説明変数が $Y$、説明変数が $X$ であれば、「$X$ が $Y$ に与える影響」もしくは「$X$ と $Y$」といったタイトルにするのが基本です。

以下は、いくつかの論文の例です。これらのタイトルは学術雑誌などに出版されている論文で「説明変数 $X$ が被説明変数 $Y$ に与える影響」について実証分析を行ったものです。

「開業率の地域別格差は何によって決まるのか」(岡室、2006)
「MBO による事業売却と株式市場の評価」(川本・齋藤、2009)
「株式所有構造と企業統治――機関投資家の増加は企業パフォーマン

スを改善したのか」(宮島・保田、2015)
「コーポレート・ガバナンスと多角化行動――日本企業の子会社データを用いた実証分析」(花崎・松下、2012)
「雇用削減行動と株価」(大竹・谷坂、2002)
「わが国製造業における研究開発投資の決定要因」(後藤ほか、2002)

サブタイトルをつけることもよくあります。サブタイトルに何を書くかはいくつかの方法があります。たとえば、どのようなデータを用いたかを書いたり、どのような問題意識を持っているかを書いたりすることもあります。上の「日本企業の子会社データを用いた実証分析」は使用したデータを書いていますし、「機関投資家の増加は企業パフォーマンスを改善したのか」は問題意識を書いています。説明変数を一般的な言葉で言い換えてもいいでしょう。

下にタイトルのテンプレートをしめします。たとえば外国人持株比率が企業の業績に与える影響を分析したとします。このとき、そのまま「外国人持株比率がROAに与える影響」というタイトルを考えることができます。サブタイトルは「コーポレート・ガバナンスは企業の業績を向上させるのか」「日本の上場企業データを用いた検証」「エージェンシー理論から」というタイトルを考えることができます。

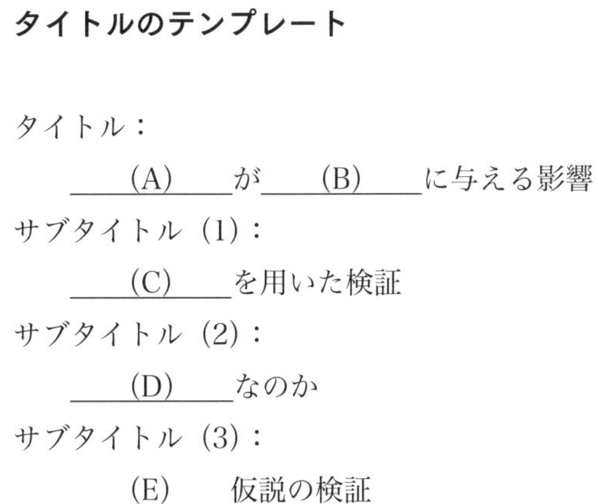

**タイトルのテンプレート**

タイトル：
　＿＿(A)＿＿が＿＿(B)＿＿に与える影響
サブタイトル(1)：
　＿＿(C)＿＿を用いた検証
サブタイトル(2)：
　＿＿(D)＿＿なのか
サブタイトル(3)：
　＿＿(E)＿＿仮説の検証

(A) 主な説明変数を書いてください。
(B) 被説明変数を書いてください。

サブタイトルをつけるのであれば、以下の３つから１つ選んでください。
(C) どのようなデータを用いて分析するかを書いてください。
(D) 問題意識を書いてください。
(E) 何らかの理論を検証する際には、仮説や理論の名前を書いてください。

### 文章について

ここから研究計画書と論文をどう書くかについて話を進めるのですが、その前に文章について、いくつか大事と思われることをまとめておきます。とくに重要な点は以下の４点です。

①文章のまとまりが段落であり、段落のまとまりが文章であることを意識する。トピックセンテンス（その段落でいいたいことは何かということをしめした文）を意識する。トピックセンテンスだけを読んで節の内容が理解できるかを考える。
②事実と意見を区別して書く。意見も、自分の意見と他人の意見を明示的に区別すること。
③事実を提示する場合、根拠を記述する。
④むずかしい表現を使うのではなく、可能な限り簡単にわかりやすく、かつ具体的に書く。

この４点については、説明がなくても意味はわかると思いますが、事実と意見について少しだけ説明します。文章を書いているときに、自分がいま書いている文章は事実なのか、意見なのかということを意識してください。このことはとても大事です。次の文章を見てください。この文章は事実でしょうか、意見でしょうか。

「日本は高齢化が進んでおり、これに対する対策が急務である。」

この文章には「日本は高齢化が進んでいる」という事実（根拠や高齢化の定義が不明ですが）と「対策が急務である」という意見が両方入っています。また、「対策が急務である」ということを考えているのは誰で、どのような目的を達成するために必要なのかが明示されていません。その意味で、わかりづらい文章といえるでしょう。このようなことを意識して文章を作成してください。なお、この本は「です・ます」で書いていますが、論文を作成するときは「である・だ」という語尾で書いてください。

「わかりやすい文章の書き方」は大事なのですが、この本では説明しません。興味がある人は、下の本を読んでみてください。この本は40年近く前の本ですが、Wikipediaによると100万部を超えるベストセラーで現在も売れ続けています。「理科系の」というタイトルですが、企業に関する論文を作成するためにもたいへん役に立ちます。

木下是雄（1981）『理科系の作文技術』中公新書。

学術的な文章を作成する際に注をつけることはよくあります。本文に記述するほどではないが、補足的に必要な情報を注として記述します。変数の細かい計算方法、背後にある法制度の説明などを脚注、文末注とします。どちらを用いるかわからない場合には脚注としてください。Microsoft Wordなどのソフトウエアには注を作成するための機能が含まれていますので利用してください。

## 3 まずは研究計画書（リサーチ・プロポーザル）を作成する

### 研究計画書とは

研究テーマがある程度が固まって、どのようなデータが利用可能かについて目処がついた段階で研究計画書（リサーチ・プロポーザル、research proposal）を作成します。研究計画書とは、文字どおり、研究計画を具体的に記述したものです。

研究計画書には、①内容（何を分析するのか）、②問題意識（なぜこの研究が重要なのか）、③関連する先行研究の紹介と仮説、④データと手法（どのようなデータを用いてどのような分析をするのか）、⑤予想される結果、をまとめてください。また、明示的に理論的な枠組みを用いる場合にはどのような理論を用いているのかについても記述してください。「この研究を真似してみたい」と思える先行研究を見つけて、ある程度理解した時点で作成するとよいでしょう。この章でも説明するように、論文の「はじめに」や「先行研究」の節は、研究計画書の内容と重なっています。よい研究計画書を作成することが研究の前半の大きな目標です。

余談になりますが、大学の教員などの研究者にとって重要な仕事は研究計画書を書くことです。研究者は科学研究費補助金（科研費）などの研究費を獲得するために研究計画書を提出し他の研究者による審査を受ける必要があります。このことからも研究計画書がとても重要なものであるということがわかると思います。

それでは、研究計画書をどのように書くかについて具体的に考えてみましょう。しかし、これに関して、それほど悩む必要はありません。研究計画書に含める必要がある項目は下にまとめてあります。

**研究計画書の内容**

タイトル

1. はじめに（研究の目的、問題意識および背景）
2. 先行研究と仮説設定、理論的な背景
3. 使用するデータおよび変数
4. 分析手法
5. 予想される結果

6. スケジュール
7. 参考文献

### 研究計画書をどのようにはじめるか

それでは研究計画書を書きはじめましょう。私のゼミに参加している学生の研究計画書の書き出しの数段落を下にしめします。

**例：IY さんの研究計画書**

タイトル：
くるみんマーク認定が企業の株価・人気ランキングに与える影響

安倍内閣が女性の活躍を推進している現在、厚生労働省が認定する「次世代認定マーク」（通称、くるみんマーク）を受賞する企業が増えている。この研究の目的は「次世代認定マーク」の受賞が企業の株価に与える短期的な影響と、受賞が大学生・大学院生の就職人気ランキングに与える影響を分析することである。

次世代認定マークは平成 17 年度からはじまった取り組みであり、この次世代認定マークが企業の業績や株価に与える影響を分析した学術的な先行研究はあまり見られない。本研究では、次世代認定マークが株価や就職人気ランキングに与える影響を研究することで、インプリケーションをしめすことを目的とする。

この後で、なぜこのテーマが重要なのか、どのようなインプリケーションが得られると予想できるかについて説明するとよい研究計画書になると思います。

### 先行研究、仮説、データ

次に、具体的にどのような研究を行うかを書くことになります。じつは研究計画書に書く内容は、論文の「はじめに」や「先行研究」などの本文に書く内容とほとんど同じです。この章の後半では、論文の本文にどのようなことを書くかを説明しています。その記述を参考にして研究計画書を作成してください。

この章の最後に付録（appendix）1として、私が現在行っている研究のうちの1つに関する研究計画書をしめしておきます。付録とは、本文にしめすには細かすぎる資料や計算のやり方について説明するために用いられることがあります。ここにしめすのは、コーポレート・ガバナンスと金融不祥事に関するものです。この研究計画書にはこの本では説明していない手法などにも言及しています。

研究計画書を書く際に、先行研究を参考にするのはもちろんですが、経営学や経済学の教科書も参照するようにしてください。たとえば女性の働き方が企業の業績に与える影響ということであれば、労働経済学、ヒューマンリソースマネジメント、労働法の教科書などを読むことが望ましいでしょう。

ここで研究の流れについて、もう一度確認してみましょう。図表11.1を見てください。これは研究の全体の流れを説明したものです。それぞれの項目が本書のどの章に対応するかは明らかだと思います。この図からわかるように、研究計画書が完成した時点で、研究が確実に進んでいるといっていいでしょう。後は、第2章から第6章の内容を参考にして、データ分析を行い論文にまとめることになります。

## 4 論文の典型的な構成

データ分析の結果がまとまったら論文にします。ここで注意すべきことは、データ分析が完全に終わってから論文を作成するのではないということです。データ分析がある程度まとまった時点で論文を作成します。その後は、分析の内容の改訂と論文の改訂を同時に進行させることになります。

それでは、まず論文の構成について考えてみましょう。データを用い

図表11.1 研究の流れ

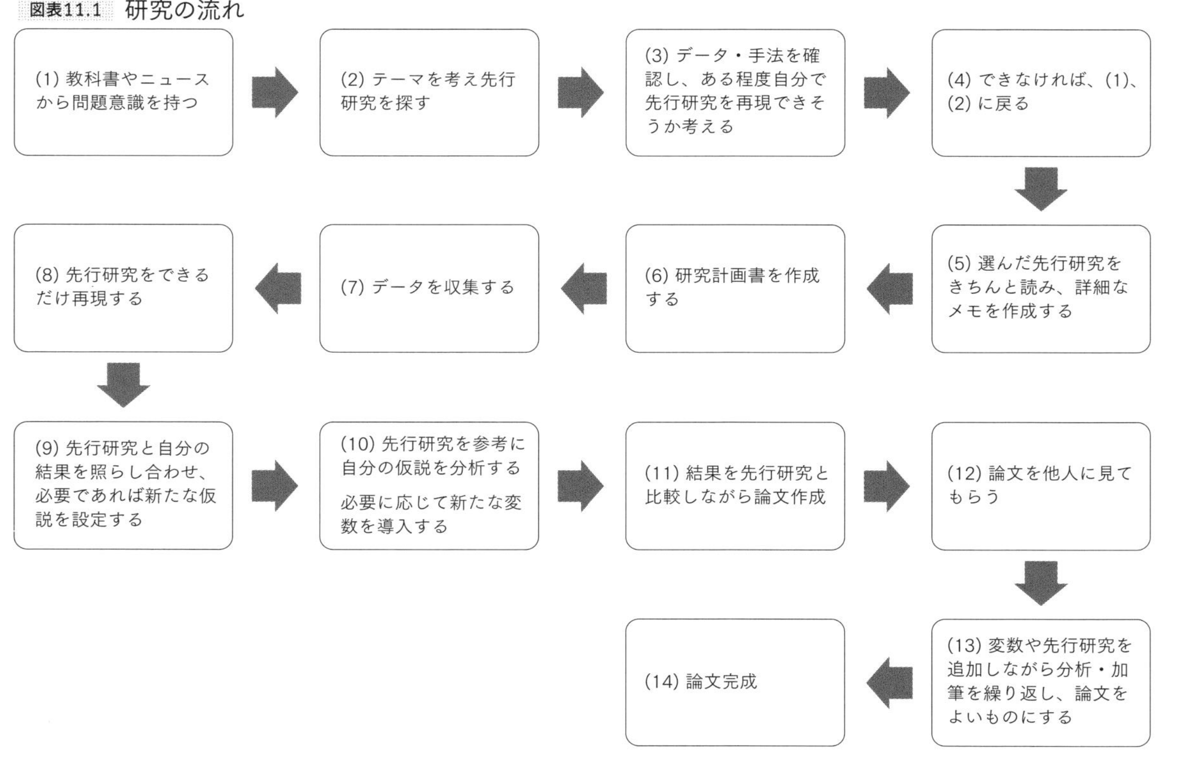

(1) 教科書やニュースから問題意識を持つ
(2) テーマを考え先行研究を探す
(3) データ・手法を確認し、ある程度自分で先行研究を再現できそうか考える
(4) できなければ、(1)、(2) に戻る
(5) 選んだ先行研究をきちんと読み、詳細なメモを作成する
(6) 研究計画書を作成する
(7) データを収集する
(8) 先行研究をできるだけ再現する
(9) 先行研究と自分の結果を照らし合わせ、必要であれば新たな仮説を設定する
(10) 先行研究を参考に自分の仮説を分析する
必要に応じて新たな変数を導入する
(11) 結果を先行研究と比較しながら論文作成
(12) 論文を他人に見てもらう
(13) 変数や先行研究を追加しながら分析・加筆を繰り返し、論文をよいものにする
(14) 論文完成

た実証論文の典型的な構成は以下のとおりです。以下１つ１つの項目について見ていきたいと思います。

**典型的な論文の構成**

タイトル
要約
1. はじめに
2. 先行研究と仮説
3. 使用するデータ
4. 基礎統計量
5. 分析方法
6. 分析結果
7. おわりに
参考文献

### ▸要約（abstract）

論文には要約をつけます。要約では、①どのようなデータを用いて、②どのような分析を行って、③どのような結果が得られたか、をまとめます。下に、久保（2004）の要約をしめします。この例では、④理論的な説明、については触れていませんが、必要に応じて含めるとよいでしょう。

**要約の例**

この論文では、合併が雇用に与える影響について分析する。具体的には、1990年代に合併した会社の個人レベルの人事データを用いて、人事制度の統合が実際にどのように行われたのかについて分析を行う。主な結果をまとめると以下となる。①査定結果が悪い従業員ほど高い確率で企業から退出している。また、②年齢・勤続年数が高い従業員ほど退出する確率が高い。これらの観察結果は、企業にとって労働費用が高く、査定結果の低い従業員ほど退出確率が高いことをしめしている。また、合併に際して、③評価の高い従業員ほど高い職能資格に再配置されている。④統合前の職能資格をコントロールした場合、年齢の高い従業員ほど低い職能資格に割り振られる可能性が高い。

## 5 「はじめに」と先行研究

論文のいちばんはじめに、文字どおり「はじめに」「序論」といった節を設けます。この「はじめに」には、①研究テーマは何か、②仮説と理論的な背景、③使用したデータと分析手法、④先行研究との関係、どこが新しく、なぜ重要なのか、⑤どのような結論が得られたのか、⑥論文の構成、についてまとめる必要があります。④先行研究との関係、どこが新しく、なぜ重要なのか、については既存の実証分析について触れる必要があります。実証分析の背後にある理論に興味がある場合には、既存の理論の問題点やどのような理論的な枠組みを考えているのかについて説明する必要があるでしょう。

**「はじめに」に含めるべき項目**

①研究テーマは何か
②仮説と理論的な背景
③使用したデータと分析手法
④先行研究との関係、どこが新しく、なぜ重要なのか
⑤どのような結論が得られたのか
⑥論文の構成

文章を書く際に、書き出しに悩むことがあります。しかし論文のいちばんはじめの文にはきまったものがあります。それは、「この論文の目的は$X$が$Y$に与える影響を実証的に分析することである」ではじめることです。$X$と$Y$はそれぞれ自分のテーマから用語を選択してください。その次に、「どこが新しいのか」「なぜ重要なのか」ということを記述することになります。

例を用いて説明しましょう。図表11.2は久保・齋藤（2007）の「合併・買収と従業員の賃金」という論文の「はじめに」です。この論文は、タイトルからわかるように合併が従業員にどのような影響を与えているかを分析したものです。合併や買収などの企業組織の再編は、従業員にとって雇用削減や賃金下落を意味するような悪いニュースであると考えられることがあります。しかし、企業合併が本当に賃金の下落につながるかどうかは実証分析のテーマです。そこで、このことがデータで検証できるかについて確認したものです。

それでは図表11.2を見てください。この論文の「はじめに」は全部で6つの段落から構成されています。まず、第1段落で、この論文が合併や買収が賃金に与える影響を分析するということを説明しています。これは「何を行っているか」に当たります。また、合併・買収が株価に与える影響に関する先行研究は多いものの、雇用や賃金に与える影響を分析したものは少ないということをしめしています。これが「どこが新しいのか」です。

第2段落で、合併・買収に対して社会的な関心が高いこと、その際に合併・買収後に従業員が不利な立場になると考えられていることがしめされています。これが、「なぜ重要か」ということになります。また、合併などの後に従業員が不利な扱いを受ける、という「常識」を仮説として検証するということがしめされています。後で結果のところにあるように、この「常識」がいつでも成立するわけではない、ということをこの論文はしめしています。「常識が正しいわけではないことをしめす」ということでこの論文が「面白い」ということを主張しています。第3～4段落では先行研究から仮説を導いています。第5段落で、この論文の目的、使用したデータは何かということをしめし、結果をまとめています。そして第６段落で、この論文の構成をしめしています。

### 先行研究と仮説

「はじめに」の次に、先行研究を紹介し仮説を提示します。研究結果を論文にする際に重要な先行研究を紹介することは不可欠です。前章でもお話ししたように、先行研究を紹介することで自分の研究が問題意識とどのようにつながっているのか、どこが新しいのかをしめすことができます。

論文を書いた経験があまりないときには、読んだ論文をただ羅列することになるかもしれません。しかし先行研究と仮説が密接に関連していることを忘れないようにしてください。たとえば、「$X$は$Y$にプラスの影響を与えることをしめした研究」を紹介した後で、「$X$は$Y$にマイナスの影響を与えることをしめした研究」を紹介したとします。このとき、なぜ研究によって結果が異なるかを考える必要があるでしょう。このとき、もし、１つ目の研究と２つ目の研究で異なるタイプの状況を取り扱っていたとします。すると、企業を取り巻くＣの状況によって$X$が$Y$に与える影響が変わるのではないかと考えることができます。このことから、次のような仮説を導くことができるかもしれません。

**仮説１**；ＣがC1であれば$X$は$Y$にプラスの影響を与える。
**仮説２**；ＣがC2であれば$X$は$Y$にマイナスの影響を与える。

重要な先行研究２～３本については、詳しく説明してください。どのような企業を対象としているのか、何年から何年のデータを用いたのか、主な被説明変数、主な説明変数は何かを説明してください。さらに分析についてOLSを用いているのか、それ以外の方法を用いているのか、について説明してください。OLSではない手法を用いている場合、なぜその手法を用いているかについて説明してください。

図表11.2　久保・齋藤（2007）の「はじめに」

会議テーマ●賃金制度の見直しと賃金政策／企業競争と賃金

# 合併・買収と従業員の賃金

久保　克行
（早稲田大学助教授）
齋藤　卓爾
（日本学術振興会特別研究員）

目　次



## I　はじめに

企業合併・買収は従業員の利害を阻害するのであろうか。近年，企業の合併や敵対的買収が日本においても著しく増加しており，合併や買収の経済的効果に注目が集まっている。しかしながら，過去の研究のほとんどは，合併・買収が株価に与える影響に焦点をあてており，労働に焦点をあてた研究は少ない[1]。特に日本では，合併・買収が労働者に与える影響に関する研究は非常に少ない。そこで，本論文では合併・買収が労働者の賃金に与える影響を分析する。

合併や買収に対して労働組合や労働者が反対することは多い。また，敵対的買収に反対する経営者が反対する理由に，従業員に対する配慮を挙げることもある。このような主張が正しいのであれば，合併・買収後に，雇用の削減や賃金の減少が観察されるであろう。また，従業員の長期的なキャリア・プランを無視した形で人事が行われるようになるかもしれない。このようなことが本当に行われているのであれば，従業員は合併・買収に反対するであろう。

合併・買収はどのような動機で行われるのであろうか。合併・買収の背後にはさまざまな動機が考えられる。規模の経済・範囲の経済などによるシナジー効果が発生するのであれば，業績が向上する可能性がある。銀行の合併によって重複する支店が閉鎖されたり，製造業の合併によって余剰の工場が閉鎖されたりすることは，業績を向上させるであろう。現在の経営者が企業の資源を有効に活用しておらず，潜在的に達成可能な業績水準に達していないのであれば，経営者を交代させることで業績を向上させることができるかもしれない。これらのケースは，合併によって効率性を向上させていると考えられるケースであるが，効率性を向上させなくても買収者が利益を得ることができる可能性も指摘されている。すなわち，従業員などの利害関係者から新しい株主に対して富を移転させるという可能性である（Shleifer and Summers, 1988）。

賃金決定に関する過去の実証研究によると，従業員が何らかの形で，短期的に生産性以上の賃金を受け取っている可能性が指摘されている。従業員が生産性以上の賃金を受け取っている場合，賃金を減少させることによって，買収者が利益を得ることができると考えられる。例えば，企業が若年労働者には生産性以下の賃金を支払い，高年齢

No. 560/Special Issue 2007

そもそもなぜ合併するかを考えることが仮説につながります。

問題意識を書いています。

先行研究の限界を書いています。「新しさ」をしめしています。

この研究の目的です。「何を行っているか」をしめしています。

仮説です。

この段落では、社会的に重要であることをしめしています。「なぜ重要か」をしめしています。

この段落では合併後に賃金を減少させることが合理的である可能性について先行研究から説明しています。

**図表11.2** 続き

上の議論から仮説を導いています。

この段落ではどのようなデータを用いているか、そして結果をしめしています。
「何をしているか」を詳しく説明しています。

論文の構成について記述しています。



の従業員には生産性以上の賃金を支払っているとしよう。このような賃金体系には，従業員の帰属意識を高めたり，従業員の企業特殊的人的資本に対する投資を促進したりする効果がある (Lazear, 1979)。しかしながら，買収者は高年齢従業員の賃金を減少させることにより，短期的に利益を得ることが可能となる。もし，日本の企業合併・買収の背後の動機として，従業員からの富の移転が行われているのであれば，合併・買収後，賃金の減少が観察されるであろう。そこで，本論文では，合併・買収の影響を分析する。

本論文の目的は，合併・買収が従業員の賃金に与える影響を分析することである。サンプルは1990年度から2003年度の上場企業同士の合併・買収の114件である。分析においては1990年から98年までと，1999年以降に分けた分析も行った。本論文の主な結果は以下のようにまとめることができる。合併後，従業員の賃金は約40万円上昇する。また，合併を関連・非関連合併，グループ企業間と非グループ企業間，救済合併と非救済合併に場合分けして分析を行った。関連合併よりも非関連合併の方が賃金の上昇が高く，非グループ間合併よりもグループ間合併の方が，賃金の上昇が高い。これらはすべて有意であったが，救済合併ダミーは有意ではなかった。すなわち，非救済合併では賃金が上昇するのに対し，救済合併では有意な賃金上昇は観察できない。さらに，サンプルを1999年以前と以後に分割し，分析を行った。その結果，合併後の賃金上昇は1999年以後のほうが大きいことが示された。

本論文の構成は以下のとおりである。IIでは，合併・買収と賃金に関する過去の実証研究を紹介する。IIIでは，実際に過去の合併・買収に伴って人事制度がどのように統合されたかを説明する。IVでは分析に使用したデータと基礎統計量を説明する。V，VIでは実証分析の方法と結果を述べ，VIIで議論を行う。

## II　先行研究

前節でも議論したように，買収の背後にはさまざまな動機がある。これらのうち労働者からの富の移転という観点は，いくつかの研究で着目されてきた (Shleifer and Summers, 1988)。雇用関係においては，将来，従業員と企業の双方にどのような権利・義務が発生するかを事前に予測し，書面に記述することは不可能である。よって，従業員，企業ともに契約に書かれない権利・義務があると考えられる。例えば，「若いときは低賃金で働いている労働者でも，まじめに働いていれば，年齢を重ねるにしたがって昇進・昇格し，賃金も上昇する」といった暗黙の契約が考えられる。Shleiferらによると，企業が従業員と暗黙の契約を結んでおり，買収者がそのような契約を破棄することによって利益を得られる状況にあれば，敵対的買収の対象となる可能性がある。また，敵対的な買収が成功すると経営者が交代し，新しい経営者は雇用・賃金を減少させる可能性がある。

Brown and Medoff (1988) は1978年から84年のデータを用いて合併・買収が雇用と賃金に与える影響を分析している。Brownらは合併・買収を3つのタイプに分けている。1つめは，被買収企業の所有が変わるだけで，独立企業として維持されるケース (Simple Sales)，2つめは，買収企業が被買収企業の資産を買収するものの，従業員は吸収しないケース (Asset Only)，3つめは，買収企業が被買収企業の従業員を吸収するケース (Merger) である。1つめのケースでは，合併後賃金が5%減少し，雇用は9%増加している。2つめのケースに関しては，合併後，賃金が5%上昇し，雇用は5%減少している。また，3つめのケースでは賃金が4%減少し，雇用は2%上昇している。これらのことから，合併が賃金・雇用に与える影響は，合併の形態によって異なること，また合併後賃金が増加するか減少するか，雇用が増加するか減少するかは，一概に言えないという結果となっている。この分析においては，賃金は従業員の平均賃金を用いている。しかしながら，平均賃金は，年齢・男女などの従業員の構成に大きく依存することからやや不安定である可能性がある。

Beckman and Forbes (2004) は英国のデータを用いて，企業買収，特に敵対的買収が雇用・賃金に与える影響を分析した。対象は，1987年か

### ▶仮説の提示

ここで仮説とはどのような内容であるかについて考えましょう。ここで、仮説（hypothesis）とはデータで検証可能な文章である必要があります。もう少し平たくいうと、正しいかどうかをデータで判断できる文章だということです。大事なことですので、もう一度書いておきたいと思います。

**仮説とは、正しいかどうかをデータを用いて判断できる文章です。**

次のいくつかの語句を見てください。

Amazon.com の成功の秘訣
アメリカ型資本主義の功罪
外資系企業と日本企業に見る配当政策の違い

このような語句は文章ではないので、正しいかどうか検証できません。問題意識としてはありうるのですが仮説ではありません。文章であれば何でもよいわけではもちろんありません。

郵便局の民営化は正しかった

といったものは、「正しい」という言葉の意味がよくわからないので仮説としては適切ではないでしょう。

検証可能な仮説の例をいくつかあげておきます。ここで注意してほしいのは、これらの仮説はただ「説明変数 $X$ は被説明変数 $Y$ に影響を与える」といっているのではなく、その影響がプラスかマイナスかもしめしていることです。それぞれの仮説についてどのようなデータでどのように分析すればよいかを考えてみてください。

**仮説の例**

セル生産方式を導入した工場では生産性の伸びが大きい。
金融機関出身の社外取締役を導入した企業では金融不祥事の発生確率が低い。
社外取締役を導入した企業では、業績悪化にともなって社長が解任される確率が高い。
男性だけ、女性だけのチームよりも男女が交じって構成されているチームのほうが高い生産性を達成することができる。

### コントロール変数

いま、理系出身の経営者と文系出身の経営者で研究開発投資（R&D）に対する態度が違うのではないかということを検証したいとしましょう。仮説としては次のようになるでしょう。

> 理系のバックグラウンドを持つ経営者は文系のバックグラウンドを持つ経営者よりも多額の研究開発投資を行う。

この場合、被説明変数は売上高に対する研究開発投資、重要な説明変数は社長が理系出身であれば1、文系出身であれば0のダミー変数ということになります。ただ、計測する際には他の説明変数も必要です。たとえば、研究開発投資には現金保有が重要であると考えることができます。企業が十分な資金を持っていない場合には研究開発投資を行うことができません。また、研究開発投資が重要な産業とそれ以外の産業を区別するための工夫も必要です。ここでの現金保有のように、直接の興味の対象ではないが、計測上の必要から含める変数のことをコントロール変数（control variables）とよびます。一般に、被説明変数に影響を与えていることが知られている変数、多くの先行研究で使用されている変数は説明変数に含めます。コントロール変数については1つ1つ仮説として説明する必要はありません。なお、理系文系が昇進などに与える影響に興味がある人は、橘木ほか編（1995）や橘木・松浦（2009）を参照してください。

## 6 データ、基礎統計量、分析方法と分析結果

### ▶データ

データの節では、使用するデータについて詳細に説明します。どのようなデータを用いるのか、それぞれの変数が何をしめしているのか、この分析に対して、なぜこのデータセットが望ましいのか、などを記述します。

どのようなデータを用いているかについて説明することは多くあります。複数の企業のそれぞれについて数年分まとめたパネルデータを用いているのであれば、何年から何年の何社のデータを用いているのかをしめします。また、サンプルの企業をどのような基準で選んだのかを記述します。上場企業全体なのか、日経225株価指数構成企業なのか、特定の産業の企業なのかを記述してください。分析では、数が多いことは望ましいのですが、一定程度のサンプルサイズがあれば分析を行うことはできます。

データの収集の都合からサンプルが選ばれることもよくあります。たとえば、ある一定期間に大規模な雇用削減を行った企業や、ある一定期間に社名を変更した企業を対象に行う分析です。新聞記事を用いて企業を検索したときは、どの新聞データベースをどのようなキーワードで検索したかを記述してください。

財務データを収集する際に、日経NEEDS FinancialQUESTを用いたり、東洋経済新報社の財務データなどのデータベースを用いたりすることがあります。このようなときは、どの変数についてどのデータベースから収集したかを明示します。使用する変数が企業単位のデータではなく、産業ごとなどの集計されたものであれば、そのことを明記してくだ

さい。

重要な変数については、変数の定義、どのように計算されているのかについても説明してください。重要な説明変数については被説明変数に対してどのような影響を与えると予想できるか、どの先行研究で用いられていたのか、その先行研究ではどのような結果が得られているか、等についても記述します。

データの節で重要なのは、自分が用いているデータセットが適切なものであるということをしめすことです。先行研究と同様の変数・データを用いているのであれば、そのことを記述してください。データの入手元についても、先行研究と異なっている場合にはそのことを記述します。自分が用いている変数やデータが先行研究よりもよい、もしくは問題があると考えることができるのであれば、どのようによいか、もしくは問題があるか、について説明しましょう。

データを記述した後に基礎統計量を提示します。使用する変数について平均値、中央値、標準偏差などをしめします。それぞれの単位も明示します。これは、回帰分析の係数の大きさの意味を理解したりするうえでも重要です。重要な変数の基礎統計量について、先行研究とくらべて大きく異なっていないかどうかを確認してください。

### ▶平均値の差の検定

基礎統計量をしめすと同時に平均値の差の検定を行うこともあります。図表 11.3 を見てください。この表は久保ほか（2005）にしめされている表です。経営理念がある企業 64 社と経営理念がない企業 64 社の利益率や 1 人当たり賃金を比較したものです。この表では経営理念がある企業のほうが 0.26％高い ROA を達成していること、1 人当たり賃金も 38 万円高いこと、どちらも差が統計的に有意であることがしめされています。

表をつくる際に気をつけるべき点がいくつかあります。分析を行うとさまざまな数値が分析の結果として出てきます。これらの数値のすべてを表にすべきではありません。アウトプットのなかから本当に必要な情

図表11.3 経営理念がある企業とない企業の平均値の差の検定

| | 経営理念がある企業（64社） | 経営理念がない企業（64社） | 差 |
|---|---|---|---|
| ROA（%） | 3.26 | 3.00 | 0.26*<br>（0.073） |
| 1人当たり賃金（万円） | 803 | 765 | 38***<br>（0.000） |
| サンプルサイズ | 814 | 814 | |

（注） カッコ内は $p$ 値。*、**、*** はそれぞれ 1%、5%、10% で有意であることをしめす。
（出所） 久保ほか（2005）。

報のみを選んで表にします。サンプルサイズ、グループごとの平均値に加えて $p$ 値か $t$ 値、標準誤差のどれかを記述します。統計的に有意であれば、そのことをしめす*印もつけてください。アウトプットでは小数点以下の数字が多くの桁数であらわされていることもあります。どこまでの桁数が必要か判断して表にしてください。表にはタイトルをつけること、必要に応じてデータの出所をしめすことも必要です。学術的な文章では、縦の罫線は用いないで、横の罫線だけを用いることが多いので、とくに指定がない場合には縦の罫線は使用しないようにしましょう。

### ▶ 回帰分析

平均値の差の検定を行った後に回帰分析の結果をしめします。その際に、回帰分析のモデル（式）を提示し、主な説明変数とその係数の符号に関する予想をもう一度まとめるとよいでしょう。そして回帰分析の結果を表にまとめます。

図表 11.4 は、久保ほか（2005）における回帰分析の結果をしめしたものです。ここでは被説明変数に ROA を用いた回帰分析と、1 人当たり賃金を用いた回帰分析のそれぞれを報告しています。説明変数は MS Dummy（経営理念ダミー）、規模の対数、企業年齢（創業以来の年数）です。この表には含まれていませんが年度ダミーも含まれています。経

図表11.4 久保ほか(2005)における回帰分析の結果：経営理念の存在とROA、1人当たり賃金

| 被説明変数 | ROA（%） | 1人当たり賃金（百万円） |
|---|---|---|
| MS Dummy（経営理念ダミー） | 0.356**<br>（0.014） | 0.227**<br>（0.025） |
| ln（Size） | −0.068<br>（0.216） | 0.174***<br>（0.000） |
| Age | −0.016***<br>（0.000） | 0.003<br>（0.221） |
| 自由度修正済み決定係数 | 0.081 | 0.157 |
| サンプルサイズ | 1628 | 1628 |

（注） カッコ内は $p$ 値。*、**、*** はそれぞれ1%、5%、10%で有意であることをしめす。
（出所） 久保ほか（2005）。

営理念ダミーは経営理念がある企業は1、それ以外の企業は0というダミー変数です。ここでは係数、$p$ 値、自由度修正済み決定係数、サンプルサイズがしめされています。ROAを被説明変数とした分析では規模は資産、1人当たり賃金を被説明変数とした分析では規模は従業員数が用いられています。統計ソフトウエアで分析すると、1つ1つの回帰分析の結果が別々に出てきます。そこでは多くの数字がしめされています。これらをそのまま論文にコピーするのではなく、必要な情報だけを選んでまとめて表にします。係数に加えて、係数が統計的に有意かどうかを考えるために、$p$ 値、$t$ 値、係数の標準誤差のいずれかをカッコで報告します。どれを報告すればよいかわからないのであれば係数の標準誤差をしめしてください。係数が統計的に有意であれば、そのことをしめす*印をつけてください。その際に*の数がどの有意水準に対応するかの注も忘れないようにしてください。

係数の大きさについて議論できるのであれば、議論を行います。回帰分析において説明変数の係数は、説明変数が1単位大きくなった場合、被説明変数はどのくらい大きくなる傾向があるか、をしめしています。

たとえば被説明変数が%表示されたROAで、ある説明変数の係数が0.2だとします。このとき、この説明変数が1単位大きくなったとき、ROAが0.2%高くなる傾向があるということになります。

図表11.4を見てください。ROAを被説明変数とした計測の経営理念ダミーの係数は0.356で有意です。被説明変数のROAの単位は%ですから、経営理念のある企業はない企業とくらべてROAが0.356%高い傾向があることがしめされています。1人当たりの賃金を見ても経営理念のある企業では22.7万円高いことがしめされています。このような表をもとに、この分析結果は何を意味しているのか、仮説は検証されたのか、ということを記述します。また複数の回帰分析の結果はこのような形で表にしてください。

## 7 「おわりに」について

「おわりに」では、この論文で明らかになったことをもう一度まとめ、解釈を行います。結果をまとめる際には関連する先行研究の結果と比較します。予想と異なった結論が得られたり、有意な結果が得られなかったりすることはよくあることです。先行研究と異なっていたり、予想と異なっていたりする場合には、なぜ異なっているかについて考察してください。また、この結果がなぜ重要なのかも記述してください。分析に際して理論的な枠組みを用いた場合には、理論的な貢献についても説明する必要があります。

どのような論文でも必ず限界があります。データの制約、分析方法の問題、得られた結果に複数の解釈がありうるなどの問題は必ずあります。このような限界があることは必ずしも問題ではありません。しかし、限界があるにもかかわらず、その問題点を明示的に認識していないのは困ります。そこで、「おわりに」でその問題を説明します。

どのような分析を行うにせよ、「逆の因果関係」「因果関係と相関関係の違い」について考える必要があります。逆の因果関係とは「説明変数が被説明変数に影響しているのではなく、被説明変数が説明変数に影響を与えているのではないか」ということです。たとえば、「女性が働きやすい施策を取り入れている企業は高い業績を達成している」という仮説を分析しているとします。このとき、本当は「高い業績を達成している企業は経営資源に余裕があるため、女性が働きやすい環境を整えている」のかもしれません。もしくはたとえば「外国人持株比率が高い企業では、女性が働きやすい環境を整えており、業績も高い」のかもしれません。この本の終わりに関連する書籍を紹介しているので興味がある人は参照してください。このことを明示的に分析することは簡単ではないのですが、このような可能性を念頭に置いて考えることは必要です。

もしも、実証分析の結果から企業経営や政策に何らかの提言ができるのであればそれを記述します。このような、企業経営や政策に対してどのようなことをいえるのか、ということを含意（インプリケーション）という言い方をします。

下に私のゼミに参加していたKK君の論文の「おわりに」をしめします。

**「おわりに」に含めるべき内容**

①結果の要約と解釈：論文のテーマに対する答え、解釈。
②過去の研究や事例と結果を照らし合わせる。違っている場合は考えられる理由（データ、手法など）を述べる。
③この論文の貢献。
④この論文の限界および今後の課題。
⑤もしあれば、企業経営や政策に対してどのようなことがいえるかという含意（インプリケーション）。

**例：KK君の論文の「おわりに」**

今回、審判が下した判定がホーム側に有利な判定に見えるというホームタウンディシジョンという現象を2010年から2014年のJリーグディビジョン1での試合において、ホームチームとアウェイチームで警告数、退場数、反則ポイントに差があるかで分析した。結果として、2010年、2011年、2012年、2014年でホームよりアウェイのほうが警告数、反則ポイントが有意に多い、また5年間の合計で見ると警告数、退場数、反則ポイントすべてでアウェイがホームより有意に多いということがわかった。つまり、Jリーグディビジョン1において審判はホーム有利といえる判定をしていることがわかる。

（中略）

最後に今後の課題を述べる。今回、ホームタウンディシジョンが存在するということはわかったが、なぜそのようなことが起こるのかその原因を解明することはできなかった。原因の候補としてはホームの観客数の数が関係しているのではないかと考える。審判が平等な判定をしようと心がけているのはもちろんのことだが、ホームの観客がホームチームを応援する声の大きさを聞いていると無意識のうちにそこに逆らわないような判定をしてしまうのではないだろうか。今後は、観客との関係からホームタウンディシジョンが起こる原因の解明に努めたいと思う。

## 8 参考文献について

引用した先行研究を参考文献として最後にまとめます。参考にした文献をすべて羅列するのではなく、引用した文献のみをしめします。引用していない文献は重要なものでもここに含めません。

参考文献の記述にはきまったやり方があります。そのやり方に従うようにしてください。参考文献について、基本的な型を紹介します。雑誌論文、本、本のなかの1章の場合には次のような書き方が基本になります。なお、本文で参考文献を参照するときには名字（出版年）とするのが基本です。日本語の文献は日本語で、英語等の文献はアルファベットでしめします。英語文献であれば「Kubo（2000）によると……」という書き方をします。著者名が3人以上のときは「久保ほか（2002）によると……」「Kubo *et al.*（2000）によると……」という書き方をします。ここで“*et al.*”というのは「ほか」を意味する言葉です。

### ▶雑誌論文の場合

| 著者名（出版年）「論文のタイトル」『雑誌名』巻（号）：開始ページ－終了ページ。 |
|---|

井上光太郎・加藤英明（2007）「アクティビストファンドの功罪」『経済研究』58(3)：203–216。

| 著者名（出版年）“論文のタイトル,” 雑誌名　巻（号）：開始ページ－終了ページ. |
|---|

Card, D., and A. B. Krueger（1994）“Minimum Wages and Employment: A Case Study of the Fast-food Industry in New Jersey and Pennsylvania,” *American Economic Review* 84(4): 772–793.

英語の学術雑誌論文を中心にDOI識別子とよばれるものが付与されている場合があります。これはデジタル・オブジェクト識別子（Digital Object Identifier）のことです。インターネット上でその論文がどこにあるかをしめすものです。

### ▶本の場合

著者名（発行年）『タイトル』出版社。

小池和男（2005）『仕事の経済学 （第３版）』東洋経済新報社。

著者名（発行年）タイトル、出版社、出版された都市.

Kester, W. C.（1991）*Japanese Takeovers: The Global Contest for Corporate Control*, Harvard Business School Press, Boston.

### ▶本のなかの１章

著者名（出版年）「章のタイトル」本の編者名『本のタイトル』出版社、開始ページ－終了ページ。

岡室博之（2006）「開業率の地域別格差は何によって決まるのか」橘木俊詔・安田武彦編『企業の一生の経済学――中小企業のライフサイクルと日本経済の活性化』ナカニシヤ出版、pp. 87-118。

著者名（出版年）"章のタイトル," in 編者名, 本のタイトル, 出版社, 出版された都市, 開始ページ－終了ページ.

Kubo, K.（2012）"Presidents' Compensation in Japan," in Randall S. Thomas, Jennifer G. Hill eds., *Research Handbook on Executive Pay*（*Research Handbooks in Corporate Law and Governance*）, Edward Elgar, Cheltenham, pp. 369-386.

参考文献の書き方にはいくつかのスタイルがあります。ここにしめしたのは１つのスタイルですが、他のスタイルもあります。形式については学術雑誌の投稿規定を見るとよいのではないかと思います。学術雑誌に論文を投稿する際には、学術雑誌の指定する形式で論文をまとめることがもとめられます。たとえば、『日本経営学会誌』や『組織科学』といった学術雑誌のウエブサイトでは、参考文献をどのように書くかについて指定しています。スタイルに迷ったときにはこれらのウエブサイトを確認するとよいでしょう。

## 9 おわりに

この章では研究計画書をどのように作成するか、論文に何を書くかについて説明しました。研究を進めるなかで作成したメモやまとめを部品として組み立てるということを意識しましょう。

論文が完成した後で何度も見直すことは不可欠です。この章では、「研究計画書」「はじめに」や「おわりに」に含めるべき項目を列挙しています。論文が完成して提出する前にもう一度これらの項目をチェックして、含めるべき情報がきちんと含まれているかどうかを確認してください。他にもチェックすることはいろいろあります。この章の付録２には、研究計画書および論文を提出する前にチェックする項目をまとめたチェックリストがしめされています。提出前にチェックするようにしてください。

ここでスケジュールについて一言付け加えたいと思います。論文を書くときに注意するのは、論文は何度も書き直す必要があるということです。いちばんはじめの論文をファーストドラフト（第１次原稿）とよびます。ファーストドラフトは完成版ではなく、いろいろな人に見てもらうためのものです。論文やレポートを書き上げた後、数日間たって自分で読み直しただけでも誤字脱字など多くの間違いがあることに気づきます。論文の趣旨と分析が整合的か、引用した先行研究が適切か、といったことを確認するためにも論文を書き上げてから時間を置くのは重要です。

もう1つ、研究不正について簡単に説明したいと思います。当たり前のことですが、研究において不正行為を行うことは認められません。研究不正には、捏造（実際には存在しないデータや研究結果を作成すること、fabrication）、改ざん（データや結果を恣意的に変化させ加工すること、falsification）などに加えて盗用（他人のデータ、結果等を流用すること、plagiarism）があります。他人の書籍、論文、文章を適切な表示をせずに使用することは盗用であると考えられます。論文を書く際に、他の人の研究を紹介することは不可欠です。他人の文章をそのまま使用するときは引用部分をカッコで囲み出所をしめすなど、正しい方法で引用するようにしてください。なお、研究不正に関しては、文部科学省が「研究活動における不正行為への対応等に関するガイドライン」を定めています。

**練習問題**

1. 以下のテーマから1つ選び、研究計画書を作成してください。A4で、2～3枚程度の分量を想定しています。本文の記述や例を参考にしてください。
   (1) 企業の多角化が業績（株価・利益）に与える影響。
   (2) 成果主義の導入が従業員のやる気に与える影響。
   (3) 合併・買収が企業の業績（株価・利益）に与える影響。
   (4) 外国人持株比率が利益に与える影響。

## 付録1　研究計画の例

### 研究計画書

コーポレート・ガバナンス、企業の業績と金融不祥事：
社外取締役は金融不祥事を抑制することができるのか。

本研究の目的は、コーポレート・ガバナンスと金融不祥事の関係を実証的に分析することである。上場企業の金融不祥事は日本でも海外でもしばしば起きている。また、金融不祥事は当該企業にとどまらず、資本市場全体の信頼性にも影響を与えると考えられる。このことを考えると、金融不祥事の発生に影響を与える要因を実証的に特定することは大きな意味があるといえる。

コーポレート・ガバナンスの整備により不祥事を抑制できるという考え方は広く共有されている。このような考え方が実証的にも確認できるかどうかについて、アメリカを中心にいくつかの分析がなされてきている（Abbott *et al*., 2004; Beasley, 1996; Uzun *et al*., 2004）。しかしながら、日本ではそのような実証的な研究は蓄積されてきているわけではない。そこで、本研究では、コーポレート・ガバナンスのあり方と金融不祥事の関係を分析する。

### 先行研究

上述のように、アメリカではコーポレート・ガバナンス、とくに取締役会のあり方と金融不祥事の関係を実証的に分析した論文はいくつか存在する。Uzun *et al*.（2004）は1978～2001年のアメリカのデータを用いて取締役会構成と金融不祥事の関係を分析している。そこでは、取締役会構成が有意な影響を与えていることがしめされている。たとえば取締役会や監査委員会、報酬委員会における社外取締役比率と不祥事発生確率に負の関係がしめされている。不祥事企業は新聞記事から検索している。また、同じ産業で時価総額が近い企業を比較対照企業としている。社外取締役が多い企業で不祥事が発生する確率が低いということは Beasley（1996）や Abbott *et al.*（2004）の結果とも整合的である。Beasley は 1982 〜 1991 年の会計監査執行通牒（Accounting and Auditing Enforcement Releases, AAER）に加えて『ウォール・ストリート・ジャーナル』記事検索の結果から被説明変数である金融不祥事を作成している。その結果、社外取締役比率と不祥事発生確率に負の関係がしめされている。また、社外取締役の持株比率が高く、勤続年数が長い企業では、発生確率は低くなっている。これらの結果は、金融不祥事の背後にコーポレート・ガバナンスの機能不全があるという考え方と整合的である。

## 仮説

金融不祥事の背景にはコーポレート・ガバナンスがあるという問題意識から、多くの国でコーポレート・ガバナンス改革が行われてきた。日本でも金融商品取引法、会社法の施行、コーポレートガバナンス・コードやスチュワードシップ・コードの導入など多くの改革が行われてきている。これらの改革の背後には、コーポレート・ガバナンスの体制を強化することにより、企業の業績を向上させ、金融不祥事を減少させることができるという考え方がある。また、金融や財務に関する知識がある社外取締役がいれば帳簿を操作することはむずかしいと予想できる。一方、日本では経営者の監視において監査役会が重要な役割を果たすと考えられてきた。このような考え方を検証するために次の仮説を検証する。

仮説 1：社外取締役が多い企業では金融不祥事の発生確率は低い。
仮説 2：金融や財務の知識がある社外取締役がいる企業では金融不祥事の発生確率は低い。
仮説 3：金融や財務の知識がある監査役がいる企業では金融不祥事の発生確率は低い。

### データ

対象は上場企業である。上場企業の財務データについては、日本政策投資銀行・日本経済研究所の『企業財務データバンク』や日経 NEEDS FinancialQUEST が利用可能である。社外取締役数などのコーポレート・ガバナンスのデータについては日経 NEEDS-Cges（コーポレート・ガバナンス評価システム）が利用可能である。ただ、ストック・オプションの内容など、経営者の金銭的インセンティブに関しては、これらのデータベースに含まれていないため、別途有価証券報告書や各社のプレスリリースを収集する。

この研究で重要となるのは金融不祥事を起こした企業のデータである。アメリカの先行研究ではアメリカ証券取引委員会（Securities and Exchange Commission, SEC）による会計監査執行通牒（Accounting and Auditing Enforcement Releases, AAER）や新聞記事検索の結果を被説明変数とすることが多い。そこで、本研究では日本の証券取引等監視委員会から課徴金を課せられた企業もしくは、同委員会より告発された企業を対象とし、さらに『日本経済新聞』の記事検索を併用する。ただし、証券取引等監視委員会は有価証券報告書等の虚偽記載だけではなく、インサイダー取引など他の証券市場に関わる行為に対してもこういった課徴金を課すことがある。インサイダー取引や相場操縦などはコーポレート・ガバナンスというよりは個人の犯罪という側面が強いため、本研究の対象外とする。このような課徴金対象企業は網羅的なリストが存在しないため、証券取引等監視委員会のウエブサイトより資料を確認しながら作成する。

### 分析方法

本研究では先行研究に従い、被説明変数として金融不祥事、説明変数として社外取締役などのコーポレート・ガバナンスの変数をとりロジット回帰で分析を行う。分析においては金融経済学において最近用いられている手法を応用する。近年の実証分析は内生性の問題を重視している。この点を考慮し、結果の頑健性を確認するために、いくつかの手法を用いて結果を確認する。まず重要なのは、適切なコントロールグループを作成することである。そこで本研究では複数のコントロールグループを作成することで、この問題に対処することにする。まず、先行研究にならい産業および企業規模で選択した企業群をコントロールグループとする。さらに産業、規模に加えて企業業績等を基準にプロペンシティ・スコア法で選択した企業群もコントロールグループとして分析の対象とする。さらに、操作変数法などを用いた分析も行う。これらの分析により、頑健な結果を得られると期待できる。

### 意義

日本において、このような問題意識からの実証分析の蓄積は少ない。いうまでもなく、日本においても金融不祥事は社会的にも大きな関心事であり、このメカニズムを明らかにすることには大きな意義がある。とくに日本のコーポレート・ガバナンスはアメリカと比較してさまざまな相違点があることから、アメリカの先行研究と異なる結果が得られる可能性もある。また、監査役制度のようなアメリカにはない制度の影響を分析することは世界的にも大きな意味を持つと期待できる。

### スケジュール

本年度は、データの整理を行う。並行して関連する先行研究を確認し、どのような手法が用いられているのか、またどのような結果が得られているのかについて展望を行う。あわせて、いくつかのケースについて不祥事発覚前後のコーポレート・ガバナンスや業績の変化を分析する。来年度は、整備したデータベースをもとに実証分析を行う。まず、どのような産業、規模の企業が金融不祥事を起こしているのかについて、基礎統計量を確認する。さらに、コーポレート・ガバナンスの異なる企業間で不祥事の発生確率が異なるかどうかを比較し、統計的な検定を行う。次に、不祥事を起こしたというダミー変数を被説明変数としてロジット回帰分析を行う。その際に企業の財務データがパネルデータであることを考慮した分析を行う。３年目にはワーキングペーパーを執筆し、国内外の学会で報告を行うことで論文の質を向上させることを目指す。最終的には学術雑誌に投稿する。

［参考文献］

Abbott, L. J., S. Parker, and G. F. Peters（2004）“Audit Committee Characteristics and Restatements,” *AUDITING: A. Journal of Practice & Theory* 23（1）: 69-87.

Beasley, M. S.（1996）“An Empirical Analysis of the Relation between the Board of Director Composition and Financial Statement Fraud,” *Accounting Review* 71（4）: 443-465.

Uzun, H., S. H. Szewczyk, and R. Varma（2004）“Board Composition and Corporate Fraud,” *Financial Analysts Journal* 60（3）: 33-43.

## 付録2　論文・研究計画書提出前のチェックリスト

### A. 研究計画書提出前のチェックリスト

- □ タイトル、名前が記されているか。
- □ タイトルは内容をあらわしているか。
- □ 内容（何を分析するのか）がしめされているか。
- □ 問題意識（なぜこの研究が重要なのか）がしめされているか。
- □ 関連する先行研究で、どのようなデータ・手法を用いてどのような結論が得られているかがしめされているか。
- □ 理論的な背景について説明されているか。
- □ 仮説がしめされているか。
- □ データと手法（どのようなデータを用いてどのような分析をするのか）がしめされているか。
- □ 予想される結論がしめされているか。

### B. 論文提出前のチェックリスト

#### 1. 全体およびタイトルについて

- □ タイトル、名前が記されているか。
- □ 節番号、図表番号がついているか。
- □ 図表にタイトル、必要な注がついているか。
- □ 誤字・脱字がないか何回もチェックしたか。
- □ 文章の書き方（段落は1字下げるなど）に沿った書き方をしているか。
- □ ページ数が挿入されているか。
- □ 必要な脚注があるか。

### 2. 「はじめに」と「先行研究と仮説」

□ 内容（何を分析するのか）がしめされているか。

□ 問題意識がしめされているか。

□ 関連する先行研究の紹介があるか。

□ 先行研究でどのようなデータ・手法を用いてどのような結論が得られているかがしめされているか。

□ この研究が先行研究と比較してどこが新しいのかが明示されているか。

□ この研究がなぜ重要なのかが明示されているか。

□ 理論的な背景について説明されているか。

□ 仮説がしめされているか。

□ データと手法（どのようなデータを用いてどのような分析をするのか）がしめされているか。

□ 結論がしめされているか。

□「はじめに」の最後に論文の構成がしめされているか。

### 3. データ

□ 何年から何年のデータを用いているかしめされているか。

□ どのような基準で企業を選んだかがしめされているか。

□ 何社のデータが用いられているかしめされているか。

□ データの出所がしめされているか。

□ 重要な変数についてどのように計算されているか説明されているか。

□ 重要な変数について単位がしめされているか。

□ 基礎統計量（平均値、中央値、標準偏差等）がしめされているか。

□ 基礎統計量の重要な変数について、先行研究とくらべて妥当なものか。

### 4. 分析について

□ 重要な説明変数について説明変数グループ別で被説明変数が異なるかどうかの平均値の差の $t$ 検定が行われているか。

□ 平均値の差の $t$ 検定の表で $t$ 値、$p$ 値、標準誤差のうち 1 つ以上しめされているか。

□ 平均値の差の $t$ 検定の表で有意かどうかをしめす*印が説明とともにしめされているか。

□ 回帰分析が行われているか。

□ 回帰分析の結果の表は正しい形式でしめされているか。

□ 回帰分析の結果の表で $t$ 値、$p$ 値、標準誤差のうち 1 つ以上しめされているか。

□ 回帰分析の結果の表で、係数が有意かどうかをしめす*印が説明とともにしめされているか。

□ 回帰分析の結果で、重要な説明変数が 1 単位増加したときに被説明変数がどのくらい変化するかがしめされているか。

## 5. 「おわりに」

□ 結果が簡単にまとめられているか。

□ 結果が先行研究・予想とくらべてどうだったかがしめされているか。

□ 結果が先行研究・予想と異なっている場合、なぜ異なっているかについて考察されているか。

□ 理論的な貢献がある場合、しめされているか。

□ この研究の限界がしめされているか。

□「逆の因果関係」「因果関係と相関関係の違い」に関して考察があるか。

□ 実務上のインプリケーションがあるか。

## 6. 参考文献について

□ 文中で引用した文献が参考文献にあるか。

□ 文中で使用していない文献が参考文献にないか（引用していない文献は含めない）。

□ 引用は形式に沿っているか。

□ 雑誌論文であれば、著者名、出版年、論文のタイトル、雑誌名、巻号、ページ数がしめされているか。

□ 参考文献の並び方は一貫しているか（アルファベット順など）。

PART 3

# 経営学でよく使われる分析ツール

このPART 3では、企業データを用いた実証分析でよく用いられる3つの手法について学びます。第12章では、ダミー変数、交差項、対数変換について学びます。どの手法も非常に広く使われています。とくに交差項をうまく用いることで多くの仮説を検証することができるようになります。第13章で学ぶロジット回帰は被説明変数が0か1のダミー変数のときに用いる分析です。たとえば、どの企業がある行動をとるのか、ということを分析する際に用いられます。第14章では株価のイベントスタディについて学びます。この手法は、企業の行動・アナウンスが株価にどのような影響を与えるかを分析する際に使用されます。株価は多くの要因によって変動するのですが、そのなかで自分が注目する行動・アナウンスの影響を知るための手法です。ファイナンスだけではなく、経営にかかわる多くの分野で用いられています。

LECTURE 12

# ダミー変数、交差項と対数変換

## 男性のほうが女性より昇給が早い？

## 1 はじめに

この章から第14章までは、分析を行う際に便利ないくつかの手法を学びます。この章では、ダミー変数、交差項、対数変換について説明します。次章ではロジット回帰とよばれる手法について、第14章では株価のイベントスタディについて学びます。これらの手法は統計学の入門書では取り上げられないことが多いのですが、論文でよく用いられることもあり、ここで説明することにします。

それでは、この章の内容について説明したいと思います。次の3つの仮説を考えてみてください。

**仮説1**：勤続年数が高い人は賃金も高い傾向にある。

**仮説2**：同じ勤続年数でくらべると、女性よりも男性のほうが賃金が高い。

**仮説3**：女性よりも男性のほうが、賃金が高く勤続年数上昇にともなう賃金上昇も大きい。

仮説1については、第6章までの知識で問題なく分析できると思います。被説明変数に賃金、説明変数に勤続年数をとって回帰分析を行います。勤続年数の係数がプラスで統計的に有意であれば、関係があるといってよいでしょう。では、仮説2と仮説3の違いはどのように分析すればよいでしょうか。仮説3は勤続年数が賃金に与える影響に注目しているのですが、この関係が男女で同じではない、ということをこの仮説は意味しています。交差項を学ぶことで、このような仮説を検証できるようになります。

この章の２節では、ダミー変数について学びます。ダミー変数とは、いままでの章でも何度か触れているように、性別のように、そのままでは数値であらわすことができない変数をあらわすための変数で、０と１の値だけをとる変数のことです。このダミー変数はたいへん便利なのですが、この章の３節で学ぶ交差項に用いることで、上の仮説のような多くの仮説を検証できるようになります。

さらに、この章の４節では被説明変数と説明変数の関係が直線ではなく、曲線であった場合にどのように対処するかという問題を学びます。このような問題に対処するために、変数を二乗してみたり、対数をとったりします。これらの手法を用いることにより、いろいろなことを明らかにすることができます。

**この章の目的**

- 性別や産業など、数値であらわせない要素が被説明変数に与える影響を分析する際にダミー変数（女性であれば1、男性であれば0の女性ダミーなど）を用いることができるようになる。
- 説明変数と説明変数をかけたもの（交差項）を説明変数に含めることで、「$X$が$Y$に与える影響は$Z$が多いときに大きくなる」ということを検証できるようになる。
- 被説明変数と説明変数の関係が直線ではない場合、説明変数の対数をとったり二乗したものを説明変数に加えたりすることで、当てはまりをよくすることができるようになる。

**重要な用語**

ダミー変数／切片ダミー／傾きダミー／交差項／対数変換／弾力性／二乗項／両対数モデル／片対数モデル

## 2 ダミー変数：0 もしくは 1 をとる変数

ダミー変数（dummy variable）とは、0 もしくは 1 の値をとる変数で、数値であらわされない項目の影響を分析する際に用いられます。たとえば、勤続年数や賞与の額は数値であらわされますが、男女や業種は数字ではあらわせません。このようなときに、次のような変数を作成します。

女性ダミー＝1　（女性の場合）
　　　　　　0　（男性の場合）

この女性ダミーを説明変数に加えることで、数値であらわすことができない影響を分析することができます。

### 例：性別が賃金に与える影響

それでは、賃金と性別の関係について考えてみましょう。図表 12.1 のパネル A を見てください。このグラフは 2014 年の賃金センサスのデータから横軸に勤続年数（tenure）、縦軸に月例給与（きまって支給する現金給与額、mwage）をとって描いた散布図です。このグラフから勤続年数が長いほど月例給与が高いことがわかります。このグラフのデータをもとに回帰分析を行うと次のような結果が得られます。カッコのなかは $t$ 値をしめしています。

$$\text{mwage} = \underset{(20.7)}{195.1} + \underset{(12.6)}{9.06}\,\text{tenure} \qquad R^2 = 0.4258$$

この結果から、勤続年数が長い人ほど月例給与が高いこと、勤続年数の係数の $t$ 値は 12.6 で 1.96 よりも大きいので統計的に有意であることがわかります。また、勤続年数が 1 年長い人は月例給与が 9060 円高い傾向にあることがしめされています。

図表 12.1 のパネル A では、男性と女性のデータが違う形でしめされています。男性が四角、女性が丸でしめされています。このグラフから全般に四角のほうが丸よりも上にあることから、同じ勤続年数であれば男性の月例給与が高い傾向にあることがわかります。

図表12.1　勤続年数と賃金

パネルA

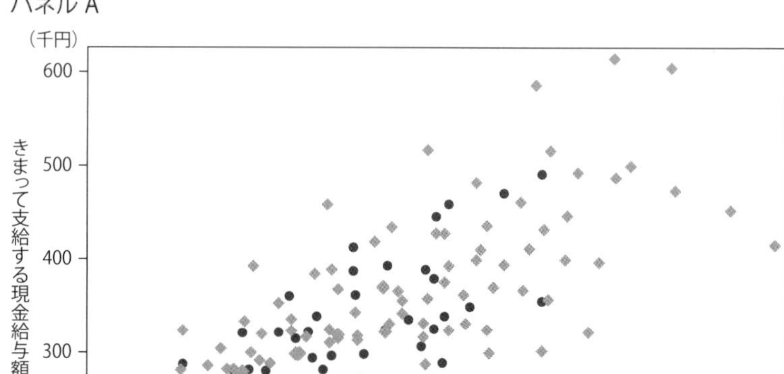


（データ出所）　賃金センサス。

パネルB

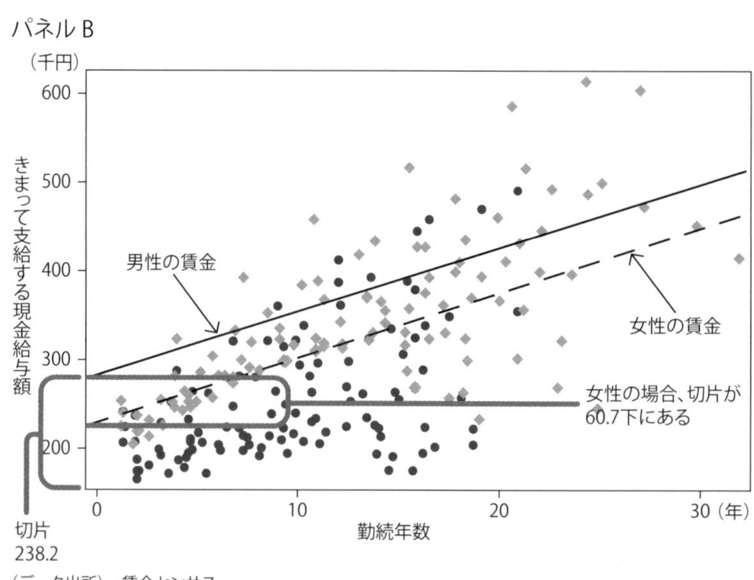


（データ出所）　賃金センサス。

上の式では性別の影響を考慮していませんでした。そこで、女性であれば1、男性であれば0をとる女性ダミー（female）を含めて分析します。その結果が下にしめされています。カッコのなかは$t$値です。

$$\begin{aligned} mwage &= \underset{(22.6)}{238.2} + \underset{(11.9)}{7.94}tenure - \underset{(-6.97)}{60.7}female \\ \text{Adj-}R^2 &= 0.5280 \end{aligned}$$

この式を見てわかるように、女性ダミーの係数の$t$値は−6.97で絶対値が1.96よりも大きいので統計的に有意です。係数は負ですから女性は男性と比較して月例給与が低いことがわかります。被説明変数mwageの単位は千円ですから、勤続年数が同じ男女の労働者がいる場合、典型的には女性の月例給与は男性とくらべて6万700円（60.7×1000円）低いことを意味しています。このようにダミー変数の係数は、切片の差をあらわしています。この状況をあらわしているのが図表12.1のパネルBです。なお、ダミー変数を作成する際に、女性が1、男性が0のダミー変数を作成しましたが、逆に男性が1、女性が0の男性ダミーでも問題ありません。

### ▸カテゴリーが2つ以上あるときのダミー変数

性別に関しては、カテゴリーが男性女性の2種類なので、1つのダミー変数で区別することができます。では、カテゴリーが3つ以上ある場合にはどのようにすればよいでしょうか。

たとえば、大学への通学手段と学生の成績の関係を分析しようとしていると考えてください。通学手段には徒歩、バスおよび電車の3種類があるとします。このとき、被説明変数に成績、説明変数に通学手段を含めたいのですが、カテゴリーが3つなので、0と1の変数1つではあらわすことができません。このように、カテゴリーが3つ以上あるときには、複数のダミー変数を用います。たとえばバスダミーと電車ダミーを作成します。バスダミーは通学にバスを使用していれば1、そうでなければ0をとる変数です。一般に複数カテゴリーを分析する際には、カテゴリーの数から1を引いた数のダミー変数を作成します。このようなダミーとしては、産業ダミーがよく用いられます。企業の利益率や成長率などを考える際に、その企業がどの産業に所属しているのかということは企業の業績や行動に大きな影響を与えるからです。

### 複数のカテゴリーのダミー変数の例

都留・阿部・久保（2005）は、いくつかの企業における従業員の賃金データを用いて賃金の決定要因を分析しました。彼らは被説明変数として月例給与、賞与、年収、説明変数として年齢、勤続年数、査定点などさまざまな変数を用いて分析しています。そのなかで、学歴、役職、職能資格に関してダミー変数を用いています。

図表 12.2 は彼らの分析結果をしめしています。ここで分析の対象となっているのは旧 X 社、もう 1 つは C 社とよばれる企業です。実証分析においてデータソースを明記するのは重要なことですが、データの提供元が匿名でのみデータの提供を行うことに同意する場合など、データの出所を明らかにしないことがあります。

図表 12.2 には 6 つの式がしめされています。いちばん右の結果を見てみましょう。この結果は C 社で年収がどのようにきまっているかをしめしています。年齢や勤続年数の係数が正で有意なことがしめされています。すなわち、年齢が高く、勤続年数が長い従業員のほうが高い年収を受ける傾向にあります。では、学歴に関するダミー変数に注目しましょう。ここでは、高卒ダミー、高専・短大ダミー、大卒ダミーおよび大学院ダミーが用いられています。これらのダミーはそれぞれ当てはまる場合に 1、そうでなければ 0 の値をとっています。この企業には、中卒、高卒、高専・短大卒、大卒、および大学院修了の従業員がいます。全部で 5 種類のカテゴリーの従業員がいるので 4 つのダミー変数を用いています。

図表 12.2 のいちばん右の式では高卒ダミー、高専・短大ダミー、大卒ダミー、大学院ダミーのすべての係数が正で有意です。ここで注意すべきなのは中卒に対してはダミー変数がないことです。ですから、高卒ダミーの係数は「中卒の従業員と比較して高卒の従業員の年収はどのく

図表12.2　賃金関数の推定結果（旧 X 社および C 社）

| | 旧 X 社 | | | C 社 | | |
|---|---|---|---|---|---|---|
| | 月例給与 | 賞与 | 年収 | 月例給与 | 賞与 | 年収 |
| 年齢 | 0.0156***<br>(0.0001) | 0.0157***<br>(0.0003) | 0.0156***<br>(0.0002) | 0.0173***<br>(0.0001) | 0.0157***<br>(0.0002) | 0.0168***<br>(0.0001) |
| 勤続年数 | 0.0079***<br>(0.0001) | 0.0071***<br>(0.0003) | 0.0075***<br>(0.0002) | 0.0048***<br>(0.0001) | 0.0025***<br>(0.0002) | 0.0040***<br>(0.0001) |
| 査定点 | 0.0152***<br>(0.0003) | 0.0302***<br>(0.0006) | 0.0204***<br>(0.0004) | 0.0227***<br>(0.0004) | 0.0495***<br>(0.0006) | 0.0315***<br>(0.0004) |
| 高卒ダミー | (dropped) | (dropped) | (dropped) | 0.0554***<br>(0.0018) | 0.0247***<br>(0.0025) | 0.0442***<br>(0.0019) |
| 高専・短大ダミー | 0.0326***<br>(0.0023) | 0.0164***<br>(0.0041) | 0.0266***<br>(0.0027) | 0.0843***<br>(0.0029) | 0.0295***<br>(0.0039) | 0.0644***<br>(0.0030) |
| 大卒ダミー | 0.1065***<br>(0.0014) | 0.1091***<br>(0.0026) | 0.1069***<br>(0.0017) | 0.1442***<br>(0.0026) | 0.0864***<br>(0.0035) | 0.1234***<br>(0.0027) |
| 大学院ダミー | 0.1580***<br>(0.0020) | 0.1657***<br>(0.0036) | 0.1597***<br>(0.0024) | 0.1756***<br>(0.0030) | 0.1101***<br>(0.0040) | 0.1520***<br>(0.0031) |
| 役職班長 | −0.001<br>(0.0059) | 0.0970***<br>(0.0105) | 0.0378***<br>(0.0070) | (dropped) | (dropped) | (dropped) |
| 役職 GM | 0.0106***<br>(0.0018) | 0.0420***<br>(0.0033) | 0.0230***<br>(0.0022) | 0.0029<br>(0.0019) | 0.0266***<br>(0.0026) | 0.0123***<br>(0.0020) |
| 役職副部長 | 0.0035<br>(0.0040) | 0.0340***<br>(0.0070) | 0.0158***<br>(0.0047) | 0.0009<br>(0.0039) | 0.0037<br>(0.0054) | 0.0023<br>(0.0041) |
| 役職部長 | −0.003<br>(0.0075) | 0.0247*<br>(0.0132) | 0.0081<br>(0.0089) | 0.0056<br>(0.0088) | −0.028**<br>(0.0120) | −0.006<br>(0.0091) |
| 職能資格主務 | 0.1913***<br>(0.0017) | 0.2723***<br>(0.0030) | 0.2187***<br>(0.0020) | 0.0526***<br>(0.0018) | 0.1329***<br>(0.0025) | 0.0783***<br>(0.0019) |
| 職能資格主任 | 0.2373***<br>(0.0017) | 0.3462***<br>(0.0030) | 0.2740***<br>(0.0020) | 0.2375***<br>(0.0023) | 0.3988***<br>(0.0031) | 0.2897***<br>(0.0024) |
| 職能資格主事 | 0.3783***<br>(0.0019) | 0.5407***<br>(0.0034) | 0.4339***<br>(0.0023) | 0.3899***<br>(0.0025) | 0.6197***<br>(0.0034) | 0.4648***<br>(0.0026) |
| 職能資格参事 | 0.4899***<br>(0.0026) | 0.8424***<br>(0.0046) | 0.6174***<br>(0.0031) | 0.5251***<br>(0.0031) | 0.9595***<br>(0.0043) | 0.6725***<br>(0.0032) |
| 職能資格副理事 | 0.5576***<br>(0.0038) | 0.8944***<br>(0.0068) | 0.6787***<br>(0.0046) | 0.5912***<br>(0.0041) | 1.0380***<br>(0.0056) | 0.7428***<br>(0.0043) |
| 職能資格理事 | 0.6203***<br>(0.0074) | 0.9824***<br>(0.0131) | 0.7515***<br>(0.0088) | 0.6599***<br>(0.0078) | 1.1390***<br>(0.0107) | 0.8233***<br>(0.0081) |
| 定数項 | 11.692***<br>(0.0042) | 12.650***<br>(0.0075) | 14.538***<br>(0.0050) | 11.629***<br>(0.0045) | 12.544***<br>(0.0061) | 14.462***<br>(0.0046) |
| サンプルサイズ | 13677 | 13677 | 13677 | 10615 | 10615 | 10615 |
| $F$ 値 | 59955.26 | 31540.13 | 51485.82 | 59524.19 | 49091.64 | 64082.76 |
| 自由度修正済み決定係数 | 0.9868 | 0.9751 | 0.9846 | 0.9896 | 0.9874 | 0.9904 |

（注）　これらの変数の他に性別ダミーが含まれている。
　　　***、**、* はそれぞれ 1%、5%、10%水準で有意であることをしめす。
　　　カッコ内は標準誤差。
（出所）　都留・阿部・久保（2003）表 12。

らい高いのか」ということを意味しています。学歴に関するダミーのすべてが正で有意ですから、中卒の従業員よりもこれらの従業員のほうが高い年収を受けていることがわかります。ここで重要なのが係数の大きさです。係数の大きさに注目すると高卒ダミーの係数（0.0442）よりも高専・短大ダミーの係数（0.0644）のほうが大きいことがわかります。同様に、高専・短大ダミーの係数よりも大卒ダミーの係数のほうが大きく、大卒ダミーの係数よりも大学院ダミーの係数のほうが大きいです。このことから高い学歴を持つ従業員ほど年収が高いことがわかります。

また、役職ダミーの係数はあまり有意ではありませんが、職能資格ダミーの係数は有意であることもわかります。職能資格が高いほど年収が高いことも確認してください。また、自由度修正済み決定係数がほとんど1であることにも注目してください。この企業での年収はこれらの要素でほぼ説明できることがわかります。

## 3 交差項：女性よりも男性のほうが勤続年数上昇にともなう賃金上昇は大きいか

次に交差項（傾きダミー）について考えてみます。たいへん便利な方法ですが、少しごちゃごちゃしているので注意深く読んでください。賃金と男女についてもう一度考えるために、次の式を見てください。この式は先ほど分析した式ですが、被説明変数に賃金、説明変数に勤続年数および女性ダミー（female）を用いています。この式のような状況をしめしたのが図表12.3のケース1です。

$$\text{mwage} = a_1 + b_1\text{tenure} + b_2\text{female} + u \qquad (1)$$

この式では、女性と男性の賃金格差が統計的に有意なものかどうかを検証することができます。しかし、ここで注意すべきことがあります。この式では、男女の賃金格差は勤続年数と関係なく一定であるという前提のもとで、この格差がいくらかを分析しています。しかし、勤続年数が

**図表12.3** さまざまな男女賃金格差

ケース１：
男女の賃金格差は勤続年数を問わず一定

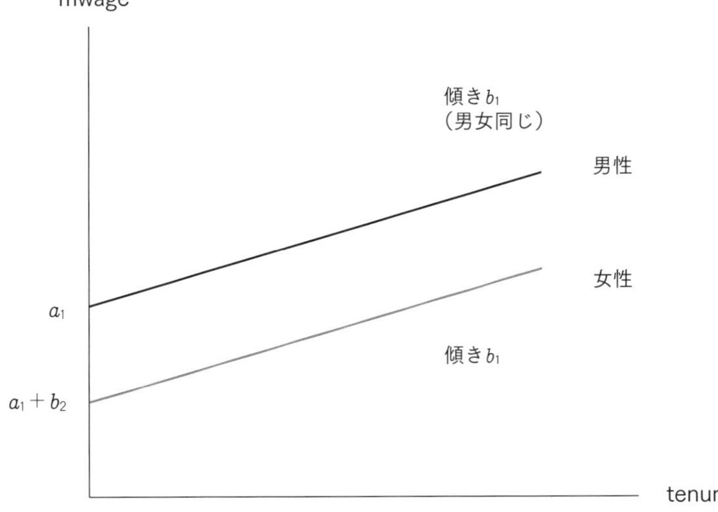


$$\text{mwage} = a_1 + b_1 \text{ tenure} + b_2 \text{ female} + u$$

ケース２：
はじめは男女格差がないが、勤続年数が長くなるにつれて格差が発生・増大

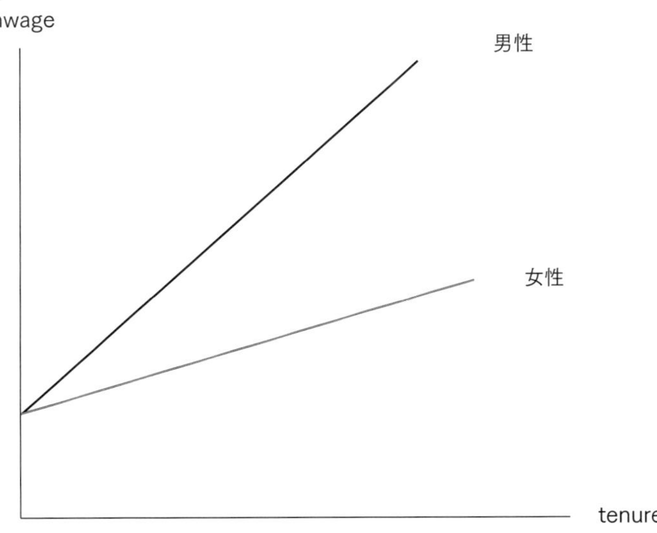

図表12.3　さまざまな男女賃金格差（続き）

ケース3：
はじめから格差があり、かつその格差は勤続年数とともに増大

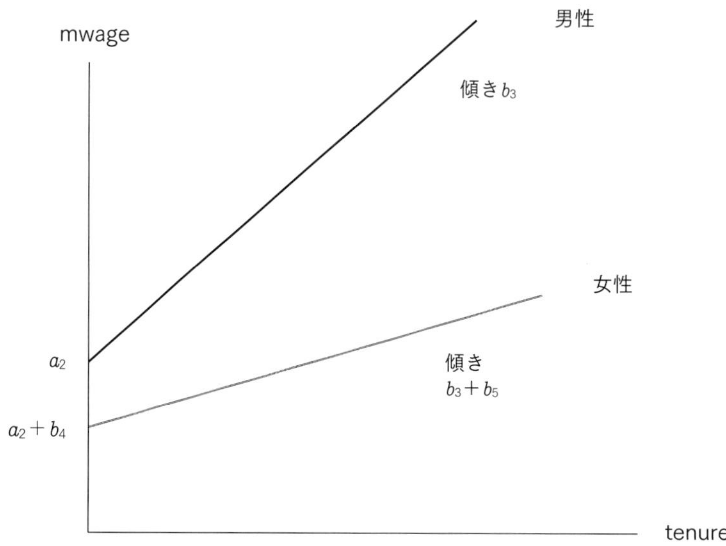


$$\text{mwage} = a_2 + b_3\,\text{tenure} + b_4\,\text{female} + b_5\,\text{female} \times \text{tenure} + v$$

長くなるに従って男女の賃金格差が増大する可能性があります。この（1）式では、このような状況は起きないという前提で分析していることになります。

ここで女性ダミーに0と1を代入した場合、（1）式がどのようになるかを考えてみましょう。男性の場合、女性ダミーが0になり、女性の場合、女性ダミーが1になるため、式は次のようになります。

$$\text{男性}\quad \text{mwage} = a_1 + b_1\text{tenure} + u$$

$$\text{女性}\quad \text{mwage} = a_1 + b_1\text{tenure} + b_2 + u = (a_1 + b_2) + b_1\text{tenure} + u$$

すなわち、男性の場合、グラフでは切片$a_1$、傾きが$b_1$の直線になります。女性の場合には、切片が$a_1 + b_2$、傾きが$b_1$の直線になっています。ここでは男女の賃金格差は切片の違いであらわされます。もし女性の賃金が男性とくらべて平均的に低いのであれば女性ダミーの係数$b_2$

は負になります。このように切片に影響を与えるダミー変数のことを切片ダミー（intercept dummy）とよぶことがあります。

次に図表 12.3 のケース 2 を見てください。すなわち、若年期には男女の賃金格差がないものの、勤続年数が高くなるにつれて格差が発生するという状況です。図表 12.3 のケース 1 とケース 2 が異なる状況をあらわしているということはよくわかると思います。さらに、ケース 3 は入社時にすでに賃金格差があり、さらに勤続年数が高くなるにつれて格差が拡大するような状況をしめしています。このケース 3 は、この章のはじめにしめした仮説 3 に対応しています。

それでは、この図表 12.3 のケース 2 やケース 3 のような状況を分析するためにはどのようにすればよいでしょうか。このような状況を分析するために交差項（interaction term）を導入します。交差項とは説明変数と説明変数をかけることで別の変数を作成し、説明変数として用いることです。このケースでは、勤続年数×女性ダミーという変数を作成し、説明変数に用います。このことをしめしたのが下の（2）式になります。この式では説明変数が勤続年数（tenure）、女性ダミー（female）、および勤続年数×女性ダミー（female × tenure）となります。

$$\begin{aligned} \text{mwage} = a_2 &+ b_3 \text{ tenure} + b_4 \text{ female} \\ &+ b_5 \text{ female} \times \text{tenure} + v \end{aligned} \tag{2}$$

この式では、勤続年数にかかわらず存在する格差が係数 $b_4$、勤続年数とともに増大する格差が係数 $b_5$ であらわされます。もしも、$b_4$、$b_5$ がどちらも統計的に有意であれば、2 種類の賃金格差が存在することをしめしています。

この式が男性、女性のそれぞれについてどのようになるかを考えると次のようになります。いままでと同様に女性ダミーに 0 と 1 を代入すると（2）式は次のようになります。

$$男性\quad mwage = a_2 + b_3\,tenure + v$$

$$女性\quad mwage = a_2 + b_3\,tenure + b_4 + b_5\,tenure + v$$

$$= (a_2 + b_4) + (b_3 + b_5)tenure + v$$

すなわち、男性の場合は切片が $a_2$、傾きが $b_3$、女性の場合は切片が $(a_2 + b_4)$、傾きが（$b_3 + b_5$）となります。この状況をあらわしたのが図表12.3のケース3です。

このように、ダミー変数と他の説明変数の交差項は傾きに関するダミー変数ですので、傾きダミー（slope dummy）とよばれることがあります。すなわち、切片ダミーと傾きダミーを用いることで定数項（切片）にかかわる格差と傾き（説明変数の係数）にかかわる格差をどちらも分析することができます。

傾きダミーは、「$X$と$Y$の関係に$Z$が影響を与える」という状況を分析する際によく用いられます。たとえば、「メインバンクとの関係が強い企業では、業績悪化が従業員削減に与える影響は小さくなる」「外国人持株比率が高い企業では、業績悪化と社長交代の関係が強くなる」のような仮説は、傾きダミーを利用することで分析することができます。

## 4 説明変数と被説明変数の関係が直線ではない場合

被説明変数と代表的な説明変数の散布図を描いてみると、直線ではない場合がよくあります。回帰分析は直線を当てはめるように係数を決定するため、このような状況では適切ではない場合があります。このようなときにしばしば行われるのが変数を変形することです。その関係が直線ではない場合には、$X$そのものを含めるのではなく、$X^2$、$1/X$などを計算し、その値を説明変数とすることがあります。さらに、自然対数をとることもよく行われます。このように変数を二乗したりした場合でも、推計や統計的に有意かどうかの検定についてはいままでと同じように考えることができます。

対数についてはいままでに勉強したことのある人は多いと思いますが、もう一度確認しておきましょう。対数とは、指数であらわされた式を別の式で表現するやり方です。いま、たとえば、次の式を考えます。

$$10^2 = 100$$

対数（logarithm、ロガリズム）を用いると、この式は次のようにあらわすことができます。

$$2 = \log_{10}100$$

ここで10のことを底とよびます。logはログと読みます。

上の例では底は10ですが底にネイピア数$e$を用いた場合を自然対数（natural logarithm, ln）とよぶことがあります。ネイピア数とは$e=2.71828\cdots\cdots$であらわされる数で、円周率$\pi$と同様、数学でよく使われる定数です。ある数値$X$の自然対数を計算するということは、次の式を満たす$Z$を計算するということです。

$$Z = \log_e X = \ln X$$

これはExcelなどの表計算ソフトウエアで簡単に計算できます。Excelでは「＝LN($X$)」の$X$に数値を入力すると自然対数を求めることができます。なお、自然対数の場合にはlogではなく、この式のようにlnをつけ、$e$を省略して表記することがあります。

変数の自然対数をとることは、回帰直線の当てはまりをよくするために、よく使われる手法ですが、他にも変数の自然対数をとる理由があります。これは、変数を対数変換することで、係数の解釈が変化するためです。

下の（3）から（5）式を見てください。ここで（3）式は変数をそのまま、説明変数および被説明変数として用いています。次の（4）式ではどちらの変数も自然対数に変換しています。

$$Y = b_0 + b_1 X \quad (3)$$

$$\ln Y = b_2 + b_3 \ln X \quad (4)$$

$$\ln Y = b_4 + b_5 X \quad (5)$$

まず、（3）式における変数$X$の係数$b_1$について確認しましょう。これは、いままで見てきたように変数 $X$ が 1 単位増加すれば変数 $Y$ が 1 単位増加すると考えることができます。たとえば $b_1$ の推定値が 3 だったとすると、変数 $X$ が 1 増加すると変数 $Y$ は 3 増加するということになります。

次の（4）式の $\ln X$ の係数 $b_3$ ですが、被説明変数および説明変数のどちらも自然対数をとっている場合には、係数は弾力性（elasticity）と考えることができます。弾力性とは、$X$ が 1%変化したときに $Y$ が何%変化したかをあらわすものです。すなわち、（4）式を用いて計測した場合、変数 $X$ が 1%増加した場合に $Y$ が「$b_3$ の推定値」%だけ増加するということがしめされています。たとえば、（4）式の $b_3$ の推定値が 2 だったとすると、$X$ が 1%増加したときに、$Y$ は 2%増加するということになります。この（4）式は、被説明変数、説明変数のどちらにも対数をとっているので両対数モデルもしくは、ログログモデル（log-log model）とよばれることがあります。

さらに（5）式を見てください。ここでは、被説明変数は対数をとっていますが、説明変数は対数をとっていません。このような式を片対数モデル、もしくはログ線形モデル（log-linear model）とよぶことがあります。この（5）式の場合、変数 $X$ が 1 単位増加したとすると、変数 $Y$ は（$100\times b_5$）%増加します。たとえば $b_5$ の推定値が 0.04 であれば、$X$ が 1 単位増加すると $Y$ が（$100\times b_5$）= 4%増加するということをしめしています。

この対数変換の他にも、変数に何らかの変換を行って分析することはよくあります。よく用いられるのは、説明変数を二乗した変数を説明変数として含めることです。説明変数 $X$ と被説明変数 $Y$ の間に右上がりの関係があったとします。ここでよく考えると、右上がりにも、①直線で右上がり、② $X$ が大きくなるにつれ、$Y$ の増え方が大きくなる、③ $X$ が大きくなるにつれ、$Y$ の増え方が小さくなる、の 3 種類が考えられます。このことを分析する際に、$X$ の二乗項 $X^2$ を導入して分析します。

### 例：対数を使用した分析の例、従業員数と売上高

被説明変数と説明変数の関係が直線ではないケースについて例を用いて考えてみましょう。いま、従業員数と売上高の関係に興味を持っているとしましょう。ここでは、売上高の大きい企業では従業員数も多いという仮説を検証します。そこで、2013年の上場企業の従業員数と売上高のデータを収集し、散布図を描いてみることにします。このときに得られた散布図が図表12.4のパネルAです。ここでは1つの点が1つの企業をあらわしています。

このグラフで気づくのは、多くの企業がグラフの左下に集まっているということです。ここでは上場企業2805社のデータを用いているのですが、グラフで点として確認できる企業は数十社で、残りのほとんどの企業は左下のかたまりに含まれています。このような状況で単純に直線を当てはめることは適切ではないかもしれません。

そこで、従業員数と売上高のそれぞれについて自然対数をとってみることにします。従業員数の対数値と売上高の対数値について描いた散布図がパネルBになります。このパネルBの散布図と先ほどのパネルAの散布図を比較してください。明らかにパネルBのほうが直線の当てはまりがよさそうです。

それでは回帰分析でこのことを確認してみましょう。図表12.5は2つの回帰分析の結果をしめしています。左の式が被説明変数に従業員数、説明変数に売上高を用いた回帰分析で、右の式が被説明変数に従業員数の対数値、説明変数に売上高の対数値を用いた結果です。カッコ内は標準誤差で、***は1%水準で有意であることをしめしています。

左の式でも右の式でも売上高の効果は1%水準で有意です。売上高と従業員数に強い関係があるのは明らかだと思います。さらに、決定係数を見てください。左の式の決定係数は0.55なのに対して右の式は0.78となっています。このことから、変数を対数変換することで当てはまりがよくなっていることがわかります。

図表12.4 従業員数と売上高

パネルA：従業員数と売上高の散布図

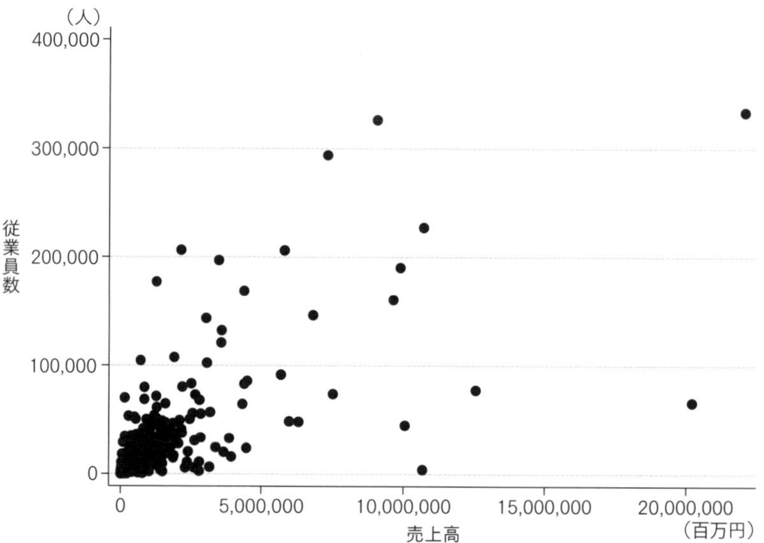


（データ出所） 日経 NEEDS コーポレート・ガバナンス評価システム（Cges）。

パネルB：従業員数（対数値）と売上高（対数値）の散布図

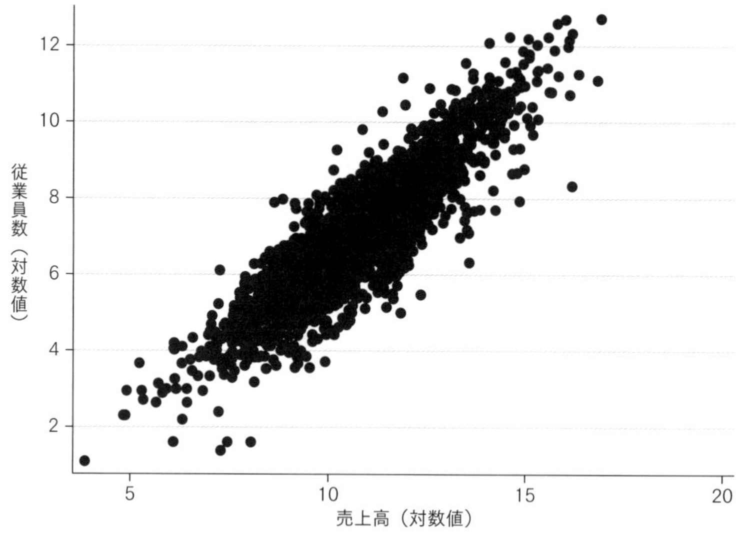


（データ出所） 日経 NEEDS コーポレート・ガバナンス評価システム（Cges）。

図表12.5 売上高と従業員数

| | 従業員数（人） | 従業員数（対数値） |
|---|---|---|
| 売上高 | 0.0143<br>[0.0002]*** | |
| 売上高（対数値） | | 0.8348<br>[0.0085]*** |
| 定数項 | 1,641.88<br>[233.3391]*** | −1.9218<br>[0.0909]*** |
| 決定係数 | 0.55 | 0.78 |
| 観測数 | 2,805 | 2,805 |

（注） *** は1%水準で有意であることをしめす。カッコ内は標準誤差。

## 練習問題

1. 成果主義が従業員のやる気に与える影響についてアンケート調査の結果をもとに分析することを考えましょう。このアンケート調査では、従業員のやる気、成果主義が導入されているかどうか、その企業で教育訓練などの能力を開発するためのプログラムが充実しているかなどの変数が得られているとします。ここで次の２つの仮説を検証したいと思います。これらの仮説を検証するためにはどのような式を推計すればよいでしょうか。

**仮説１**：成果主義を導入している企業の従業員のやる気は高い。

**仮説２**：成果主義を導入した企業のうち、従業員のやる気が高まっているのは能力開発のプログラムが充実している企業である。

なお、使用可能な変数は以下のとおりとします。

**やる気**：それぞれの企業の従業員のやる気を５（やる気がとてもある）から１（やる気がまったくない）の５段階で評価したもの。

**成果主義ダミー**：成果主義の導入があれば1、なければ0のダミー変数。

**能力開発ダミー**：能力開発プログラムが充実していれば1、していなければ0をとるダミー変数。

**練習問題 図表** ストック・オプションと労働生産性

| | OLS |
|---|---|
| ストック・オプションダミー | 0.0928<br>[0.0042]*** |
| 従業員数（対数） | 0.0697<br>[0.0008]*** |
| 資本集中度（対数） | 0.1156<br>[0.0006]*** |
| 年ダミー | あり |
| 産業ダミー | あり |
| サンプルサイズ | 377,760 |
| 自由度修正済み決定係数 | 0.25 |

（注） *** は1% 水準で有意。
（出所） Morikawa（2012）Table 3.

2. Morikawa（2012）はストック・オプションが労働生産性に与える影響を分析しました。表はその結果の一部をしめしたものです。被説明変数は労働生産性、説明変数はストック・オプションダミー、従業員数（対数）、資本集中度（対数）です。さらに年ダミーおよび産業ダミーが含まれています。労働生産性（対数）はここでは、労働者1時間当たりの付加価値の対数値として計算されています。すなわち、それぞれの企業において労働者が1時間にどれだけの付加価値を生み出しているかを計算したものの対数をとったものです。使用しているデータは1994年から2009年の企業活動基本調査です。カッコ内は標準誤差で、***は1%水準で有意であることをしめしています。この表を見て次

の問いに答えてください

(1) ストック・オプションがある企業のほうが高い労働生産性を達成できていると考えてよいでしょうか。

(2) ストック・オプションがある企業とない企業で労働生産性はどれくらい異なるでしょうか。

3. ウエブサイトから l6_1 のデータをダウンロードしてください。このデータには月例賃金（mwage）、勤続年数（tenure）、性別（male、男性は 1）のデータが含まれています。Excel 等のソフトウエアを用いて次の問題に解答してください。

(1) 勤続年数と性別の交差項 tenuremale（＝tenure×male）を計算してください。Excel では「＝tenure*male」で簡単に計算できます。

(2) 被説明変数に mwage、説明変数に male、tenure を用いて分析してください。次に同じ被説明変数で説明変数に male、tenure に加えて tenuremale を加えて分析してください。結果を 1 つの表にまとめて結果にコメントしてください。

LECTURE

# 13

# ロジット回帰

## 「する」か「しない」かの分析

### 1 はじめに

この章ではロジット回帰とよばれる分析手法を学びます。これは、被説明変数が、企業の利益などの数字であらわすことができる変数ではなく、「する」か「しない」かのようなダミー変数をとる場合に用いる分析手法です。企業や個人が何かをするかどうか、という意思決定を分析したいことはよくあります。このような意思決定は無数にあります。企業の場合、次のような例が考えられます。

- 合併を行うかどうか。
- 海外支社の社長を現地の人材に任せるか本社から送り込むか。
- 配当を増額するかどうか。
- 新商品を市場に投入するかどうか。

たとえば、どのような人がオンライン・ショッピング・サイトで商品を購入するかを分析したいとします。このとき被説明変数は「する」か「しない」かのどちらかです。購入する際には1、しない場合には0と置いて分析することになります。被説明変数は0か1ですから、別の言い方をすると被説明変数がダミー変数となっている、ということになります。オンライン・ショッピング・サイトで購入するかどうかの意思決定の場合、たとえば、年収、サイトでの滞留時間、過去の購買履歴などが説明変数となります。

このような状況を分析する際に、いままで勉強してきた最小二乗法

（OLS）で分析するのが1つのやり方です。この章の2節でこのやり方を説明します。しかし、このようなやり方には限界もあります。そこで、このような場合には、ロジット回帰（logit regression）やプロビット回帰（probit regression）という手法が用いられます。ロジット回帰については3節で説明します。4節では社外取締役導入の決定要因の例を説明します。5節では、推計方法について少し説明し、6節では、関連するいくつかの手法について簡単に紹介します。

**この章の目的**

- ある企業、個人が何かを「する」か「しない」かを分析するときは被説明変数 $Y$ をダミー変数（「する」なら1、「しない」なら0）としてロジット回帰モデルで分析できるようになる。
- ロジット回帰で説明変数 $X$ の係数がプラスで有意であれば、$X$ が大きくなるほど $Y=1$ となる確率が大きいと考えることを理解する。
- ロジット回帰でも通常の回帰モデルと同様、$p$ 値が十分小さければ有意であると考えるということを理解する。
- ロジット回帰では説明変数の係数の解釈が通常の回帰モデルと異なることを理解する。

**重要な用語**

線形確率モデル（LPM）／ロジット回帰／プロビット回帰／多項ロジット回帰／順序ロジット回帰

## 2 「する」「しない」の分析と線形確率モデル

それでは早速、具体的に考えてみましょう。たとえば、どのような学生がスマートフォンを保有しているかという分析を行いたいと思います。このとき、保有している場合には1、していない場合には0をとるダミー変数を被説明変数 $Y$ とします。説明変数として、いろいろな計測が考えられますが、ここでは月にアルバイトでいくら稼いでいるかという変数を用いることにします。このとき、被説明変数と説明変数は次のようになります。

**被説明変数**（$Y$）smartphone：スマートフォンを保有していれば1、していなければ0のダミー変数。

**説明変数**（$X$）income：アルバイトによる収入。

このような場合、散布図はどのようになるでしょうか。このようなデータはアンケート調査を行えば入手可能ですが、ここでは仮想のデータを用いてしめします。このとき、散布図は図表 13.1 のパネル A のようになります。

このように、被説明変数がダミー変数となるとき、どのように分析すればよいでしょうか。1つのやり方は、いままでと同様に、OLS で分析をするという方法です。この場合、被説明変数が連続変数の場合と同様に分析を行うことになります。すなわち、被説明変数がダミー変数であっても、いままでと同じやり方で分析する方法です。具体的には次の式を最小二乗法で分析します。

$$\text{smartphone} = a + b_1\text{income} + u$$

このように、被説明変数が 0、1 のダミー変数のときに通常の回帰分析を行うことをとくに線形確率モデル（linear probability model, LPM）とよびます。名前がしめしているように、このモデルは確率を直線（線形）のモデルでしめしています。

線形確率モデルにはいくつかの利点があります。1つの利点は、通常の線形モデルと同様に分析すればよいので分析が簡単にできることです。もう1つの利点は、係数の意味がわかりやすいことです。いままで学んだように、説明変数の係数は、説明変数が1単位増加したときに被説明変数が1をとる確率をどれだけ増加させるか、ということを意味しています。

一方、線形確率モデルには、いくつかの欠点があります。いちばん深

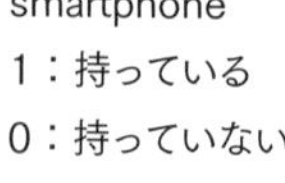

図表13.1 スマートフォンの保有とアルバイトによる収入

パネルA：散布図

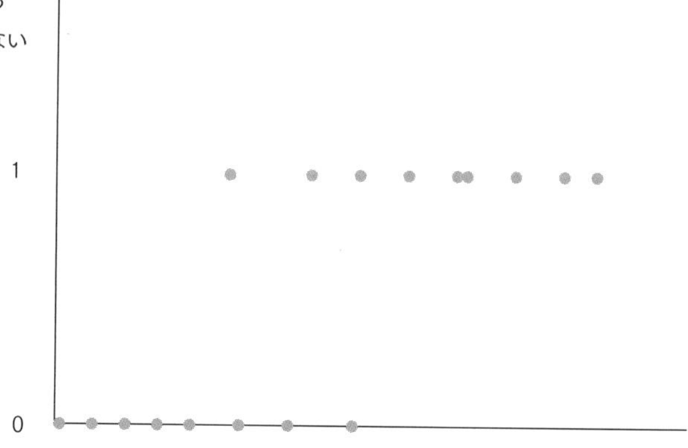


（出所） 説明のための架空のデータ。

パネルB：線形確率モデル(LPM)の問題点

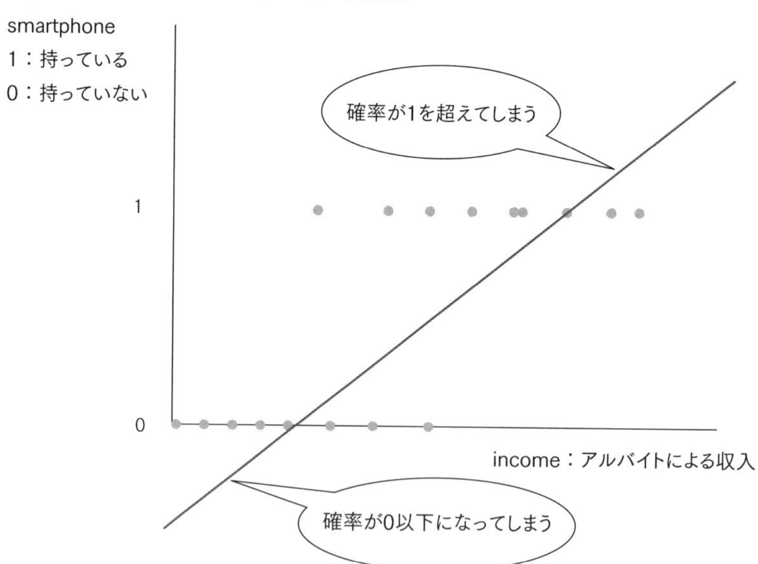


（出所） 説明のための架空のデータ。

刻な問題は予測値が1を超えたり負の値になったりしてしまうということです。図表13.1のパネルBを見ると明らかなように、収入がある一定を超えると回帰直線による予測値が1を超えています。また、収入がある一定以下になると予測値が0よりも小さくなっています。確率が1（＝100%）を超える値をとったり負の値をとったりすることはありえません。このため、線形確率モデルによる分析には限界があることがわかります。

## 3 ロジット回帰とは

被説明変数がダミー変数であることを考慮した分析がロジット回帰です。ロジット回帰は、線形確率モデルと2つの大きな違いがあります。1つは、線形確率モデルでは説明変数と被説明変数（確率）の間に直線の関係を当てはめるのに対して、ロジット回帰ではロジスティック分布とよばれる分布から得られる曲線を当てはめるということです。図表13.2のパネルAを見てください。このグラフでは線形確率モデル(LPM）による当てはめと、ロジット回帰による当てはめがしめされています。このグラフからもロジット回帰では被説明変数が0と1の間になること、このことから確率を分析する際にロジット回帰が適していることがわかると思います。

ロジット回帰は、次のような式であらわすことができます。

$$\Pr(Y=1 \mid X) = F(a + b_1 X)$$

ここで$\Pr(Y=1 \mid X)$ は$X$を所与として$Y$が1となる確率をあらわします。説明変数は$X$です。また右辺の$F(\cdot)$ はロジスティック分布から得られる関数をしめしています。ここでは、$Y$が1となる確率は$X$によってきまっていること、$X$と$Y$の関係が直線ではないことがしめされています。ロジット回帰は、StataやRなどの統計ソフトウエアで計算できます。

ロジット回帰でも、通常の回帰分析と同様、係数に意味があるかどう

**図表13.2** スマートフォンの保有とアルバイトによる収入

パネル A：ロジット回帰

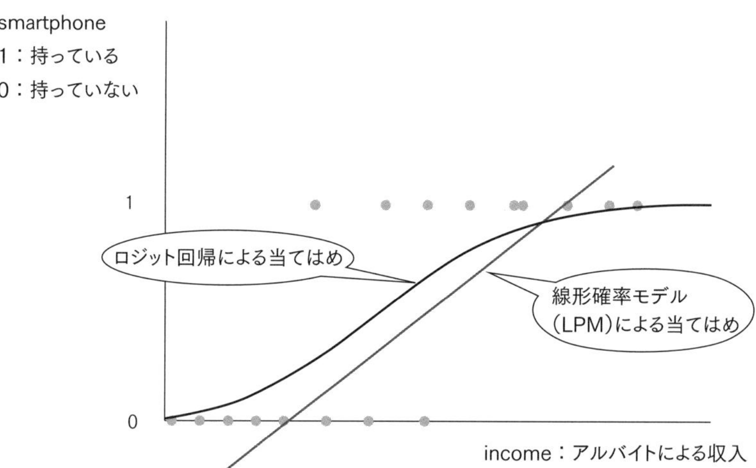


（出所） 説明のための架空のデータ。

パネル B：ロジット回帰の傾き

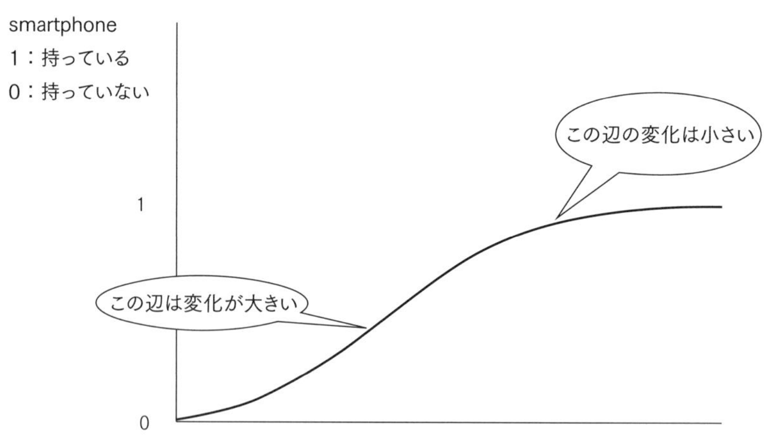


$X$（income）が 1 単位変化したときの $Y$（smartphone 保有確率）の変化は一定ではない。

（出所） 説明のための架空のデータ。

かに注目します。そのために、統計ソフトウエアは、係数の推定値に加えて係数の標準誤差から $p$ 値を計算します。統計ソフトウエアの結果で係数の $p$ 値が 0.05 よりも小さければ、係数は 5% 水準で統計的に意味があることをしめしています。係数がプラスで統計的に有意であれば、「$X$ が大きいときには、$Y=1$ となる確率が大きい」と考えることができます。

ロジット回帰と線形確率モデルのもう 1 つの違いは、係数の解釈です。図表 13.2 のパネル B を見てもわかるように、ロジット回帰では $X$ が $Y$ に与える影響（曲線の傾き）は一定ではありません。すなわち、ロジット回帰では係数が「$X$ が 1 単位変化したときに $Y=1$ となる確率に与える影響が何％変化するか」という数値をしめしているわけではないことに注意してください。

## 4 ロジット回帰の例：社外取締役導入の決定要因

この節では、どのような企業が社外取締役を導入しているかに関するロジット回帰を用いた分析を紹介します。まず取締役会とは何かについて確認しましょう。取締役会の役割は、会社の重要事項を決定することおよび、経営者が正しく経営を行っているかどうかを監視することとされています。一般に取締役には 2 つの種類があります。1 つは社内取締役で経営の執行にかかわります。もう 1 つは社外取締役で、業務執行に直接にはかかわらないものです。社外取締役の大きな役割は経営者を監視することですから、経営者から独立していることがもとめられています。2000 年代のはじめから、社外取締役を導入する企業が少しずつ増加してきました。なお取締役会改革に興味がある人は、青木 (2002)、久保 (2009b；2010)、齋藤 (2011)、宮島ほか (2003) などを参照してください。

説明変数としては、まず経営者の持株比率を考えます。経営者が、自分が経営する会社の株式を大量に持っている場合、社外取締役による監視の有無にかかわらず、経営者は株価を上昇させるために努力をするでしょう。逆に経営者の持株比率が低い企業では、株主から見て監視の必要性が高いと考えることができます。このことから、次の仮説を得ることができます。

> **仮説1**：経営者持株比率が高い企業では、社外取締役を導入しない傾向にある。

日本の株式市場では外国人持株比率が継続的に増加しています。外国人投資家は日本の投資家よりも、経営者が株主価値を目的として行動しているかに注目する傾向が強いと考えられています。このため、一般に経営者に対する監視メカニズムとして社外取締役の導入に賛成すると考えることができます。このことから次の仮説を得ることができます。

> **仮説2**：外国人持株比率が高い企業では、社外取締役を導入する傾向にある。

日本企業の株主構成を考える際に、「株式持ち合い（cross shareholding)」は重要な特徴です。株式持ち合いとは、複数の企業がお互いの株式を所有し合うことです。たとえば、企業Aが企業Bの株式を所有する一方、企業Bが企業Aの株式を所有することです。銀行などを通じて3社以上の企業で相互に持ち合うこともしばしば観察されます。このような株式持ち合いは、業務上の関係が強い企業とのつながりを強化する効果や、敵対的買収を防止する効果が期待されています。このことからもわかるように株式持ち合いを行う主な目的は株価上昇によって利益を得ることではありません。そこで、次の仮説を得ることができます。

> **仮説3**：株式持ち合いによる持株比率が高い企業では、社外取締役を導入しない傾向にある。

このことを検証するために被説明変数に社外取締役ダミー、説明変数に経営者持株比率、外国人持株比率、株式持ち合い比率を用いてロジット回帰分析を行います。仮説から経営者持株の係数はマイナス、外国人持株の係数はプラス、持ち合いの係数はマイナスになると予想できます。計測には、さらにROAと売上高も説明変数として加えることにします。計測式は下のようになります。

$$\Pr(Y=1 \mid X) = F(a + b_1\mathrm{ROA} + b_2\text{売上高} + b_3\text{経営者持株} + b_4\text{外国人持株} + b_5\text{持ち合い})$$

それではデータを見てみましょう。ここでは日経NEEDSコーポレート・ガバナンス評価システム（Cges）のデータを用いて、2013年の全上場企業のデータを分析することにします。図表13.3のパネルAに基礎統計量がしめされています。社外取締役ダミーは社外取締役がいれば1、いなければ0のダミー変数です。平均値が0.531ですので、全体のほぼ半数、約53％の企業で社外取締役がいることがわかります。ROAの平均値は4.57％、中央値が4.167％です。ここで気になるのはROAの最小値が−129.787％と極端に小さいことです。1年間の損失が企業の全資産よりも大きいというのは普通、考えられないことなので、入力ミスかとも思い確認したのですが、他の数値と整合的でしたのでこのま

**図表13.3** 社外取締役導入の決定要因

パネルA：基礎統計量

| 変数 | 観測数 | 平均値 | 中央値 | 標準偏差 | 最小値 | 最大値 |
|---|---|---|---|---|---|---|
| 社外取締役ダミー | 2,805 | 0.531 | 1 | 0.499 | 0 | 1 |
| ROA(%) | 2,801 | 4.57 | 4.167 | 7.343 | −129.787 | 42.284 |
| 売上高（対数） | 2,805 | 10.592 | 10.49 | 1.688 | 3.829 | 16.909 |
| 経営者持株比率(%) | 2,805 | 5.452 | 1.2 | 9.313 | 0 | 66.109 |
| 外国人持株比率(%) | 2,805 | 9.014 | 3.94 | 11.881 | 0 | 84.63 |
| 株式持ち合い比率(%) | 2,805 | 7.64 | 5.38 | 8.377 | 0 | 52.61 |

（データ出所） 日経NEEDSコーポレート・ガバナンス評価システム（Cges）。

図表13.3　社外取締役導入の決定要因(続き)

パネルB：平均値の差の検定

| | 社外取締役 | | |
|---|---|---|---|
| | なし | あり | $t$値 |
| ROA（%） | 4.521 | 4.614 | −0.332 |
| 売上高（対数） | 10.219 | 10.922 | −11.24*** |
| 経営者持株比率（%） | 7.149 | 3.952 | 9.2083*** |
| 外国人持株比率（%） | 6.138 | 11.556 | −12.37*** |
| 株式持ち合い比率（%） | 7.95 | 7.366 | 1.8428* |

（注）　***、**、* はそれぞれ1%、5%、10% 水準で有意。
（データ出所）　日経NEEDSコーポレート・ガバナンス評価システム（Cges）。

パネルC：ロジット回帰

| | 被説明変数 | |
|---|---|---|
| | 社外取締役ダミー | |
| | logit | logit |
| ROA（%） | −0.0093<br>[0.0054]* | −0.0097<br>[0.0056]* |
| 売上高（対数） | 0.2695<br>[0.0248]*** | 0.1311<br>[0.0308]*** |
| 経営者持株比率（%） | | −0.0295<br>[0.0049]*** |
| 外国人持株比率（%） | | 0.0304<br>[0.0046]*** |
| 株式持ち合い比率（%） | | −0.0166<br>[0.0049]*** |
| 定数項 | −2.6816<br>[0.2603]*** | −1.1876<br>[0.3083]*** |
| サンプルサイズ | 2,801 | 2,801 |

（注）　ロジット回帰で推計。カッコ内は標準誤差。
　　　***、**、* はそれぞれ1%、5%、10%水準で有意。
（データ出所）　日経NEEDSコーポレート・ガバナンス評価システム（Cges）。

ま使用することにします。

次に、社外取締役がいる企業といない企業の特徴を理解するために平均値の差の検定を行います。パネルBを見てください。ROA以外の変数については、差が有意であることがわかります。たとえば経営者持株比率が低い企業で社外取締役がいる傾向があることがしめされています。

図表13.3のパネルCはロジット回帰の結果をしめしています。左側の式は説明変数にROAと売上高（対数）のみを使用した結果をしめしています。右側の式はすべての説明変数を用いた結果です。経営者持株比率の係数は有意で負になっています。このことは、経営者が大量の株式を保有している場合、監視の必要性が低いという考え方と整合的です。外国人持株比率の係数は有意に正、株式持ち合い比率の係数は負に有意となり、これも仮説と整合的です。

## 5 ロジット回帰の推定と係数の意味

ここでは、ロジット回帰についてもう少し細かい話をしたいと思います。3節では、ロジット回帰では直線ではなく曲線を当てはめるという話をしました。まず、具体的にどのような曲線を当てはめるかを考えてみましょう。この節の内容は他の節よりも少し技術的な話が中心になりますので、応用に興味がある人は後回しにしてもかまいません。

ロジット回帰では、次の式を推計します。ここでは説明変数が1つのケースについてお話をしますが、説明変数が2つ以上でも同じように考えることができます。この式で、$\Pr(Y=1 \mid X)$ は、説明変数 $X$ を所与として被説明変数 $Y$ が1をとる確率をしめしています。説明変数が $X$ です。

$$\Pr(Y=1 \mid X)=\frac{1}{1+e^{-a-b_1X}}$$

ここで、$e$ は数学でよく使用される定数です。この式の右辺の値は常に0と1の間になります。また、上の式は被説明変数が1をとる確率は $a$

$+ b_1X$の値によってきまることをしめしていますから、次のようにあらわすことができます。

$$\Pr(Y=1 \mid X) = F(a + b_1X)$$

ロジット回帰は最小二乗法ではなく、最尤法（maximum likelihood estimation）という手法で推計します。実際には統計ソフトウエアを用いて係数$a$、$b_1$の推計値をもとめます。サンプルサイズが大きい場合、最尤法の推計値は正規分布に従います。このことから、係数の仮説検定についていままでと同様に考えることができます。

### ロジット回帰の係数の意味

ここで注意すべきことはロジット回帰の係数の大きさをそのまま理解することは容易ではないということです。これは、直線を当てはめるのではなく、曲線を当てはめているためです。このため、係数を解釈するためには次のようなことを行います。

ロジット回帰でも通常の回帰分析と同様、推計された結果に$X$の値を代入して、予測値を計算することができます。この場合、被説明変数が確率ですから$\Pr(Y=1 \mid X)$すなわち$Y=1$となる確率を計算できます。この確率を計算することで「説明変数$X$が一定の変化をした場合、確率がどのくらい変化するか」を計算することができます。これについては、次のように計算します。

①$X$がどの値（$X_1$）からどの値（$X_2$）に変化したときの確率の変化に注目するかをきめる。
②$X=X_1$、$X=X_2$のときの$\Pr(Y=1 \mid X)$を計算する。
③$X=X_1$のときの$\Pr(Y=1 \mid X_1)$と$X=X_2$のときの$\Pr(Y=1 \mid X_2)$を比較する。

この方法で、$X$が変化すると$\Pr(Y=1 \mid X)$がどの程度変化するかを計算することもできます。統計ソフトウエアを用いると、この予測値（予測確率）は簡単に計算することができます。

なお、ロジット回帰とよく似た分析としてプロビット回帰（probit regression）とよばれる分析手法もあります。この手法はロジスティック分布ではなく、正規分布から得られる曲線を当てはめるものですが、ロジット回帰と似通った結果が得られます。

## 6 その他の手法

ロジット回帰分析はたいへん便利な手法です。この手法と関連した他の分析手法もしばしば用いられています。ここで、いくつかの手法を説明したいと思います。ロジット回帰では「する」か「しない」かの選択に注目しました。このとき、選択肢は２つしかありません。しかし、現実の世界では３つ以上の選択肢が存在することも珍しくありません。このようなときに多項ロジット回帰（multinomial logit regression）が用いられます。たとえば、自宅から大学まで通学をする際に次のような３つの通学手段があるとします。

①自転車で通学する。
②バスで通学する。
③電車で通学する。

このとき、この学生は通学手段について複数の選択肢があることになります。ここで、注意すべきことは、この３つの通学手段に関しては順序がなく、それぞれ別の選択肢であるということです。この、どの通学手段を選ぶかというような意思決定を分析する際に多項ロジット回帰とよばれる手法を用います。多項ロジット回帰は統計ソフトウエアで分析が可能です。

他にもいろいろ関連する手法が用いられることがあります。たとえば、順序ロジット回帰（ordered logit regression）は、被説明変数が、順序のある複数の選択肢のときに用いられます。たとえば、従業員の職場満足度を分析することを考えてみてください。従業員に対するアンケート調査で満足度を答えてもらいます。その際の選択肢は以下のようなものだと考えてください。

①とても満足している。
②やや満足している。
③どちらともいえない。
④やや不満である。
⑤とても不満である。

このとき、従業員は順序のある複数の選択肢から答えています。被説明変数がこのような場合、順序ロジット回帰が有用です。

**練習問題**

1. 以下にいくつかの研究のアイディアおよび仮説がしめしてあります。それぞれの仮説を検証する際に、被説明変数および説明変数がどのようになるかを簡単に説明してください。

(1) 住宅ローンがどのように決定されているかを分析しようと考えています。銀行に住宅ローンを申し込んだ人の情報と、住宅ローンを受けることができたかどうかをしめすデータが手元にあるとします。このデータを用いて、女性が住宅ローンの審査で合理的に説明できないような不利な扱いを受けているかどうかについて注目しています。

**仮説 1**：住宅ローンを申し込んだときに、年収が低い人は断られる可能性が高い。

**仮説 2**：女性は男性よりも断られる可能性が高い。

**仮説 3**：結婚している人は、結婚していない人よりも断られる可能性は低い。

(2) いわゆる投資ファンドがどのような企業をターゲットにす

るかについて分析を行いたいと思います。胥（2006）は村上ファンドとスティール・パートナーズという2つの投資ファンドがどのような企業を対象に投資をするかを分析しました。そこでは、企業価値が低く、現預金が多く、負債比率が低く、株式持ち合い比率が低い企業がターゲットになっていることがしめされています。また、井上・加藤（2007）も同様に6つの投資ファンドの投資行動を分析しています。そこでは、株価が割安で業績が悪い企業がターゲットとなっていることがわかっています。これらの先行研究をできるだけ再現したいと思います。どのようなデータを用いてどのような分析を行えばよいでしょうか。

2. 業績が悪化した企業で経営者が交代することは自然に思えます。このようなことは行われているのでしょうか。そこで、経営者の交代の決定要因を分析してみることにします。ここでのデータは1992年から2008年の日本の上場企業552社のデータです。この期間に約300回の社長交代が行われています。財務データは日本政策投資銀行・日本経済研究所『企業財務データバンク』からとっています。

分析において、被説明変数は社長交代ダミーです。このダミー変数は、その年に社長が交代すれば1、しなければ0をとります。ここでは、説明変数としてROA、外国人持株比率、資産（対数）および外国人持株比率とROAの交差項が含まれています。また、ここでは説明変数はすべてその1年前の値を用いています。たとえば、2000年の社長交代の有無を2000年のROAではなく、1999年のROAで説明しています。これは、業績が悪化した場合、その年ではなく次の年に社長が交代するのではないかという考えによるものです。このような1年前の数値を使うことを「1期ラグ」とよぶことがあります。推計については、線形確率モデル（LPM）およびロジット回帰モデルの両方を用いています。表が線形確率モデルおよびロジット回帰モデルの推計結果をしめしています。これらの表を見て、次の問いに答えてください。

(1) ROAと社長交代の関係についてどのようなことを読み取ることができるかを簡単に説明してください。

(2) 外国人持株比率とROAの交差項について、どのようなことを読み取ることができるかを説明してください。

**練習問題 図表** 社長交代の決定要因

線形確率モデル（LPM）およびロジット回帰（logit）

| | 被説明変数 | | | |
|---|---|---|---|---|
| | 社長交代ダミー（交代すれば1、しなければ0） | | | |
| | LPM | LPM | logit | logit |
| 資産（1期ラグ） | | 0.0347<br>[0.0015]*** | | 0.8895<br>[0.0437]*** |
| ROA（1期ラグ） | −0.143<br>[0.0529]*** | −0.0576<br>[0.0689] | −4.8969<br>[1.8000]*** | −6.2438<br>[2.8727]** |
| 外国人持株比率（1期ラグ）とROA（1期ラグ）の交差項 | | −0.0036<br>[0.0029] | | 0.1113<br>[0.0934] |
| 定数項 | 0.0385<br>[0.0030]*** | −0.6181<br>[0.0279]*** | −3.2009<br>[0.0933]*** | −20.6405<br>[0.9030]*** |
| $R^2$ | 0 | 0.06 | | |
| 観測数 | 9,384 | 9,382 | 9,384 | 9,382 |

（注） カッコ内は標準誤差。
***、**、* はそれぞれ1%、5%、10%水準で有意。
（データ出所） 日本政策投資銀行・日本経済研究所『企業財務データバンク』。

LECTURE 14

# 株価のイベントスタディと DID

## 企業合併は株価や利益にどのような影響を与えるのか

### 1 はじめに

この章では、企業の行動が株価や利益に与える影響を分析するための手法を勉強します。まず、次の２つの質問を見てください。

Q

1. ある企業が別の企業を買収することを発表したところ、発表日に株価が上昇しました。この株価の上昇は買収の発表の効果であると考えてよいでしょうか。
2. ある企業が別の企業を買収したところ、1 年後に ROA が上昇しました。ROA の上昇は買収の効果であると考えてよいでしょうか。

この章ではこのような質問に対する答えを考えるための２つの手法を勉強します。1 つは、株価のイベントスタディです。たとえば、次のような例を考えてみてください。

- 企業 A が企業 B と合併すると発表した際に、企業 A の株価はどのように変化するか。
- 企業 A が新製品を発表した際に、株価がどのように反応するか。

このように、企業に関して新たな情報が明らかになった際、株式市場がどのように反応したかを分析するのが株価のイベントスタディ（event study）です。企業が合併を発表した後で、株価が上昇したとしましょう。このとき、合併の発表によって株価が上昇したと考えてよいでしょうか。もちろん、合併の発表によって株価が上昇した可能性もあります。しかし、企業の株価はさまざまな要因によって変動します。政府が失業率やGDPに関する新たな統計を発表したり、為替レートが変化したりすると、多くの企業の株価が変動します。株価の変化から「イベント（注目する企業のアナウンス・行動）による要因」と「その他の要因」を分けようというのがイベントスタディの考え方です。具体的には「このイベントが起きなかったとしたら株価の変化はどうだったか」ということを予想し、実際の株価と比較することを行います。イベントが起きなかったときの株価を予想するにはいくつかの方法があります。1つは東証株価指数（TOPIX）と同じ動きをすると予想する方法です。もう1つは回帰分析を用いてマーケットモデルとよばれるモデルを推計し、その結果を使う方法です。

イベントスタディは株価の反応に注目します。これに対して、企業の行動が株価ではなく、当期純利益などの利益に与える影響を知りたいときがあります。この章では、このようなときによく用いられる手法についても説明します。それがディファレンス・イン・ディファレンス（DID）とよばれる手法です。ここでも重要なのは、「企業の行動によってもたらされた利益の変化」と「それ以外の要因による利益の変化」をどのように識別するかということです。企業Aが何らかの行動を起こしたとしましょう。この行動が利益に与える影響を考える際にいちばん簡単なのは、行動前後の利益の変化をくらべることです。もしも利益が増加しているのであれば、その行動が利益を増やした可能性があります。しかし、このような考え方には大きな問題があります。企業の利益は企業の行動だけではなく、他のさまざまな要因によって変化します。利益が増加したとしても、それは企業の行動のためではなく、マクロ経済の変化などの要因によるものかもしれません。

このような要因を排除するために、この「企業Aの利益の変化」を「同業他社の同時期の利益の変化」と比較するのがディファレンス・イン・ディファレンス（DID）です。このディファレンス・イン・ディファレンスとは、「差の差」という意味です。企業Aの行動前後の利益の変化（差）と同業他社の同時期の利益の変化（差）をくらべて、2つの変化に差があるかに注目するのでこのようによばれます。

イベントスタディは主に株価に対する影響を分析するものなのでファイナンスの分野で主に用いられています。しかし、企業の意思決定はすべて株価に影響を与える可能性があります。会計制度の変更、成果主義賃金の導入などが株価にどのような影響を与えるかは、会計制度や賃金制度を考えるうえで重要な意味を持ちます。このため、ファイナンス以外の分野で論文を書く際にもたいへん有用な手法です。

株価のイベントスタディでは「このイベントが起きなかったとしたら株価はどうだったか」を考えます。いちばん簡単なのは、「イベントがなかったとしたら、その企業の株価はTOPIXと同じ動きをしただろう」と予想することです。2節では、このような考え方による株価のイベントスタディについて説明します。3節ではマーケットモデルとよばれるモデルを用いて「イベントが起きなかったときの予想株式投資収益率」を計算し、株価の変化を分析します。4節ではイベントスタディの例について説明し、5節ではディファレンス・イン・ディファレンスについて学びます。

**この章の目的**

- イベントが株価に与える影響を分析するイベントスタディを行うことができるようになる。
- 「現実の株式投資収益率」と「イベントが起きなかったときの予想株式投資収益率」の差を異常収益率（AR）、ARを足したものを累積異常収益率（CAR）とよぶことを理解し、株価から計算できるようになる。
- 「イベントが起きなかったときの予想株式投資収益率」を計算する方法として、①東証株価指数（TOPIX）をそのまま用いる方法と、②マーケットモデルを用いる方法の2つがあることを理解し、自分で計算できるようになる。

- 合併などのイベントが企業の利益に与える影響を分析する際に使用するディファレンス・イン・ディファレンス（DID、イベント前後の業績の変化と比較対照企業の同時期の業績の変化を比較する手法）を理解する。

重要な用語

イベントスタディ／異常収益率（AR）／累積異常収益率（CAR）／マーケットモデル／推定ウインドウ／イベントウインドウ／差の差（ディファレンス・イン・ディファレンス）／トリートメントグループ（処置群）／コントロールグループ（対照群）

## 2 株価のイベントスタディとは

### Key Point TOPIXを予想収益率とするイベントスタディの手順

①新聞記事検索などで、イベントが発生した日を確認する。
②対象となる企業について、イベント前後の日次の株式投資収益率を計算する。
③同じ時期のTOPIXの日次の株式投資収益率を計算する。この収益率を「イベントが起きなかったときの投資収益率」と見なすことにする。
④実際の株式投資収益率から「イベントが起きなかったときの投資収益率（この場合はTOPIXの投資収益率）」を引いて異常収益率ARを計算する。
⑤注目する日数分、ARを足して累積異常収益率CARを計算する。
⑥サンプルサイズが十分大きいのであればCARの平均が0と異なるかについて統計的な検定を行う。

イベントスタディでは、注目する企業の株価の変化を「イベントによる株価の変化」と為替レートの変化などの「市場全体の要因による株価の変化」に分解します。「市場全体の要因による株価の変化」とは「イベントが起きなかったときの予想株式投資収益率」と考えることもできます。この節では「イベントが起きなかったとしたら、その企業の株価の変化はTOPIXと同じになる」と考えて分析を行う方法を紹介します。マーケットモデルを使用する方法は3節で説明します。

あるイベントがあった企業の株価が10%上昇したとします。また、同じ日にTOPIXも10%上昇していたとします。このとき、注目する企業の株価が上昇したのは、企業固有の要因によるものではなく、市場全体の要因によるものかもしれないと考えることができます。

イベントスタディでは、このような市場全体の要因による株価変動を除外します。具体的には、注目する企業の株式投資収益率からTOPIXの収益率を引くことで、企業固有の要因による収益率を計算します。この収益率のことを異常収益率（abnormal return, AR）とあらわします。「異常」というのは「市場全体の動きで説明できない」という意味です。ある日、注目する企業の株価が15%上昇したとします。また、同じ日のTOPIXは10%上昇したとします。このとき、この企業の異常収益率は5%（＝15%－10%）ということになります。

以下、イベントスタディの手法を説明します。この手法は少しごちゃごちゃしているので、まず計算の方法を説明した後に例を用いてもう一度説明したいと思います。また、いろいろと用語が出てきます。気をつけて読んでください。

### ステップ1：イベントデイを確定する

注目するイベントが起きた日のことをイベントデイ（event day）もしくはアナウンスデイとよびます。イベントスタディでは、イベントデイのことを第0日（$t=0$）としめすことがよくあります。イベントデイの1日前は$t=-1$、10日前は$t=-10$といったように表現します。たとえばアナウンスの効果がアナウンスの日に発生し、次の日までに株価に反映されていると考えているとします。このとき、イベントデイ（$t=0$）からアナウンス1日後（$t=1$）の株価の変化に注目します。合併が株価に与える影響を分析するのであれば、企業が合併のアナウンスをした日を新聞のデータベースなどで検索し、イベントデイのリストを作成します。

なお、イベントスタディではイベントの何日前、何日後という表現をよく使いますが、この言い方には注意が必要です。たとえば、あるイベントの10日前という場合、カレンダーで10日前ということではありません。イベントスタディでは株式市場の反応に注目するので、株式市場が開いていない日は無視します。10日前という場合、株式市場が開いている日だけを数えて10日前、ということを意味します。

### ステップ2：日次収益率を計算する

次に、必要なデータを収集します。まず必要になるのは、イベントが行われた企業の株価です。もう1つ、東京証券取引所全体の株価変動を知りたいので東証株価指数（TOPIX）の推移も必要です。これらの株価については、東洋経済新報社の『株価CD-ROM』などのデータベースを用います。また、Yahoo!ファイナンスでも日次の株価を遡ってダウンロードすることが可能です。Yahoo!ファイナンスでは始値、高値、安値、終値、出来高、調整後終値がしめされています。ここで使用するのは調整後終値です。これは、1日の終わりの株価ということですが、必要な調整を行った後の株価をしめしています。

次に株価のデータを用いて日々の株式投資収益率を計算します。株式投資収益率は、株価が何%変化したかを日次でしめしたものです。たとえば、昨日100円だった株価が今日110円になったとすると、日次の株式投資収益率は10%ということになります。具体的には、次のように計算されます。いま、注目をしている会社$i$の$t$日目の株価を$P_{it}$とすると、株式投資収益率$R_{it}$は次のように計算されます。

$$R_{it}=\frac{P_{it}-P_{it-1}}{P_{it-1}}$$

ここで$t$は日付を指しており、$t-1$は1日前をしめしています。TOPIXについても同じように、日次の株式投資収益率を計算します。ここで$R_{mt}$はTOPIXの株式投資収益率、$P_{mt}$はTOPIXをしめしています。

$$R_{mt}=\frac{P_{mt}-P_{mt-1}}{P_{mt-1}}$$

イベントスタディではイベント前後プラスマイナス1日の株価の変動やイベント1日前から3日後までの株価の変動に注目することがよくあります。この場合、注目する日数の株価のデータを収集します。ただしイベントの前に株価が大きく変動することもよくあります。このような動きがあるかどうかを確認することを考えてイベントの15日前から15日後まで程度の株価のデータを収集するとよいでしょう。

### ステップ3：計算した企業の株式投資収益率とTOPIXの株式投資収益率を用いて異常収益率を計算する

ここでは「イベントが起きなかったときの注目する企業の株式投資収益率の予想（予想収益率）」としてTOPIXの株式投資収益率を用いています。この、予想した収益率と「実際に観察された収益率」の差が、「イベントによって発生した株価変動」ということになります。この差のことを異常収益率（AR）とよびます。超過収益率（excess return, ER）とよぶこともあります。具体的には次の式で計算します。

$$\mathrm{AR}_{it}=R_{it}-R_{mt}$$

ここで$R_{it}$は注目する企業の株式投資収益率、$R_{mt}$はTOPIXの収益率です。この異常収益率（AR）は、実際の収益率から、TOPIXで説明できる部分を取り除いたものと考えることができます。すなわち、この異常収益率はイベントの影響をとらえていると見なします。

この異常収益率は1日ごとに計算することができますので、イベントの前後数日間について計算します。イベントデイの前後数日間について、この異常収益率を計算します。この期間のことをイベントウインドウ（event window）とよびます。

### ステップ4：累積異常収益率を計算する

イベントウインドウのそれぞれの日について異常収益率ARを計算します。その次に、その異常収益率を数日分足し合わせて累積異常収益率（cumulative abnormal return, CAR）を計算します。これは、イベントの効果を合計して考えるためです。イベントデイは0とします。たとえば、イベントデイ（$t=0$）から1日後（+1）までの累積異常収益率はCAR(0, +1）とあらわします。このCAR(0, +1）は次のように計算します。

$$\mathrm{CAR}(0, +1) = \mathrm{AR}_0 + \mathrm{AR}_1$$

このCARがプラスであれば、このイベントは株価を上昇させる効果があるということになります。イベントウインドウを何日間に設定するかは、研究によって異なります。先行研究などを参考にきめることになりますが、当日から1日後（CAR(0, +1)）、イベントの1日前から1日後（CAR(−1, +1)）に注目する研究は多いようです。

CARを計算する際に、得られたCARの結果が統計的に意味のあるものかどうかを検証したいということがあります。いま、数十かそれ以上のイベントについてARやCARが計算されているのであれば、ARやCARの平均値が0と異なるかどうかの$t$検定を行うことができます。この方法は第3章で学びました。

## 3 マーケットモデルとは

繰り返しになりますが、イベントスタディでは、「イベントがなかったとすると、その会社の株式投資収益率がどのくらいか」ということを計算する必要があります。前節では、TOPIXの株式投資収益率が「イベントがなかったとすると、その会社の株式投資収益率がどのくらいか」をあらわしていると考えて異常収益率を計算しました。このやり方は便利な方法ですが、多くの研究ではもう少し詳しく計算しています。その際によく用いられるのがマーケットモデルとよばれるモデルです。

マーケットモデルの説明をする前に、上のやり方にどのような限界があるのかを考えましょう。多くの企業の株価はTOPIXと連動しているのは確かです。しかし、TOPIXと強く連動している株価がある一方で、連動が弱い株価もあります。場合によっては、TOPIXと株価が逆に動く株式もあるでしょう。このことを調節する必要があります。

マーケットモデルは、回帰分析を用いて注目する企業の株式投資収益率とTOPIXの株式投資収益率の関係を分析します。すなわち、その企業の株価がTOPIXと強い関係にあるのか、弱い関係にあるのかということに注目します。ここで重要なのは、この分析は、その企業の株価とTOPIXの通常の関係を知るために行うということです。このため、この分析は「イベントデイを含まない」サンプルを用いて行います。たとえばイベントが起きる60日前から30日前の株価を用いてこの関係を推定します。この推定期間のことを推定ウインドウ（estimation window）とよびます。

この推定期間の回帰分析によって、「株価とTOPIXの通常の関係」をもとめることができます。この結果を用いると「イベントがなかったとすると、その会社の株式投資収益率がどのくらいか」を計算することができます。後は、いままでと同じで、実際の株式投資収益率からここでもとめた株式投資収益率を引くことで異常収益率をもとめます。それでは、具体的な手続きを見ていきましょう。

### ステップ1：マーケットモデルを推計する

イベントが起きる前のデータを用いて、TOPIXの収益率と注目する会社の株式投資収益率の関係を分析します。具体的には被説明変数が注目する会社の株式投資収益率、説明変数がTOPIXの株式投資収益率という式を回帰分析で推計します。式は以下のようになります。この式を通常の最小二乗法で推計します。この式のことをマーケットモデル（market model）とよびます。

$$R_{it} = a + b_1 R_{mt} + u$$

ここで $R_{it}$ は、注目する企業 $i$ の第 $t$ 日の株式投資収益率、$R_{mt}$ は第 $t$ 日の TOPIX の株式投資収益率です。このモデルを推計することで、「マーケット全体で株価がこのくらい変動すると、その会社の株価はこのくらい変動する」ということを予測することができます。

### ▶ステップ 2：イベントがなかったときの株式投資収益率を予想する

マーケットモデルを推計することで、TOPIX と注目する会社の株式投資収益率の関係がわかります。この関係から、イベントデイの TOPIX の収益率を用いて「イベントのなかったときの収益率」を計算できます。回帰分析の説明で、予測値を計算したことを覚えていると思います。具体的には下の式で計算します。ここで、$\hat{a}$、$\hat{b}_1$ は回帰分析で得られた係数の推計値です。

$$\text{イベントがなかったときの予想収益率}_t = \hat{a} + \hat{b}_1 R_{mt}$$

### ▶ステップ 3：異常収益率を計算する

ステップ 2 で予想した収益率と実際の収益率の差が、「イベントによって発生した株価変動」ということになります。この差が異常収益率です。具体的には次の式で計算します。

$$\mathrm{AR}_{it} = R_{it} - \text{予想収益率}_t = R_{it} - (\hat{a} + \hat{b}_1 R_{mt})$$

この異常収益率は、実際の収益率から、TOPIX で説明できる部分を取り除いたものと考えることができます。この異常収益率を用いて、アナウンスが株価に影響を与えているかどうかを分析します。この AR をもとに CAR を計算します。

## 4 イベントスタディの例：北越製紙に対する買収提案

それでは、実際のデータを用いてイベントスタディを行ってみましょう。

図表 14.1 のパネル A を見てください。これは 2005 年 4 月 1 日から 2007 年 4 月 27 日までの北越製紙と TOPIX の株価の推移をしめしたものです。王子製紙が同業の北越製紙に対して敵対的買収を試みた時期です。具体的には 2006 年 7 月 23 日に王子製紙は北越製紙に対して買収を表明しました。

買収の公表前の 7 月 21 日金曜日の北越製紙の株価は 635 円でした。これに対して王子製紙は 860 円の買い付け価格を提示しました。また、北越製紙の株式の 50.1％以上の応募があった場合にすべての買い付けを実行することを予定していました。635 円の株を 860 円で購入するという提示であったこともあり、週明けの 7 月 24 日月曜日に北越製紙の株価は大きく上昇しました。これは、買収が成立すれば、現在の株価よりもかなり高い価格で株を売却することができるためです。

そこで、この買収提案による異常収益率および累積異常収益率を計算してみましょう。その前に、株式投資収益率の推移を確認してみましょう。これが図表 14.1 のパネル B になります。このパネルは、北越製紙の株式投資収益率（日次）の推移をしめしたものです。ここで 2006 年 7 月 24 日の投資収益率は 15.7％と他の日と比較してとても高いことがわかります。

それでは、異常収益率を計算するために、まずマーケットモデルを推計します。推定ウインドウは 60 日前から 30 日前までの 31 日間です。被説明変数が北越製紙の株式投資収益率で、説明変数が TOPIX の株式投資収益率です。

推計された結果が図表 14.2 のパネル A にしめされています。カッコ内は標準誤差です。係数がプラスで 1％水準で有意です。係数がプラスですから、TOPIX が上昇するときには北越製紙の株価も上昇する傾向にあることがわかります。係数が 0.8499 ですから TOPIX の株式投資

図表14.1 敵対的買収が株価に与える影響

パネルA：北越製紙の株価とTOPIXの推移

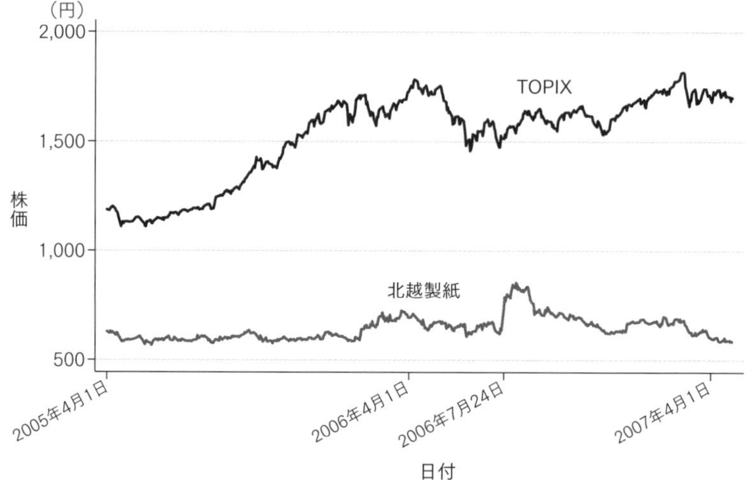


（データ出所） 東洋経済新報社『株価 CD-ROM』。

パネルB：北越製紙の株式投資収益率

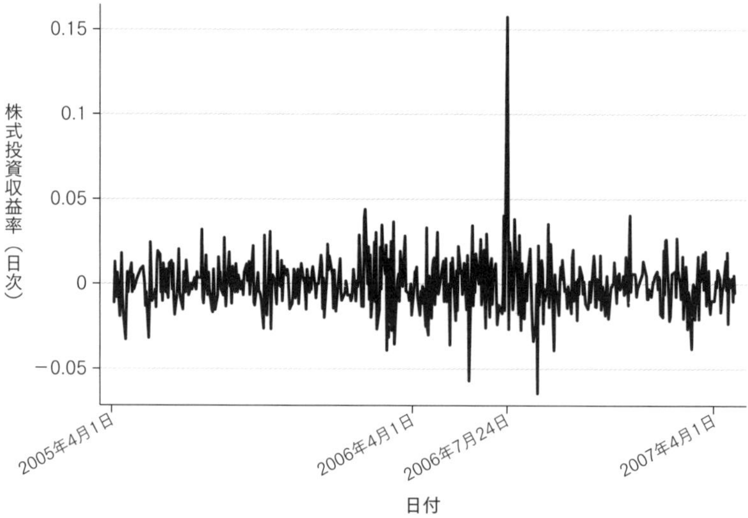


（データ出所） 東洋経済新報社『株価 CD-ROM』。

図表14.1　敵対的買収が株価に与える影響(続き)

パネルC：北越製紙の累積異常収益率CAR($-5, t$)

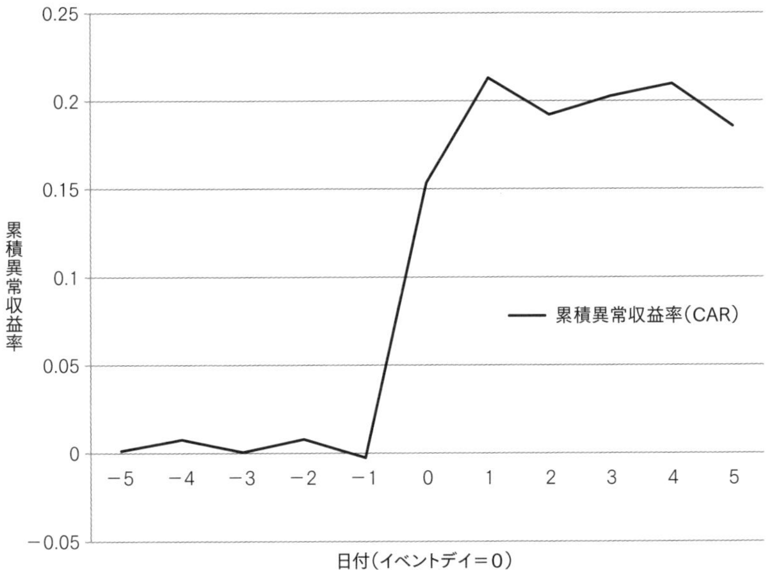


(データ出所)　東洋経済新報社『株価 CD-ROM』。

収益率が 1 変化するときに、北越製紙の株価は約 0.85 変化します。

この式から TOPIX の株式投資収益率がわかると、北越製紙の収益率を予想することができます。イベントデイ前後の 11 日間についてこのことをしめしたのが図表 14.2 のパネル B です。このパネル B には北越製紙の実際の収益率、TOPIX の収益率、マーケットモデルによる北越製紙の収益率の予測値および異常収益率（AR）がしめされています。予測値は、パネル A で得られた推定結果に、日々の TOPIX の収益率の値を代入したものです。これは、イベントがなかったとすると北越製紙の収益率がどのように変化するかを予想したものです。

北越製紙の実際の収益率からマーケットモデルによる予測値を引いたものが異常収益率（AR）になります。これは、北越製紙の実際の収益率のうち、市場全体の動きで説明できる部分を取り除くことで、イベントの効果をよりわかりやすくしめしていると考えることができます。買

図表14.2 敵対的買収が株価に与える影響

パネルA：マーケットモデルの推計

| | |
|---|---|
| 株式投資収益率（TOPIX） | 0.8499<br>[0.2084]*** |
| 定数項 | 0.0023<br>[0.0028] |
| $R^2$ | 0.36 |
| サンプルサイズ | 31 |

（注） 最小二乗法で推計。カッコ内は標準誤差。***、**、* はそれぞれ1%、5%、10%水準で有意。
（データ出所） 東洋経済新報社『株価 CD-ROM』。

パネルB：北越製紙の収益率、異常収益率と累積異常収益率

| $t$ | 日付 | 収益率（北越, $r_h$） | 収益率（TOPIX, $r_m$） | マーケットモデルによる予測値（$pr_h$） | 異常収益率 $AR=r_h-pr_h$ | 累積異常収益率 $CAR(-5,t)$ |
|---|---|---|---|---|---|---|
| −5 | 2006/7/14 | −0.012 | −0.019 | −0.014 | 0.001 | 0.001 |
| −4 | 2006/7/18 | −0.017 | −0.031 | −0.024 | 0.006 | 0.008 |
| −3 | 2006/7/19 | −0.005 | 0 | 0.002 | −0.007 | 0.001 |
| −2 | 2006/7/20 | 0.04 | 0.036 | 0.033 | 0.007 | 0.008 |
| −1 | 2006/7/21 | −0.016 | −0.009 | −0.005 | −0.011 | −0.003 |
| 0 | 2006/7/24 | 0.157 | −0.001 | 0.002 | 0.156 | 0.153 |
| 1 | 2006/7/25 | 0.073 | 0.014 | 0.014 | 0.06 | 0.213 |
| 2 | 2006/7/26 | −0.027 | −0.009 | −0.006 | −0.021 | 0.192 |
| 3 | 2006/7/27 | 0.025 | 0.014 | 0.014 | 0.011 | 0.203 |
| 4 | 2006/7/28 | 0.019 | 0.011 | 0.012 | 0.007 | 0.21 |
| 5 | 2006/7/31 | −0.015 | 0.008 | 0.009 | −0.024 | 0.186 |

（注） イベントデイは2006年7月24日（$t=0$）。
（データ出所） 東洋経済新報社『株価 CD-ROM』。

収提案が反映される7月24日の異常収益率は約15.6%となっています。1日に株価が15.6%上昇することから、この提案は株価に大きな影響を与えたことがわかります。

次に累積異常収益率（CAR）を計算しましょう。まず、イベントの前後1日の3日間のCAR(−1, +1）を計算します。1日前のARは−0.011、0日のARは0.156、1日後のARは0.06ですから、CAR(−1, 1）は次のようになります。

$$CAR(-1, +1) = -0.011 + 0.156 + 0.06 = 0.205$$

すなわち、提案前後の3日間で株価がほぼ20%上昇したことがしめされています。

図表14.2のパネルBには提案5日前から、それぞれの日までのCARもあわせてしめされています。この数値は単純にARを足し合わせていったものです。提案5日前から1日前までのCARは−0.3%（＝−0.003）であったのに対して提案5日前から5日後までのCARは18.6%（＝0.186）であることがわかります。このケースでは、市場は提案前に、このような提案がなされることをほとんど予想していなかったことがわかります。なお、このCARをグラフにしたのが図表14.1のパネルCです。イベントデイに株価が大幅に上昇したことがわかります。M&Aが株価に与える影響については、多くの研究がなされています。代表的なものとして井上・加藤（2006）があげられますが、他にも井上・加藤（2007）、松尾・山本（2006）なども参考になります。

## 5　イベントが利益に与える影響：比較対照企業とDID分析

次に、イベントが企業の利益に与える影響について考えてみます。たとえばM&Aが企業の業績を向上させる効果があるのであれば、当然株価だけではなく、利益にも反映されるはずです。このような考え方のもとで、企業の行動が利益にどのような影響を与えるのか、という分析も多く行われてきています。

では、合併した企業の利益は向上するかどうかについて分析したいと思います。どのようなデータを用いてどのような分析を行えばよいでしょうか。いちばん簡単なのは、合併前後の利益を比較することです。合併のようなイベントの前後で利益を比較することはわかりやすいのですが、問題点もあります。どのような問題点があるのでしょうか。また、その問題点を解決するためにどのような手法を考えればよいでしょうか。これは、イベントスタディと同じ問題です。

この方法の問題点は、利益が上昇したとしても、それが合併の効果なのか、それともそれ以外の効果なのかということを識別することがむずかしいということです。株価と同様に、企業の利益も大きく分けて下の2種類の要因の影響を受けています。

①企業特有の要因：合併、組織の変更など
②市場や産業全体に影響する要因：GDPなどのマクロ統計の発表、為替レートなど

株価の場合、市場全体に影響する要因を取り除くためにイベントスタディを用いました。利益の場合、比較対照企業群（control group, matching firms）を作成し、差の差（difference in difference, DID）分析を行うことがあります。言葉はややごちゃごちゃしていますが、考え方はたいへんシンプルです。仮の例ですが、次のようなケースを考えます。

- 合併した企業10社の合併前後の利益を比較したところ、平均して利益が50増加している。

このとき、合併によって利益が向上したといってよいでしょうか。このとき、利益増加の説明は2つ考えることができます。1つは合併によって企業の業績が向上したということです。もう1つの可能性は、合併以外の要因、たとえば景気がよくなったことによって利益が増加したということです。

この2つの可能性はどのように識別すればよいでしょうか。いま、

合併の効果を確認したいわけですから、合併していない企業と比較すればよいということになります。すなわち、合併していない同業他社 10 社について、同時期の利益の変化を計算してみます。このとき、次のような結果が得られたとします。

- 合併していない企業 10 社の同時期の利益の変化を計算したところ、平均して利益の増加は 5 であった。

このとき、合併した企業は利益が 50 増加している一方で、合併していない企業の利益は 5 しか増加していません。このことから合併企業の利益の増加は、マクロ経済的な要因であるというよりは、合併によるものであると考えることができます。

いま、ここで、それぞれの企業の利益の変化を比較し、その差に注目したことに注意してください。すなわち、合併企業の前後の差（50）と、合併していない企業の前後の差（5）の差（45 ＝ 50 － 5）を計算しました。この手法は差（業績などの変化）の差に注目するので、difference in difference、略して DID（ディーアイディー）とよばれます。

DID の具体的な手順は Key Point にまとめてあります。まず、合併などのあるイベントを行った企業を特定します。この企業群をトリートメントグループもしくは処置群（treatment group）とよびます。次にこのトリートメントグループについて、イベントの前後の業績の変化（業績の差）を計算します。ここで、この業績変化について、企業固有の要因とそれ以外の要因を識別するために、似たような企業の同時期の業績の変化（業績の差）を計算します。具体的には、同じ産業に所属し、規模が同じくらいの企業で合併を経験していない企業を比較対照企業として選択します。産業分類としては東京証券取引所の産業分類を、企業規模の変数としては総資産や従業員数などを用いるとよいでしょう。この比較対照企業のことをコントロールグループ、もしくは対照群（control group）とよびます。さらに、この比較対照企業についてトリートメントグループと同時期の業績の変化（業績の差）を計算します。最後に、トリートメントグループの業績の変化とコントロールグループの業績の変化を比較します。この業績の変化の差が有意であれば、イベントが企業の業績に影響を与えていると考えることができます。

### Key Point　イベントが利益に与える影響の分析

①イベントが行われた企業（たとえば合併を行った企業）を特定する。この企業をトリートメントグループ（treatment group、処置群）とよぶ。

②コントロールグループ（control group、対照群）を作成する。通常、トリートメントグループと同じ産業に所属し、規模の近い企業でイベントが行われていない企業を選択する。

③トリートメントグループのイベント前後の業績の変化（業績の差）を計算する。

④同時期のコントロールグループの業績の変化（業績の差）を計算する。

⑤トリートメントグループの業績変化とコントロールグループの業績変化を比較する。別の言い方をすると、トリートメントグループの業績の差とコントロールグループの業績の差の差（difference in difference, DID）を計算する。

⑥イベントが発生した企業が十分多い場合にはトリートメントグループとコントロールグループの差が統計的に有意かどうかを検証する。

### 練習問題

1. Saito（2011）は社外取締役の導入が株価に与える影響をイベントスタディで分析しています。具体的には1996年から2006年の日経500株式指数構成企業における社外取締役の導入に注目しています。この期間に、117 件の社外取締役の導入が行われています。

社外取締役が株主の代理人として経営者をよりよく監視できるのであれば、社外取締役を導入することで株価が上昇する可能性があります。このことを検証するために Saito はこの 117 のイベントについて分析を行っています。その結果、次の結果が得られています。

$$\mathrm{CAR}(-2, +2) = 1.322\%$$

また、CAR が 0 と異なるかどうかを検証したところ、$t$ 値 = 2.864 でした。このとき、株式市場は社外取締役の導入をプラスに評価したと考えてよいでしょうか。

2. 2015 年 12 月 15 日にヤフーは、ホテル他の予約サイト一休を買収することを発表しました。この発表がヤフーの株価にどのような影響を与えるかをイベントスタディで分析したいと思います。

『日本経済新聞』にはこのニュースが 12 月 16 日に掲載されているようですので、この日をイベントデイとします。ウエブサイトから l14_1.pdf をダウンロードしてください。ここには 2015 年 9 月 15 日（60 日前）から 2016 年 1 月 12 日（15 日後）の暦上の日付（date）、ヤフーの株価（price）、TOPIX（topix）、ヤフーの株式投資収益率（return）、TOPIX の株式投資収益率（r_topix）、イベントデイから見た日付（day、イベントデイが 0）の変数が含まれています。このデータを用いて以下の問いに答えてください。

(1) TOPIX とヤフーの株式投資収益率の推移を Excel などを用いて折れ線グラフにしてください。

(2) OLS を用いてマーケットモデルを推計してください。被説明変数はヤフーの株式投資収益率（return）、説明変数は

TOPIXの株式投資収益率（r_topix）です。推定ウインドウは60日前から30日前の31日間で計算してください。OLSについては、この本の第4章から第6章を参考にしてください。

(3) 推計したマーケットモデルを用いて、イベント5日前（$t=-5$）から5日後（$t=5$）までの異常収益率（AR）を計算してください。

(4) (3) で求めた異常収益率（AR）を用いて累積異常収益率CAR(−1, 1)、CAR(0, 1) を計算してください。

あとがきにかえて

# この本で取り扱わなかったトピックと今後の学習に関するアドバイス

## 1 この本で学んだことと、学んでいないこと

この本の目的は第1章に以下のようにしめされています。

> この本の目的は「変数 $X$ が変数 $Y$ に影響を与えているかどうか」についてデータを用いて検証し、結果を論文にまとめる能力を身につけることです。

この目的を達成するために、統計的な手法、テーマの探し方や論文の書き方について学んできました。この本を学習することでこのような知識を身につけることができたと思います。今後、この本で学んだ作業を繰り返すことで、よい論文を書くための能力を身につけることができるでしょう。

ここでは、この本で説明しなかったこと、とくに統計学に関連して今後勉強を続けるためのやり方、今後どのような本を読むべきなのかについて説明したいと思います。

この本では、統計学と回帰分析について説明を行いました。ただし、この本で説明した統計学・回帰分析に関する知識は限定されたものです。今後、分析を進めるにあたり、統計学や回帰分析についてより深い知識が必要だと感じるでしょう。

なぜ、統計学や回帰分析について、さらに勉強をする必要があるのでしょうか。いくつかの理由がありますが、いちばん大きな理由はこの本で学んだやり方に、次節で説明するような限界があるためです。このような限界に対処するために、さまざまな手法が開発されています。この

ような手法をきちんと理解するためには関連する回帰分析と計量経済学の教科書を読む必要があります。

## 2 なぜさらに統計学・計量経済学を勉強する必要があるのか

それでは、この本で学んだ方法の限界について学んでいきましょう。なお、ここでは網羅的できちんとした説明を行うことを目的としていません。例を用いて雰囲気を感じてもらうこと、今後どのような勉強をすべきかについて何となく理解してもらうこと、いくつかの用語を紹介することが目的です。本格的に理解するためには、後で説明する本を参照してください。

まず、因果関係について考えたいと思います。回帰分析の結果を解釈する際に気をつけるべきことがあります。それは回帰分析では説明変数と被説明変数の間に因果関係が本当に存在しているかどうかを検証しているわけではない、ということです。回帰分析で統計的に有意な結果が得られたとしても、そのことは説明変数が原因で被説明変数が結果であることを証明しているわけではありません。

ここで「逆の因果関係」(reverse causality) という言葉を紹介します。これは、本当は「$X$が$Y$に影響を与えている」にもかかわらず、誤って「$Y$が$X$に影響を与えている」という想定で分析を行ってしまうことです。このとき、しばしば有意な結果が得られるので、誤った結論を導く可能性があります。たとえば、ある分析の結果、「収入の高いビジネスパーソンはたくさんの本を読む傾向がある」という結果が得られたとしましょう。ここから「本を読むと収入が高くなる」という結論を出したくなるかもしれません。しかし、ひょっとすると、本当は「本を読むから収入が高い」のではなく「収入が高いので本を読む時間的・金銭的な余裕がある」のかもしれません。

もう1つ別の言葉を覚えてください。「欠落変数バイアス (omitted variable bias)」という言葉です。欠落変数とは、「本来は分析に含めるべきなのに含めていない変数」のことです。被説明変数$Y$、説明変数$X$

がどちらも欠落変数$Z$の影響を受けている場合、本当は$X$だけを変化させても$Y$に影響がまったくないのに、$Y$を被説明変数、$X$を説明変数として回帰分析を行うと統計的に有意な結果が得られる可能性があります。このとき、「$X$は$Y$に影響を与える」という誤った結論を導いてしまう可能性があります。

逆の因果関係や欠落変数バイアスなどの問題について内生性の問題（endogeneity problem）とよぶこともあります。これらの問題に十分に対処することは容易ではありません。ただし、分析を行う際に、常に「逆の因果関係」「欠落変数バイアス」の可能性はないかということを吟味することは重要です。たとえ対処できなかったとしても、そういった問題の可能性について考慮する必要があります。

こういった問題に対処するための1つの方法は、分析の対象になっている問題に関する事前の知識を用いて考えることです。もう1つの方法は統計的な分析です。このような問題に対処するためにさまざまな統計的な手法が提案されています。

まず、理想的な状況ではどのように因果関係を特定するかについて考えます。ここでRCT（randomized controlled trial、ランダム化比較試験）という言葉を覚えてください。この言葉は新聞や雑誌でも目にする機会が増えてきました。因果関係を考えるための理想に近い状況を考えたものです。

たとえば、ある薬の成分が病気の症状の改善に有効かどうかを知りたいとします。このことを分析するためには、次のようなやり方が有効です。まず、患者のグループから半分をランダムに選び、選ばれた患者にはこの成分を含む薬を投与し、選ばれなかった患者には薬効のない偽薬を投与します。薬を投与したグループ（トリートメントグループ）と偽薬を投与したグループ（コントロールグループ）を比較して、投与したグループのほうに改善が見られるのであれば薬に効果があるのではないかと考えます。このように、対象をランダムに2つに分けて1つのグループだけに$X$（原因となるもの）を行って、2つのグループの$Y$（結果）に違いがあるかどうかを検証するのがRCTです。

私たちが観察する企業の利益率や株価などはRCTの結果得られたものではありません。そこで、さまざまな手法が用いられています。今後勉強を続けるとパネルデータ分析、操作変数法、プロペンシティ・スコアマッチング、回帰不連続などの用語を目にするでしょう。

## 3 今後、統計学と計量経済学をどの本で勉強すればよいか

それでは統計学と計量経済学について、それぞれ本を紹介していきたいと思います。なお、以下にいろいろと本を紹介していきますが、これらの紹介はあくまでも私の目に触れた範囲での紹介で、これ以外にもよい本はたくさんあります。人によってわかりやすいと感じる本は異なります。実際に手にとって見てみると、いろいろなことがわかります。自分で書店や図書館などで確認してみましょう。なお、計量経済学はもともと経済学の実証分析を行うための学問でしたが、たいへん有用なため経済学だけではなく社会科学のさまざまな分野で利用されるようになってきています。

### 統計学

それではまず統計学に関していくつか本を紹介していきます。まず、この本と同じか、この本よりもやさしく説明されている本を紹介します。

- 向後千春・冨永敦子（2007）『統計学がわかる――ハンバーガーショップでむりなく学ぶ、やさしく楽しい統計学』技術評論社。
- 向後千春・冨永敦子（2008）『統計学がわかる　回帰分析・因子分析編――アイスクリームで味わう、“関係”の統計学』技術評論社。
- 大上丈彦（2012）『マンガでわかる統計学――素朴な疑問からゆる～く解説』メダカカレッジ監修、サイエンス・アイ新書。

向後・冨永（2007）は会話形式や図、イラストをたくさん用いて説

明しています。信頼区間、$t$ 検定などのこの本の第２章・第３章の内容についてExcelを用いながら説明しています。向後・冨永（2008）は同じスタイルで回帰分析について説明しています。因子分析についても説明していますが、基本的にはこの本の第４章〜第６章の内容を説明しています。マンガを用いて学問を説明する本はいろいろありますが、統計学に関しては、大上（2012）がわかりやすく、ていねいに書いてあります。

次に、統計学に関して、この本を読み終えた人が次に読むのによいと思われる本を紹介します。


- アミール・D・アクゼル／ジャヤベル・ソウンデルパンディアン（2007a）『ビジネス統計学（上）』鈴木一功監訳、手嶋宣之・原郁・原田喜美枝訳、ダイヤモンド社。
- アミール・D・アクゼル／ジャヤベル・ソウンデルパンディアン（2007b）『ビジネス統計学（下）』鈴木一功監訳、手嶋宣之・原郁・原田喜美枝訳、ダイヤモンド社。
- 刈屋武昭・勝浦正樹（2008）『プログレッシブ　統計学（第２版）』東洋経済新報社。
- 加納悟・浅子和美・竹内明香（2011）『入門　経済のための統計学（第３版）』日本評論社。
- 佐々木宏夫（2005）『経済数学入門』日経文庫。
- 白砂堤津耶（2015）『例題で学ぶ　初歩からの統計学（第２版）』日本評論社。
- 豊田利久・大谷一博・小川一夫・長谷川光・谷﨑久志（2010）『基本統計学（第３版）』東洋経済新報社。
- 馬場敬之（2017）『初めから学べると評判の大学基礎数学　確率統計キャンパス・ゼミ』マセマ出版社。
- 宮川公男（2015）『基本統計学（第４版）』有斐閣。
- 藪友良（2012）『入門　実践する統計学』東洋経済新報社。
- 山根太郎（1978）『統計学』東洋経済新報社。

統計学などの式が含まれた本を読むときに、式がどのように変形されているのかがよくわからず、いやになって投げ出したくなるという経験をした人は多いと思います。白砂（2015）、馬場（2017）は計算の過程がていねいに書いてありますので、このような人でも読みやすいと思います。一方、藪（2012）は例が豊富に含まれています。加納ほか（2011）、刈屋・勝浦（2008）は本格的な統計学の教科書です。また、豊田ほか（2010）、宮川（2015）、山根（1978）は長年使用されている定評のある教科書です。

アクゼル／ソウンデルパンディアン（2007a；2007b）はアメリカのビジネススクールで使用されているテキストの翻訳です。この本は長大なのですが、ビジネススクールで用いられているので、統計に関する知識をあまり持っていない学生を念頭に置いて書かれています。統計学の背後には確率があります。これについても1冊紹介しておきましょう。佐々木（2005）は経済数学の本で微積分と確率について説明してあります。確率についてわかりやすく勉強することができます。

### 計量経済学

計量経済学を勉強することで、データ分析に必要なさまざまな手法を身につけることができます。計量経済学について、この本を読んだ人が次に読むのによいと思われる本を紹介しましょう。

- 白砂堤津耶（2007）『例題で学ぶ　初歩からの計量経済学（第2版）』日本評論社。
- 山本拓・竹内明香（2013）『入門　計量経済学――Excelによる実証分析へのガイド』新世社。

白砂（2007）と山本・竹内（2013）の2冊はどちらも統計学をきちんと勉強していない人でも読めるように、平均や分散から説明をはじめるなどの工夫がされています。これらの2冊は伝統的な計量経済学の内容を初学者に向けて、ていねいに説明しています。

次に、もう少しきちんと勉強をしたい人、最近のトピックにも興味がある人向けの本を紹介します。

- 黒住英司（2016）『〈サピエンティア〉計量経済学』東洋経済新報社。
- 田中隆一（2015）『計量経済学の第一歩——実証分析のススメ（有斐閣ストゥディア）』有斐閣。
- 山本拓（1995）『計量経済学』新世社。
- 森田果（2014）『実証分析入門——データから「因果関係」を読み解く作法』日本評論社。
- 山本勲（2015）『実証分析のための計量経済学——正しい手法と結果の読み方』中央経済社。
- J. H. Stock, and M. W. Watson（2014）*Introduction to Econometrics,* Pearson Education, updated 3rd edition（宮尾龍蔵訳『入門計量経済学』共立出版、2016 年）.
- Jeffrey M. Wooldridge（2015）*Introductory Econometrics: A Modern Approach, 6th Edition*. South-Western, Cengage Learning.

田中（2015)、森田（2014)、山本（2015）は統計学に関する準備が不十分な人も視野に入れて書かれていますが、最近のトピックもカバーしています。この本を読んだ人であれば、これらの本を読むことは十分可能ではないかと思います。たとえば森田（2014）には「データから『因果関係』を読み解く作法」という副題があるように、統計的な結果からどのように因果関係を考えるかという点の説明が多く含まれています。マッチング法、操作変数法、回帰不連続、構造推定など最新の実証論文で用いられているトピックが多く含まれています。最近の学術論文がどのような手法で分析されているかについて、概観したい人にも向いています。実際にデータやソフトウエア等でどのように分析するかまで考える人は田中（2015）、山本（2015）が参考になると思います。

山本（1995）は中級の教科書です。計量経済学を本格的に勉強する人は、まずこの本の基礎編の部分をある程度きちんと理解することを目指すとよいと思います。この本をある程度理解し、田中（2015）、森田（2014）、山本（2015）で解説されている手法を勉強すると、最近の学術論文もかなり理解できそうです。田中（2015）には操作変数法、パネルデータ分析、マッチング法、回帰不連続などのモデルが紹介されています。山本（2015）よりも少し上級の内容が含まれているのが黒住（2016）です。この本はある程度の微積分の知識と線形代数の知識を用いて説明を行っています。

上にも書いたように、経営や経済を分析する際に計量経済学の知識は不可欠です。このため、経営学や経済学など社会のデータを用いる学問の大学院の多くでは統計学や計量経済学は必修科目になっています。世界中の大学や大学院で標準的に用いられている教科書が Wooldridge（2015）、Stock and Watson（2014）です。Stock and Watson（2014）は日本語訳も出ています。初学者がいきなりこの本で勉強することはむずかしいかもしれませんが、大学院で修士論文を書こうとしている人は、この２冊の本のある程度の部分を理解することを計量経済学の学習の目標にするとよいのではないかと思います。

統計学や計量経済学をどこまで勉強すればよいかは悩ましい問題です。もちろん、上級の内容を勉強するに越したことはないのですが、上級になればなるほど数学の知識が必要となり、むずかしくなります。統計学や計量経済学のむずかしさにめげそうになったときには、統計学の勉強をする目的は統計学の問題を解けるようになることではなく、企業の行動や業績を分析し、理解することであるということを忘れないようにしましょう。データを用いた分析をせずに統計学の勉強だけをしていても研究は進みません。自分が何をもとめて勉強しているのか、ということを認識して、分析と並行して勉強することがよいでしょう。

パネルデータ分析や操作変数法は、進んだトピックであると考えられてきました。しかし、統計ソフトウエアの発達などで身近になってきたことも確かです。早稲田大学商学部には学生懸賞論文という制度があります。最近では、学部生が応募する論文でもパネルデータ分析や操作変数法、マッチング法などが用いられることは珍しくなくなってきています。興味がある人は上で紹介した本を読んでみてください。

### 因果推論について

最近は因果関係の推定に関して、一般的な書物でも触れられるようになってきました。ここでは2冊紹介します。中室・津川（2017）はRCT（ランダム化比較試験）、自然実験、DID、操作変数法などについてわかりやすく説明されています。

- 伊藤公一朗（2017）『データ分析の力　因果関係に迫る思考法』光文社新書。
- 中室牧子・津川友介（2017）『「原因と結果」の経済学——データから真実を見抜く思考法』ダイヤモンド社。

### 統計ソフトウエアについて

最後に、統計ソフトウエアについて少し説明したいと思います。データ分析を行う際には通常、統計ソフトウエアを用います。統計ソフトウエアの代表的なものとしてはStata、SPSS、EViewsなどがあります。また最近は、無料の統計ソフトウエアパッケージRもよく用いられています。

統計ソフトウエアで行う作業は2つあります。1つはデータを整理すること、もう1つはデータを統計的に分析することです。統計ソフトウエアについて考えるときに、まず知る必要があるのはExcelだけで分析は可能かどうかということです。結論からいうと、学部の卒業論文を書くのであればやってやれないことはないが、きちんとした分析を行うには統計ソフトウエアを使用したほうがよい、ということになります。その理由の1つは、Excelでは行うことがむずかしい分析があるためです。たとえば第13章で紹介したロジット回帰はExcelでは準備されていません。ただ、統計ソフトウエアを使用したほうがよい理由はそれだけではありません。

データを整理する際にExcelはたいへん便利です。しかし、Excelには1つ大きな問題があります。その問題とは再現可能（reproducible）であるかどうかということです。まず、この言葉について説明します。とても大事な言葉です。ある研究が再現可能であるとは、論文で作成した表と同じ分析結果をいつでもExcelや統計ソフトウエアで再現できるということです。このことはじつは簡単ではありません。たとえばExcelでデータを確認しているときに明らかな誤りがあり、その値を削除したとします。ここで重要なのはExcelでは、「間違えた値を削除した」という作業について記録を残すのが簡単ではないということです。

統計ソフトウエアでは一連のコマンドをプログラムとして保存することが可能です。元のデータファイルとこのプログラムを保存しておけば、再現性を確保することができます。

では、どの統計ソフトウエアを用いればよいのでしょうか。私が日常的に使用しているのは、Stataです。Stataにはいくつもの特徴があるのですが、Stataにもともと含まれている分析手法に加えて、研究者によって数多くの最新の分析手法が提供されていること、パネルデータの取り扱いがやりやすいこと、英文のマニュアルがたいへんよくできていることなどが特徴です。財務データなどの企業データを用いて分析している研究者で、Stataを用いている人は多いと思います。

もう1つ代表的なソフトウエアがSPSSです。SPSSはユーザーインターフェースがよくできており、ほとんどExcelと同じ感覚で使用することができます。StataおよびSPSSはどちらも有料で、とくにSPSSは高価です。ただし、どちらも学生向けに安いパッケージを提供していることがあります。

無料のRという統計ソフトウエアも広く用いられています。ExcelやSPSSほどではありませんが、使用はそれほどむずかしくありません。世界中の研究者がRを利用しているので、高度な手法も多く利用可能です。

以下に、RおよびStataに関する本を3冊紹介します。どちらもこの本で説明した実証分析をRやStataでどのように実行するかについて説明しています。統計ソフトウエアに触れたことがない人がはじめてRを使用してみようとする際には浅野・中村（2018）が便利だと思います。インストールやセットアップについてたいへんわかりやすく説明しています。星野・田中（2016）はRでマッチング法、回帰不連続、操作変数法をどのように行うかの説明をしています。

- 浅野正彦・中村公亮（2018）『はじめてのRStudio ――エラーメッセージなんかこわくない』オーム社。
- 星野匡郎・田中久稔（2016）『Rによる実証分析――回帰分析から因果分析へ』オーム社。
- 松浦寿幸（2015）『Stataによるデータ分析入門（第2版）――経済分析の基礎からパネル・データ分析まで』東京図書。

## 4 「おわりに」のおわりに

ここまで、今後、どのように勉強を続けるかについて説明しました。ここで最後に確認しておきたいことがあります。多くの読者にとって、統計学を勉強する目的は企業に関するさまざまな事象をデータで分析し、その結果を論文やレポートにまとめる力をつけることだと思います。このような力をつけるためには、繰り返しになりますが、実際の企業のデータを自分で分析し、論文やレポートにまとめることが、いちばんです。

今後、読者がこの本を参照しながら論文を完成させることができればこの本の目標は達成できたといえるでしょう。

# 参考文献

出版社や著者の公式ホームページ等から無料でダウンロードできるものについては、⬇のマークでそのことを示しています。ただしダウンロードできる論文は出版されたバージョンではなく、その前のワーキングペーパーバージョンであることもあります。


- 青木英孝（2002）「取締役会の改革とコーポレート・ガバナンス——執行役員制度導入の要因分析」『日本経営学会誌』8：3-14。⬇
- 青木英孝（2017）『日本企業の戦略とガバナンス——「選択と集中」による多角化の実証分析』中央経済社。
- アクゼル、アミール・D／ジャヤベル・ソウンデルパンディアン（2007a）『ビジネス統計学（上）』鈴木一功監訳、手嶋宣之・原郁・原田喜美枝訳、ダイヤモンド社。
- アクゼル、アミール・D／ジャヤベル・ソウンデルパンディアン（2007b）『ビジネス統計学（下）』鈴木一功監訳、手嶋宣之・原郁・原田喜美枝訳、ダイヤモンド社。
- 浅野正彦・中村公亮（2018）『はじめてのRStudio——エラーメッセージなんかこわくない』オーム社。
- 伊藤公一朗（2017）『データ分析の力　因果関係に迫る思考法』光文社新書。
- 井上光太郎・加藤英明（2006）『M&Aと株価』東洋経済新報社。
- 井上光太郎・加藤英明（2007）「アクティビストファンドの功罪」『経済研究』58(3)：203-216。⬇
- 井上真由美・池田広男（2010）「日本のコーポレート・ガバナンスとアクティビストファンドの関係」『日本経営学会誌』25：3-14。⬇
- 入山章栄（2012）『世界の経営学者はいま何を考えているのか——知られざるビジネスの知のフロンティア』英治出版。
- 入山章栄（2019）『世界標準の経営理論』ダイヤモンド社。
- 牛島辰男（2015）「多角化ディスカウントと企業ガバナンス」『フィナンシャル・レビュー』121：69-90。⬇
- 大上丈彦（2012）『マンガでわかる統計学——素朴な疑問からゆる〜く解説』

メダカカレッジ監修、サイエンス・アイ新書。
- 大竹文雄・唐渡広志（2003）「成果主義的賃金制度と労働意欲」『経済研究』54(3)：193–205。
- 大竹文雄・小原美紀（2010）「失業率と犯罪発生率の関係――時系列および都道府県別パネル分析」『犯罪社会学研究』35：54–71。
- 大竹文雄・橘木俊詔（2008）「対談　最低賃金を考える」『日本労働研究雑誌』573：2–11。
- 大竹文雄・谷坂紀子（2002）「雇用削減行動と株価」玄田有史・中田喜文編『リストラと転職のメカニズム』東洋経済新報社、pp. 11–23。
- 岡室博之（2006）「開業率の地域別格差は何によって決まるのか」橘木俊詔・安田武彦編『企業の一生の経済学――中小企業のライフサイクルと日本経済の活性化』ナカニシヤ出版、pp. 87–118。
- 小田切宏之（1992）『日本の企業戦略と組織――成長と競争のメカニズム』東洋経済新報社。
- 加納悟・浅子和美・竹内明香（2011）『入門　経済のための統計学（第3版）』日本評論社。
- 刈屋武昭・勝浦正樹（2008）『プログレッシブ　統計学（第2版）』東洋経済新報社。
- 川本真哉・齋藤隆志（2009）「MBOによる事業売却と株式市場の評価」WIAS Discussion Paper、No. 2009–004。
- 木下是雄（1981）『理科系の作文技術』中公新書。
- 久保克行（2001）「役員持株は企業業績に影響を与えるか？」CEI Working Paper Series、No. 2001–5。
- 久保克行（2004）「合併に伴う人事制度の統合と雇用・処遇の変化――個人データによる分析」『日本労働研究雑誌』529：24–36。
- 久保克行（2009a）「成果主義は望ましいのだろうか」清家篤・駒村康平・山田篤裕編著『労働経済学の新展開』慶應義塾大学出版会、pp. 165–183。
- 久保克行（2009b）「日本の経営者と取締役改革――執行役員制度導入の決定要因と効果」久本憲夫編著『労使コミュニケーション（叢書・働くということ 第5巻）』ミネルヴァ書房、pp. 179–199。
- 久保克行（2010）『コーポレート・ガバナンス――経営者の交代と報酬はどうあるべきか』日本経済新聞出版社。
- 久保克行・齋藤卓爾（2007）「合併・買収と従業員の賃金」『日本労働研究雑誌』560（Special Issue）：4–16。

- 久保克行・齋藤卓爾（2009）「配当政策と経営者持株――エントレンチメントの観点から」『経済研究』60：47–59。
- 久保克行・広田真一・宮島英昭（2005）「日本企業のコントロールメカニズム――経営理念の役割」『季刊　企業と法創造』1(4)：113–124。
- 黒住英司（2016）『〈サピエンティア〉計量経済学』東洋経済新報社。
- 経済産業省（2012）『通商白書 2012』。
- 小池和男（2005）『仕事の経済学（第 3 版）』東洋経済新報社。
- 向後千春・冨永敦子（2007）『統計学がわかる――ハンバーガーショップでむりなく学ぶ、やさしく楽しい統計学』技術評論社。
- 向後千春・冨永敦子（2008）『統計学がわかる　回帰分析・因子分析編――アイスクリームで味わう、“関係”の統計学』技術評論社。
- 厚生労働省（2012）『労働経済の分析――分厚い中間層の復活に向けた課題』平成 24 年版。
- 厚生労働省（2014）『労働経済の分析――人材力の最大発揮に向けて』平成 26 年版。
- 児玉直美・小滝一彦・高橋陽子（2005）「女性雇用と企業業績」『日本経済研究』52：1–18。
- 後藤晃・古賀款久・鈴木和志（2002）「わが国製造業における研究開発投資の決定要因」『経済研究』53(1)：18–23。
- 小本恵照（1997）「チェーンストアにおけるドミナント出店戦略の経済分析」『ニッセイ基礎研所報』3：48–85。
- 齋藤隆志・菊谷達弥・野田知彦（2011）「何が成果主義賃金制度の導入を決めるか――人事制度改革と企業統治」宮島英昭編著『日本の企業統治――その再設計と競争力の回復に向けて』東洋経済新報社、pp. 215–243。
- 齋藤卓爾（2011）「日本企業による社外取締役の導入の決定要因とその効果」宮島英昭編著『日本の企業統治――その再設計と競争力の回復に向けて』東洋経済新報社。
- 坂野友昭・恩蔵直人（1993）「社名変更に対する株式市場の反応」『早稲田商学』357：77–106。
- 佐々木宏夫（2005）『経済数学入門』日経文庫。
- 首藤恵・竹原均（2007）「企業の社会的責任とコーポレート・ガバナンス――非財務情報開示とステークホルダー・コミュニケーション」早稲田大学ファイナンス研究所 Working Paper Series、WIF-07-006。
- 胥鵬（2006）「どの企業が敵対的買収のターゲットになるのか」RIETI

Discussion Paper Series、06-J-008。
- 白砂堤津耶（2007）『例題で学ぶ　初歩からの計量経済学（第 2 版）』日本評論社。
- 白砂堤津耶（2015）『例題で学ぶ　初歩からの統計学（第 2 版）』日本評論社。
- 鈴木一功（2006）「敵対的買収は企業業績にどのような影響を与えるか——村上ファンド保有 22 社の実証分析」『週刊 金融財政事情』2006 年 1 月 16 日号、pp. 33-38。
- 駿河輝和（1997）「日本企業の雇用調整——企業利益と解雇」中馬宏之・駿河輝和編『雇用慣行の変化と女性労働』東京大学出版会。
- 橘木俊詔・松浦司（2009）『学歴格差の経済学』勁草書房。
- 橘木俊詔・連合総合生活開発研究所編（1995）『「昇進」の経済学——なにが「出世」を決めるのか』東洋経済新報社。
- 田中隆一（2015）『計量経済学の第一歩——実証分析のススメ（有斐閣ストゥディア）』有斐閣。
- 津島昌寛（2003）「失業・犯罪・年齢——時系列データによるマクロ分析」『日本労働研究雑誌』516：67-77。
- 都留康・阿部正浩・久保克行（2003）「日本企業の報酬構造——企業内人事データによる資格、査定、賃金の実証分析」『経済研究』54(3)：264-285。
- 都留康・阿部正浩・久保克行（2005）『日本企業の人事改革——人事データによる成果主義の検証』東洋経済新報社。
- 手嶋宣之（2000）「経営者の株式保有と企業価値——日本企業による実証分析」『現代ファイナンス』7：41-55。
- 豊田利久・大谷一博・小川一夫・長谷川光・谷崎久志（2010）『基本統計学（第 3 版）』東洋経済新報社。
- 中室牧子・津川友介（2017）『「原因と結果」の経済学——データから真実を見抜く思考法』ダイヤモンド社。
- 日本銀行金融機構局（2007）「住宅ローンのリスク管理——金融機関におけるリスク管理手法の現状」BOJ Reports & Research Papers。
- 花崎正晴・松下佳菜子（2012）「コーポレート・ガバナンスと多角化行動——日本企業の子会社データを用いた実証分析」一橋大学商学研究科ファイナンス研究センター Working Paper Series、No. G-2-1。
- 花崎正晴・松下佳菜子（2014）「コーポレート・ガバナンスと多角化行動

――日本の企業データを用いた実証分析」『経済経営研究』34(5)：1–74。

- 馬場敬之（2017）『初めから学べると評判の大学基礎数学　確率統計キャンパス・ゼミ』マセマ出版社。
- 広田真一・堀内俊洋（2001）「近年のメインバンク関係の実態と変化」『金融経済研究』17：90–98。
- 広田真一・宮島英昭（2001）「メインバンク介入型ガバナンスは変化したか？―― 1990 年代と石油ショック後との比較」『現代ファイナンス』10：35–61。
- 深尾京司・権赫旭・滝澤美帆(2007)「外資による M&A はより高いパフォーマンスをもたらすのか」宮島英昭編著『日本の M&A ――企業統治・組織効率・企業価値へのインパクト』東洋経済新報社。
- 福田慎一・粕谷宗久・慶田昌之（2007）「企業家精神と設備投資――デフレ下の設備投資低迷のもう一つの説明」日本銀行ワーキングペーパーシリーズ、No. 07–J–7。
- ベサンコ、D／D・ドラノブ／M・シャンリー（2002）『戦略の経済学』奥村昭博・大林厚臣監訳、ダイヤモンド社。
- 星野匡郎・田中久稔（2016）『R による実証分析――回帰分析から因果分析へ』オーム社。
- 堀内昭義・花崎正晴（2000）「メインバンク関係は企業経営の効率化に貢献したか――製造業に関する実証研究」『経済経営研究』21(1)：1–89。
- 松浦寿幸（2015）『Stata によるデータ分析入門（第 2 版）――経済分析の基礎からパネル・データ分析まで』東京図書。
- 松尾浩之・山本健（2006）「日本の M&A ――イベント・スタディによる実証研究」『経済経営研究』26(6)：1–63。
- 三浦一輝・郡司大志（2010）「アナザー・ライブドア・ショック？」『金融経済研究』31：75–87。
- 宮川公男（2015）『基本統計学（第 4 版）』有斐閣。
- 宮島英昭編著（2007）『日本の M&A ――企業統治・組織効率・企業価値へのインパクト』東洋経済新報社。
- 宮島英昭・原村健二・稲垣健一（2003）「進展するコーポレート・ガバナンス改革と日本企業の再生」財務省財務総合政策研究所。
- 宮島英昭・保田隆明（2015）「株式所有構造と企業統治――機関投資家の増加は企業パフォーマンスを改善したのか」『フィナンシャル・レビュー』

121：3–36。
- 村松久良光（1995）「景気変動と雇用調整——日本に関する研究展望」『経済論叢』155(1)：75–97。
- 森川正之（2013）「最低賃金と地域間格差——実質賃金と企業収益の分析」RIETI Discussion Paper Series、13–J–011。
- 森田果（2014）『実証分析入門——データから「因果関係」を読み解く作法』日本評論社。
- 藪友良（2012）『入門　実践する統計学』東洋経済新報社。
- 山根太郎（1978）『統計学』東洋経済新報社。
- 山本勲（2014）「企業における職場環境と女性活用の可能性——企業パネルデータを用いた検証」RIETI Discussion Paper Series、14–J–017。
- 山本勲（2015）『実証分析のための計量経済学——正しい手法と結果の読み方』中央経済社。
- 山本拓（1995）『計量経済学』新世社。
- 山本拓・竹内明香（2013）『入門　計量経済学—— Excel による実証分析へのガイド』新世社。

- Abbott, L. J., S. Parker, and G. F. Peters（2004）"Audit Committee Characteristics and Restatements," *AUDITING: A. Journal of Practice & Theory* 23(1): 69–87.
- Beasley, M. S.（1996）"An Empirical Analysis of the Relation between the Board of Director Composition and Financial Statement Fraud," *Accounting Review* 71(4): 443–465.
- Berger, P. G. and E. Ofek（1995）"Diversification's Effect on Firm Value," *Journal of Financial Economics* 37(1): 39–65.
- Card, D., and A. B. Krueger（1994）"Minimum Wages and Employment: A Case Study of the Fast-food Industry in New Jersey and Pennsylvania," *American Economic Review* 84(4): 772–793.
- Dechow, P. M., R. G. Sloan, and A. P. Sweeney（1996）"Causes and Consequences of Earnings Manipulation: An Analysis of Firms Subject to Enforcement Actions by the SEC," *Contemporary Accounting Research* 13(1): 1–36.
- Farber, D. B.（2005）"Restoring Trust after Fraud: Does Corporate Governance Matter?" *Accounting Review* 80(2): 539–561.

- Jensen, M. C., and K. J. Murphy (1990) "Performance Pay and Top-Management Incentives," *Journal of Political Economy* 98(2): 225–264.
- Kester, W. C. (1991) *Japanese Takeovers: The Global Contest for Corporate Control*. Harvard Business School Press, Boston.
- Kubo, K. (2012) "Presidents' Compensation in Japan," in Randall S. Thomas, Jennifer G. Hill eds., *Research Handbook on Executive Pay* (*Research Handbooks in Corporate Law and Governance*), Edward Elgar, Cheltenham, pp. 369–386.
- Morikawa, M. (2012) "Stock Options and Productivity: An Empirical Analysis of Japanese Firms," RIETI Discussion Paper Series, 12-E-011.
- Nakagawa, M., M. Saito, and H. Yamaga (2009) "Earthquake Risks and Land Prices: Evidence from the Tokyo Metropolitan Area," *Japanese Economic Review* 60: 208–222.
- Ono, H. (2010) "Lifetime Employment in Japan: Concepts and Measurements," *Journal of the Japanese and International Economies* 24(1): 1–27.
- Rajan, R., H. Servaes, and L. Zingales (2000) "The Cost of Diversity: The Diversification Discount and Inefficient Investment," *Journal of Finance* 55(1): 35–80.
- Saito, T. (2011) "The Determinants of Board Composition when Managers Control Director Selection: Evidence from Japan," Working Paper, Kyoto Sangyo University.
- Stock, J. H., and M. W. Watson (2014) *Introduction to Econometrics*, Pearson Education updated 3rd edition（宮尾龍蔵訳『入門計量経済学』共立出版、2016 年）.
- Tachibanaki, T., M. Morikawa, and T. Nishimura (1998) "Economic Development in Asian Countries, and the Effect of Trade in Asia on Employment and Wages in Japan," *Asian Economic Journal* 12(2): 123–151.
- Ushijima, T. (2015) "Diversification, Organization, and Value of the Firm," RIETI Discussion Paper Series, 15-E-019.
- Uzun, H., S. H. Szewczyk, and R. Varma (2004) "Board Composition and Corporate Fraud," *Financial Analysts Journal* 60(3): 33–43.
- Wooldridge, J. M. (2015) *Introductory Econometrics: A Modern*

*Approach, 6th Edition*. South-Western, Cengage Learning.

# 索　引

## サ　行



## タ　行

## ナ 行



## ハ 行



## マ 行



## ヤ 行



## ラ 行

【著者紹介】
**久保克行**（くぼ　かつゆき）
早稲田大学商学学術院教授。1969年富山県生まれ。慶應義塾大学経済学部卒業。ロンドン大学London School of Economics Ph.D.（労使関係）。一橋大学経済研究所専任講師等を経て現職。専門はコーポレート・ガバナンス、雇用関係論。取締役会構成、役員報酬、M&Aと雇用等についてデータを用いた分析を行っている。
主な著作に『コーポレート・ガバナンス　経営者の交代と報酬はどうあるべきか』（日本経済新聞出版社）、"The Effect of Corporate Governance on Firms' Decent Work Policies in Japan,"（*Asia Pacific Journal of Human Resources*）、"State Ownership, Sovereign Wealth Fund and Their Effects on Firm Performance: Empirical Evidence from Vietnam,"（*Pacific-Basin Finance Journal*, 共著）等。

〈はじめての経営学〉
経営学のための統計学・データ分析

2021 年 4 月 29 日　第 1 刷発行
2024 年 6 月 11 日　第 2 刷発行

著　者――久保克行
発行者――田北浩章
発行所――東洋経済新報社
〒103-8345　東京都中央区日本橋本石町 1-2-1
電話＝東洋経済コールセンター　03(6386)1040
https://toyokeizai.net/

装　丁…………橋爪朋世
カバーイラスト……田渕正敏
本文デザイン……高橋明香（おかっぱ製作所）
印刷・製本……丸井工文社
編集担当………中山英貴
 Printed in Japan　ISBN 978-4-492-50329-4

## 〈はじめての経営学〉シリーズ
## 刊行にあたって

本シリーズは、経営学の各分野を平易に解説したテキストシリーズです。記述の中心は初級・中級レベルの議論にあり、トピック次第で、より高いレベルの議論にも言及しています。各巻の執筆者には、それぞれの分野における第一人者の参集を得ました。

想定読者としては、大学で経営学にはじめて触れる商学部・経営学部の1・2年生、ビジネススクールに入学し、将来のプロフェッショナル経営人材をめざしている社会人、さらには社内外の教育・研修や自学自習のおりに、みずからのキャリア転機について考えるようになったビジネスパーソンなど、幅広くイメージしています。

本シリーズでは、経営学のおもな概念や理論を個別断片的に紹介するより、できるだけ大きな流れのなかで、それを体系的にとらえて紹介するようにしています。またビジネスの現場で使える「生きた経営学」を身につけることができるように、実例やケーススタディを豊富に活用しているのも特色のひとつです。

本シリーズがビジネスの現場と経営学とのよき橋渡しとなり、有為な人材の輩出に寄与することを心より願っています。

編集委員：榊原清則（代表）
青島矢一
網倉久永
長内　厚
鈴木竜太

好評既刊

鈴木竜太『経営組織論』
長谷川博和『ベンチャー経営論』
佐藤郁哉『ビジネス・リサーチ』

近刊予定

青島矢一・榊原清則『経営学入門』
網倉久永『経営戦略論』
遠山亮子『知識経営論』
薄井　彰『会計学入門』　（以下続刊）